DEVENIR MODÉLISTE

Le vêtement féminin

Les bases du tailleur-manteau
et du pantalon

Women's garments

Bases for tailored Suits-Coats and Trousers

Conception, réalisation et écriture /

Concept and composition : Collectif Esmod Paris

Traduction anglaise / English translation :

Carol Lipton / Patricia Loué-Milanese

Illustrations : Isabelle Gonnet / Claire Wargnier

Become a patternmaker... these 3 words are the opportunity to realize a dream !

If we have chosen them as the title for our collection on the structural techniques of fashion, it is because they perfectly illustrate the creative dream which sleeps in each of us with a passion for fashion.

In the word **become**, we gauge the notion of the time and diligence required to attain the "patternmaking" skill, a craft which has constantly evolved over the centuries.

In French, the original word for this profession was "*modiste*" (hatmaker), a term defining Rose Bertin, in charge of Queen Marie-Antoinette's wardrobe. This term was then broken down with *modiste* designating a hat creator and *modéliste* (patternmaker) synonymous with one who created an exclusive garment via both its image (expressed in a drawing) and its shape - the structure of the garment itself. This title was bestowed, for example, on Yves Saint-Laurent or Cristobal Balenciaga.

The evolution of ready-to-wear and the needs of today's fashion industry have divided this profession into two distinct parts, leaving the *modéliste* (patternmaker) with the construction part. This skill also represents a base for the designer, responsable for constructing and developing the image of a collection.

The technological evolutions of recent decades have caused the patternmaking profession to develop in many ways. With today's evolving relationship between designers and creators, *patternmaking* now refers to both <u>technical patternmakers</u> - clothing "architects" who also guarantee garment production – as well as <u>designer patternmakers</u>.

So here we are in the dream part... because to become a Designer-Patternmaker, it is clearly necessary to master not only garment construction techniques, but also know how to interpret them, injecting a dose of your own creativity into the result.

Acquiring the ability to choose the right technique and evolve it, invent it, deform it and interchange it with a variety of perfected skills will mean that... you have become a PATTERNMAKER.

Devenir modéliste... dans ces deux mots, que de rêve !

Si nous les avons choisis comme titre à notre collection sur les techniques de l'architecture de la mode, c'est qu'ils illustrent bien la part du rêve de créativité qui dort en chacun de nous, passionnés de mode.

Dans le mot "**devenir**", nous mesurerons toute la notion du temps et de la constance qu'il faut pour accéder à ce "modélisme", lui-même en constante évolution depuis plusieurs siècles.

La première dénomination de ce métier sera "modiste" comme Rose Bertin, Ministre des modes de la reine Marie-Antoinette, puis ce terme se sectorisera à la création du chapeau pour évoluer en "modéliste", synonyme d'exclusivité et de créativité de modèle de vêtement tant dans son fond (l'image qu'il représente et ce qu'il exprime) que dans sa forme, c'est-à-dire l'architecture de ce vêtement lui-même. C'est celui dont on qualifiera Yves Saint-Laurent ou Cristobal Balenciaga.

L'évolution du Prêt-à-porter et les besoins de l'industrie scinderont ce métier en deux parties distinctes, laissant au terme de modéliste, la part constructive. Ce sont les débuts du styliste, lui-même, en charge de construire l'image d'une collection et son développement.

L'évolution technologique des dernières décennies va amener le métier de modéliste à évoluer de diverses manières. A l'instar des métiers du style évoluant aujourd'hui entre stylistes et créateurs, les métiers du modélisme ont évolué entre techniciens-modélistes, architectes et garants de la production d'un vêtement, et modélistes-créateurs.

Nous voilà dans la part du rêve... En effet, pour devenir Modéliste-Créateur, il faut inévitablement et de façon évidente, maîtriser non seulement les techniques de construction d'un vêtement, mais il faut surtout savoir l'interpréter et mettre sa part de créativité dans cette interprétation.

Savoir choisir la bonne technique, savoir la faire évoluer, inventer, déformer, croiser des savoir-faire... et vous voilà... devenu MODÉLISTE.

SOMMAIRE

- AVANT-PROPOS 3
- PRÉFACE 9
- LEXIQUE 11
- LISTE des FOURNITURES 12
- TABLEAU de MESURES - Mannequin Prêt-à-porter EUROPE 14
- TABLEAU de MESURES - Mannequin Prêt-à-porter ASIE 22
- TABLEAU de MESURES - Mannequin Prêt-à-porter USA 24
- TABLEAU de CORRESPONDANCES de TAILLES COMMERCIALES 27
- POSE des BOLDUCS 28

LES PANTALONS 32

- FOND de PANTALON PLAT "Ville" 34
- FOND de PANTALON sans pince "Sportswear" 38
- ÉLARGISSEMENT PANTALON : PLAT "Ville" 42
- ÉLARGISSEMENT PANTALON : à pinces "Ville" 44
- ÉLARGISSEMENT PANTALON : Sportswear 46
- PANTALON à pli(s) 48
- CEINTURE en forme... 50
- PASSAGE de PINCE dans un fond de poche 52
- PASSAGE de PINCE DOS dans une rehausse 54
- CORRESPONDANCES des TAILLES PANTALONS SPORT et VILLE 54
- DÉCOLLEMENT de l'OUVERTURE de POCHE 56

LES BASES DE CORSAGE 58

- BASE du MANNEQUIN 60
- BASE du MANNEQUIN en 5 pièces 70
- FOND de BASE sans pince 74
- ÉLARGISSEMENT FOND de BASE TAILLEUR près du corps 76
- ÉLARGISSEMENT FOND de BASE VESTE 80
- ÉLARGISSEMENT FOND de BASE BLOUSON 82
- ÉLARGISSEMENT FOND de BASE MANTEAU ou IMPERMÉABLE DROIT 84
- ÉLARGISSEMENT FOND de BASE MANTEAU coupé à la taille.................... 86
- PASSAGES de PINCES
  - Estomper la pince de poitrine 90
  - Dans une découpe bretelle 94
  - Dans une découpe princesse 96
  - Petit côté 98
  - Pince de taille dans une poche passepoilée.. 102
  - Volume droit 104
  - Volume blousant ou trapèze 106
  - Répartition des pinces en découpes 110
  - Passage de pince d'omoplate 112
  - Valeur d'épaulette sur la manche montée.. 116
  - Décrochement d'épaule 118
- ÉQUILIBRAGE des LIGNES de CÔTÉS 122
- ÉQUILIBRAGE des HAUTEURS d'ÉPAULES 124
- RECHERCHE du POINT CHARNIÈRE... 126

LES MANCHES 128

- COMPARATIF d'emmanchures et de manches montée et kimono...................... 130
- RECHERCHE de la PROFONDEUR d'EMMANCHURE.................................... 132
- CONTRÔLE de l'ÉCART d'EMMANCHURE... 132
- CONSTRUCTION de la MANCHE MONTÉE de BASE..................................... 134
- CRANS de MONTAGE de MANCHE MONTÉE 136

- MANCHE TOIT... 138
- MANCHE MONTÉE avec soufflet "danseuse"................................. 140
- MANCHE RAGLAN.. 142
- MANCHE BATEAU.. 146
- MANCHE COUTURE TALON.. 148
- MANCHE TAILLEUR... 150
- MANCHE KIMONO gousset à même.. 154
- MANCHE KIMONO COUDÉE.. 158
- MANCHE KIMONO PIVOT 160

●

LES COLS *162*

- ENCOLURE BORD-CÔTE - COL BORD-CÔTE............................... 164
- COL MONTANT avec pinces.. 166
- COL ÉVASÉ - COL MÉDICIS.. 168
- COL CHEMISIER SIMPLE ou pied de col à même 170
- COL CAVALIER.. 172
- COL TRANSFORMABLE.. 174
- COL CLAUDINE 176
- COL ETON 178
- COL TAILLEUR à pivot direct (ligne de cassure droite) 180
- COL TAILLEUR à pivot direct (ligne de cassure courbe) 188
- COL CHÂLE CLASSIQUE 192
- GRAND COL CHÂLE 200
- PETIT COL CHÂLE... 202
- CAPUCHE (tracée à partir du vêtement) 208
- CAPUCHE pour ANORAK 210
- CAPUCHE CAGOULE avec bande rapportée............................. 212
- CAPUCHE DUFFLE-COAT... 214
- CROISURES, BOUTONS ET BOUTONNIÈRES 216
- POCHES... 218
- DÉMARCHES à SUIVRE pour le tracé d'un MODÈLE 220
- DIFFÉRENTES ATTITUDES du CORPS 222
- CORRECTIONS PANTALON
  - Mauvais aplomb de la ceinture.. 230
  - Trop de montant dans le dos 230
  - Manque de valeur sur le fessier 230
  - Enlever du montant 232
  - Ajouter du montant 232
  - Manque d'enfourchure au devant 232
  - Manque de pointe d'enfourchure au dos 232
- CORRECTION TAILLEUR-MANTEAU
  - Trop d'ouverture d'encolure.. 234
  - Diminuer la longueur d'épaule 234
  - Augmenter la longueur d'épaule 234
  - Cordage sur une épaule trop en avant 234
  - Pente d'épaule trop haute 234
  - Pente d'épaule trop basse 236
  - Manque de carrure dos 236
  - Trop de carrure dos 236
  - Devant trop étroit 236
  - Trop de longueur dos 238
  - Manque de longueur dos 238
  - Combler l'emmanchure... 238
  - Orientation de la manche. Plis sur l'avant de la manche 238
  - Orientation de la manche. Plis sur l'arrière de la manche........... 238
  - Manque de largeur de manche... 238

●

SUMMARY

- PREFACE 2
- PREFACE 8
- LEXICON 10
- SUPPLIES 12
- MEASUREMENT CHART - Ready-to-wear DUMMY EUROPA 14
- MEASUREMENT CHART - Ready-to-wear DUMMY ASIA 22
- MEASUREMENT CHART - Ready-to-wear DUMMY USA 24
- CORRESPONDANCE CHART of COMMERCIAL SIZES 27
- PLACING RIBBON 30

•

TROUSERS 32

- FLAT "City" TROUSER BLOCK 36
- "Sportswear" TROUSER BLOCK without dart 38
- TROUSER ENLARGEMENT : CLASSIC FLAT 42
- TROUSER ENLARGEMENT : BASIC with darts 44
- TROUSER ENLARGEMENT : BASIC Sportswear... 46
- TROUSER with pleat(s) 48
- FITTED WAISTBAND 50
- DART MANIPULATION into inside of a pocket.. 52
- DART MANIPULATION in a yoke.. 54
- SPORT and CITY TROUSER EQUIVALENTS... 54
- DETACHING POCKET OPENING.. 56

•

BASIC BODICES 58

- BASIC BODICE with DARTS 62
- 5 PIECES BASIC BODICE.. 72
- BASIC BODICE without dart... 74
- BASIC SUIT SLOPER ENLARGEMENT 78
- JACKET BLOCK ENLARGEMENT.. 80
- BLOUSON BLOCKS ENLARGEMENT.. 82
- STRAIGHT COAT or RAINCOAT BLOCKS ENLARGEMENT 84
- COAT BLOCK ENLARGEMENT... 88
- DART MANIPULATION
  - Erasing bust dart... 90
  - Shift bust dart in a strap cut 94
  - Shifting darts in a princess cut 96
  - 5 pieces suit 100
  - Manipulating waist dart in jacket with a piped pocket............................... 102
  - Straight jacket 104
  - Blouson... 106
  - Dart breakdown in seams 110
  - Manipulating shoulder blade dart 114
  - Shoulder pad thickness on set-in sleeve... 116
  - Detaching the shoulder... 120
- BALANCING the SIDE SEAM LINES 122
- BALANCING the SHOULDER LINE 124
- POSITION of the HINGE POINT 126

•

SLEEVES 128

- COMPARISON of armholes, set-in sleeves and kimono sleeves............................ 130
- ARMHOLE DEPTH 132

- CONTROLLING ARMHOLE FLARE.. 132
- CONSTRUCTION of a BASIC SLEEVE BLOCK.. 134
- CONSTRUCTION NOTCHES of a SET-IN SLEEVE 136
- 3-CAP DART SLEEVE.. 138
- SET-IN SLEEVE with "dancer" gusset... 140
- RAGLAN SLEEVE 144
- DROPPED SHOULDER SLEEVE 146
- BACK-SEAMED SLEEVE 148
- TAILORED SLEEVE... 152
- KIMONO SLEEVE with self-gusset 156
- KIMONO SLEEVE with seam.. 158
- PIVOTED KIMONO SLEEVE... 160

•

COLLARS *162*

- RIBBED-KNIT NECKLINE - RIBBED-KNIT COLLAR 164
- FUNNEL NECKLINE with darts 166
- FLARED COLLAR - MEDICIS COLLAR 168
- SIMPLE SHIRT COLLAR (self collar stand) 170
- SHIRTWAIST COLLAR 172
- CONVERTIBLE COLLAR.. 174
- PETER PAN COLLAR 176
- ETON COLLAR... 178
- SOFT SUIT COLLAR with direct pivot (straight break line) 182
- SOFT SUIT COLLAR with direct pivot (break line in a curve) 190
- CLASSIC SHAWL COLLAR 194
- BIG SHAWL COLLAR 200
- HIGH SHAWL COLLAR 202
- HOOD (traced from garment) 208
- HOOD for ANORAK 210
- HOOD with inset band 212
- DUFFLE-COAT HOOD 214
- OVERLAPS, BUTTONS and BUTTONHOLES... 216
- POCKETS 218
- STEPS to FOLLOW when constructing a PATTERN... 221
- ADAPTING a PATTERN to DIFFERENT BODY TYPES 226
- TROUSER ADJUSTMENTS
  - Bad waistband balance 230
  - Too much length in back 230
  - Not enough fabric on bottucks 230
  - Remove riser length... 233
  - Adding riser length. 233
  - Crotch is lacking in front.. 233
  - Lack of crotch point in back.. 233
- TAILORED SUITS-COATS ADJUSTMENTS
  - Neckline is too open.. 234
  - Decrease the shoulder width 234
  - Increase the shoulder width 234
  - Shoulder pitch is too far forward 234
  - Shoulder slope too high 234
  - Shoulder slope too low 236
  - Not enough shoulder width 236
  - Too much shoulder width 236
  - Front too narrow 236
  - Too much back length 238
  - Not enough back length.. 238
  - Fill in armhole 238
  - Sleeve orientation. Pleats on front of sleeve 238
  - Sleeve orientation. Pleats on back of sleeve 238
  - Lack of width in sleeve 238

•

History.

Professor Alexis Lavigne, master tailor for Empress Eugenie, created the first fashion design school in Paris in 1841. Originally assisted by his daughter, Alice Guerre, who developed his teaching methods at the Guerre-Lavigne school, it was continued by his descendants until 1975.

As observed at Esmod, Alex Lavigne's pattern drafting techniques and procedures have endured. They were first used at our Parisian school, then throughout our French and international network, crossing the boundaries of fashion and cultural tradition.

Alexis' genius.

If the technical application of these pattern drafting techniques transcends fashion and culture, it is due to Alex Lavigne's genius.

Ahead of his time, with the opening of the first Parisian department stores, he foresaw the beginnings of ready-to-wear, and developed drafting principles that are applicable to industrial requirements and artistic creation alike.

Based on a flat design of the contour of a woman's silhouette, the pattern drafter extrapolates the volume of the garment to be created. This method can be used for all fashions, and notably, is universally adaptable to changes in size and body-type.

This technique therefore remains available to all, whether tailoring for personal use, or for those opting for a career in the fashion industry: patternmakers, stylists, pattern drafters, product managers, textile-garment industrialists.

Our method is simple, clear, logical and precise. It draws more on reasoning than on memorization by using a logical drafting technique called "flat pattern design" that provides key formulas that apply to all fashions. A complete women's wardrobe can be made using this method. This includes underwear (lingerie, corsets) as well as garments in all sectors of the market (classic and timeless, fashion, luxury, sports…). Successful tailoring depends on technique, available to those who grasp its basic principles, while focusing on developing an eye and taste.

When teaching our students we emphasize that all creations are made by combining technical knowledge plus artistic and manual skills. To master the technique is to merge these three elements.

All of these elements are developed in this method, the most recent publication since the first edition in 1841.

This method contains the basic principles of women's ready-to-wear garments.

The examples of the measurements used in the exercises correspond to a size 38 Esmod dummy.

- **All of the measurements indicated are in centimeters.**
- **The patterns are created in halves, on the right side (women's garments close right over left).**
- **Generally, the finished patterns should have harmonious lines along all seams.**
- **In order to achieve this, it is important to make a habit of retracing lines every time a dart or seam is moved.**
- **To help you understand our explanations, we have provided standard measurements.**
- **Some of these measurements can be changed according to the garment to be made, but, first, we recommend that you test the basic pattern provided in this method in order to understand the development of our technique.**

Historique.

C'est en 1841 que le professeur Alexis Lavigne, coupeur amazonier de l'Impératrice Eugénie, créait à Paris la première école de mode, d'abord aidé par sa fille Alice Guerre qui développa ses méthodes d'enseignement dans l'école de coupe Guerre-Lavigne, puis perpétué par ses descendants jusqu'en 1975.
Poursuivis à Esmod, les techniques et procédés de coupe d'Alexis Lavigne ont depuis perduré ; d'abord dans l'enceinte de notre école parisienne puis dans notre réseau français et international traversant ainsi les modes et les traditions culturelles de chacun.

Le génie d'Alexis.

Si ces procédés de coupe traversent sans faille technique les modes et les cultures vestimentaires de chacun, c'est bien grâce au génie d'Alexis Lavigne. Précurseur sur son temps, il voit s'annoncer, avec l'implantation des premiers grands magasins parisiens, les prémices du prêt-à-porter et met au point un principe de coupe qui permettra de s'adapter à l'industrie ou à l'artisanat.

Axée sur l'élaboration à plat d'un tracé du corps humain sur lequel le modéliste extrapole le volume du vêtement à créer, cette méthode peut ainsi traverser les modes et surtout s'adapter à l'évolution des tailles et des conformations universellement.

Cette technique reste donc à la portée de tous, qu'il s'agisse de femmes désirant s'habiller elles-mêmes et réaliser leurs propres créations ou de personnes se destinant aux métiers de la création de la mode : patronnières, stylistes, modélistes, chefs de produits, industriels du textile-habillement.

Notre méthode est simple, claire, logique et précise. Elle s'adresse beaucoup moins à la mémoire qu'au raisonnement en utilisant une technique rationnelle par tracés, appelée ''coupe à plat'' qui donne des formules clefs, valables pour toutes les modes et permet de construire tout le vestiaire de la femme aussi bien pour les vêtements du dessous (lingerie, corset) que les vêtements de tous secteurs (classiques et intemporels, mode, luxe, sport,…). Ainsi, la réussite de la coupe du vêtement devient une question de technique à la portée de ceux qui en possèdent les éléments, tout en s'attachant par la pratique à la formation de l'œil et du goût.
Nous nous attachons à faire comprendre à nos élèves que dans toute création, il y a une part de science (connaissances techniques), une part d'art et une part d'habileté manuelle et que pour posséder une technique complète, il faut réunir ces trois conditions.

Ce sont tous ces éléments que vous trouverez développés dans les pages de cette édition, énième descendante de la première édition de 1841.

Nous vous présentons donc ici les bases fondamentales pour le prêt-à-porter féminin.
Les exemples de mesures y sont donnés en taille 38 mannequin Esmod.

- **Toutes les mensurations sont indiquées en centimètres.**
- **Nos tracés sont réalisés par moitié sur le côté droit (sens du boutonnage féminin).**
- **D'une façon générale, une fois le patronnage fini, chaque pièce doit avoir un tracé harmonieux sur toutes ses coutures.**
- **Pour cela, vous devez prendre l'habitude de retracer les lignes après chaque déplacement de pinces et de coutures.**
- **Afin de vous aider à comprendre nos explications, nous avons donné des mesures fixes.**
- **Certaines de ces mesures peuvent être modifiées, selon le modèle ; mais nous vous conseillons de tester préalablement le tracé de base élaboré dans cette méthode afin de bien comprendre l'élaboration de notre technique.**

APPLIED RIBBING : a term used when the ribbed knit band is knit separately, then sewn to the garment.
ASSEMBLING : to put together the pieces of a garment, using a sewing machine.

BASIC PATTERN BLOCK : a basic pattern developped from specific measurements of a standard size ; used as a starting point for the construction of a pattern.
BIAS : a line that cuts diagonally across the grain of fabric.

CENTER LINE on fold : the center front line or the center back line of a garment is seamless ; therefore, it is placed on the fold of the fabric which is also the straight grain.
CENTER LINE on straight grain : the center front line or the center back line of a garment is parallel to the selvage.
COLORED RIBBON : ribbon (0.5 cm wide) placed on dummy to indicate major axes : waist, hips, center front, etc.
CURVE : a bend without angles or straight parts.
CURVING : to form or move in the shape of a curve.
CROSS-OVER or OVERLAP : value added, for example, to center front line, forming buttoning tab.

EASE : the additional fullness built on to a basic pattern block beyond the actual body measurements.
EASE DISTRIBUTION : excess fullness to be eliminated when assembling a garment. Ex : the sleeve cap on a set-in sleeve.
EASE IN : when two seams have differents lengths and should be sewn together without gathers.
ENLARGEMENT : ease added to a basic pattern block according to desired garment.
EQUIDISTANT : being at an equal distance from the same point.
EXTENDED : a term used when an added part of a pattern construction is included in one pattern piece.
EXTENDED RIBBING : a term used when the ribbed-knit band of a knit garment is an extension of the actual garment panel.

FACING : interior finishing piece in self fabric. It is identical to the pattern edge. The width depends on garment.
FINISHING TAPE : a band of either straight grain tape or bias tape sewn over the edge of a garment.
FLARE : adding volume to a garment by pivoting or by inserting a separate piece.

GRADING : a serie of successive steps or stages, either increasing or decreasing, which determines the different sizes of the same garment.

NOTCH : a V-shaped cut placed at specific points in seam allowance, matching pattern pieces together.

OVEREDGE : an elasticized stitch used to assemble garment pieces.
An overedge machine is used ; which cuts away excess fabric, then sews garment pieces together.
An overedge stitch is often used for knitwear, or to prevent fraying.
PARALLEL : two lines that are continuously equidistant.
PERPENDICULAR : two lines forming a 90° angle at their intersection point.
PLATITUDE : a flat area on a pattern piece which facilitates the assembling of a garment.

RIBBING : a soft ribbed-knit band often used to finish various garment openings. Ribbing may be used to tighten or trim sleeve cuffs, at the bottom of a pullover or a windbreaker, on a sweater neckline, or at the bottom of jogging pants.

SEAM ALLOWANCE : a given value added to stitch line permitting seams to be sewn.
SLANT : to deviate from the vertical or horizontal.
STRAIGHT GRAIN : the direction in which woven threads of a fabric run ; parallel to the selvage.
SYMMETRICAL : identical parts on opposite sides of a boundary, as a dividing line or around an axis.

TRACING : to copy the rough draft of a pattern on to a clean sheet of paper by using a tracing wheel.

10

AISANCE : valeur minimum à donner à la base pour obtenir un vêtement plus souple.
À MÊME : se dit d'une construction incluse dans une pièce de patronnage. Ex : patte de boutonnage à même (le devant du vêtement).

BASE : tracé établi à partir des mesures du corps servant de point de départ à la construction du vêtement.
BIAIS : sens du tissu formant un angle de 45° par rapport au droit fil.
BIAISER : incliner.
BOLDUC : lacet plat et fin, coupé en DL, utilisé pour indiquer les lignes d'aplomb sur le mannequin (milieux, ligne de taille, ligne de carrure etc. …).
BORD-CÔTE : bande souple et élastique en tricot à côtes terminant certaines ouvertures d'un vêtement. Un bord-côte peut resserrer ou garnir l'extrémité de manches, la base d'un pull-over ou d'un blouson, l'encolure d'un chandail, le bas d'un jogging.
Bord-côte attenant : se dit d'un bord-côte tricoté en même temps que le panneau principal.
Bord-côte rapporté : quand il a été tricoté séparément, puis cousu.
BORDÉ : bande de DL ou de plein biais, montée à cheval sur un bord de vêtement.

COUTURAGE : mesure ajoutée au patronnage, parallèlement au bord, permettant de coudre le vêtement.
CRAN : représentation du point d'accord sur le tissu.
CROISURE : valeur à ajouter au delà d'un milieu (par exemple) en vue d'un boutonnage.

DL ou DF : droite ligne ou droit fil. Sens du tissu parallèle à la lisière.

ÉCART : valeur ajoutée soit par découpage, soit par pivotement, soit en travaillant par transparence.
ÉLARGISSEMENT : valeur à ajouter au patron de base suivant le volume du vêtement.
EMBU : valeur excédentaire entre deux pièces à assembler, à répartir lors du montage. Ex : l'embu de la manche réparti sur l'emmanchure permet d'obtenir une jolie tête de manche.
ENFORME : finition intérieure, c'est l'empreinte exacte du vêtement.
ÉQUIDISTANT : deux courbes sont équidistantes si elles sont séparées de la même valeur sur la totalité de la longueur.

GALBE : ligne courbe.
GALBER : dessiner une ligne en la courbant.
GRADATION : procédé qui consiste à changer, suivant une progression ascendante ou descendante, la taille d'un vêtement.

MILIEU DL ou DF : le milieu du vêtement sera parallèle à la lisière.
MILIEU DF AU PLI : s'inscrit sur une pièce de patronnage réalisée par moitié sans couture au milieu ; on placera le milieu de la pièce sur la pliure DF du tissu.
MONTAGE : action d'associer des pièces, à l'aide d'une machine à coudre, pour constituer un vêtement.

PLATITUDE : zone plate dans un tracé servant le plus souvent à bien associer deux pièces d'un patronnage en symétrie.
POINT D'ACCORD : trait utile pour le montage, à indiquer perpendiculairement au bord du patron.
PARALLÈLE : des lignes parallèles sont des lignes tracées sur un même plan qui ne se rencontrent jamais.
PERPENDICULAIRE : 2 droites formant un angle droit (90°) à leur intersection.

RELEVER : reproduire sur une autre feuille de papier, à l'aide d'un poinçon, la pièce désirée suivant les contours exacts.

SOUTENIR : résorber l'embu d'une pièce par rapport à une autre, devant être cousues ensemble, sans fronces.
SURJET : couture faite sur deux pièces à assembler avec une surjeteuse : machine qui coupe le tissu avant de le coudre avec un point élastique. On utilise le surjet soit pour assembler la maille soit pour border des pièces avant le montage et éviter l'effilochage du tissu.
SYMÉTRIQUE : position de 2 parties identiques, disposées de même façon par rapport à un axe.

- 1 règle souple japonaise de 50 cm
- 1 équerre
- 1 Japanese flexible ruler 50 cm
- 1 L-square

- 1 perroquet
- 1 courbe tailleur
- 1 pistolet
- 1 French curve
- 1 tailor curve
- 1 French curve

- Crayons noirs à papier secs
- Crayon rouge et bleu bicolore
- 1 taille-crayon
- 1 gomme
- 1 paire de ciseaux à papier
- 1 rouleau de scotch transparent
- Black pencils
- Red and Blue pencil
- 1 pencil sharpener
- 1 eraser
- 1 pair of scissors for paper cutting
- 1 roll of invisible scotch tape

- 1 poinçon
- 1 roulette à patron
- 1 Emporte pièce
- 1 pince à cranter
- 1 awl
- 1 tracing wheel
- 1 puncher
- 1 notcher

- Bolduc autocollant noir
- Bolduc de couleur
- Self-adhesive, thin black ribbon
- Thin, colored ribbon

- 1 mètre ruban 1,5 m
- 1 measuring tape 1.50 m

- 2 ou 3 poids
- 2 or 3 pattern weights

Dark or pink line : final outline : ————————————

Light Line : construction outline : ————————————

Straight Grain : – – – – – – – – – – – – – – – – →

Center : – · – · – · – · – · – · – · – · – · – · – · –

Tear : ∿∿∿∿∿∿∿∿∿

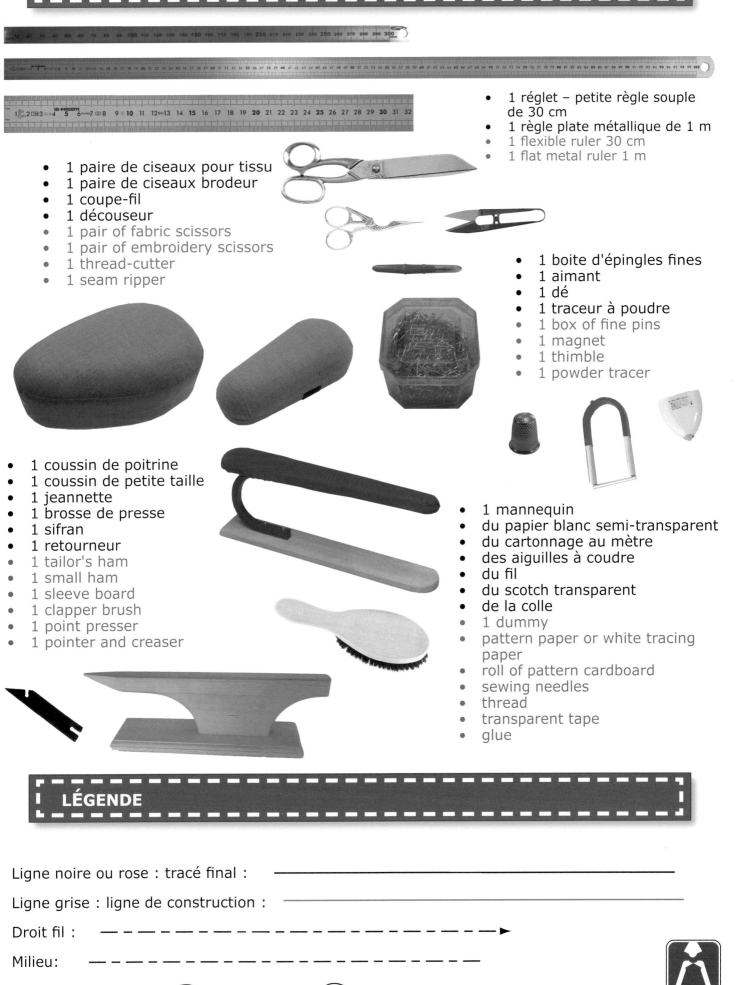

- 1 réglet – petite règle souple de 30 cm
- 1 règle plate métallique de 1 m
- 1 flexible ruler 30 cm
- 1 flat metal ruler 1 m

- 1 paire de ciseaux pour tissu
- 1 paire de ciseaux brodeur
- 1 coupe-fil
- 1 découseur
- 1 pair of fabric scissors
- 1 pair of embroidery scissors
- 1 thread-cutter
- 1 seam ripper

- 1 boite d'épingles fines
- 1 aimant
- 1 dé
- 1 traceur à poudre
- 1 box of fine pins
- 1 magnet
- 1 thimble
- 1 powder tracer

- 1 coussin de poitrine
- 1 coussin de petite taille
- 1 jeannette
- 1 brosse de presse
- 1 sifran
- 1 retourneur
- 1 tailor's ham
- 1 small ham
- 1 sleeve board
- 1 clapper brush
- 1 point presser
- 1 pointer and creaser

- 1 mannequin
- du papier blanc semi-transparent
- du cartonnage au mètre
- des aiguilles à coudre
- du fil
- du scotch transparent
- de la colle
- 1 dummy
- pattern paper or white tracing paper
- roll of pattern cardboard
- sewing needles
- thread
- transparent tape
- glue

Ligne noire ou rose : tracé final : ——————————————————

Ligne grise : ligne de founstruction : ——————————————————

Droit fil : — — — — — — — — — — — — →

Milieu: — — — — — — — — — — — — — —

Déchirure : ∿∿∿∿∿∿∿∿∿∿∿

TABLEAU DE MESURES - MANNEQUIN Prêt-à-porter
EUROPE
(Français - Anglais)

MEASUREMENT CHART - Ready-to-wear DUMMY
EUROPA
(Français - Anglais)

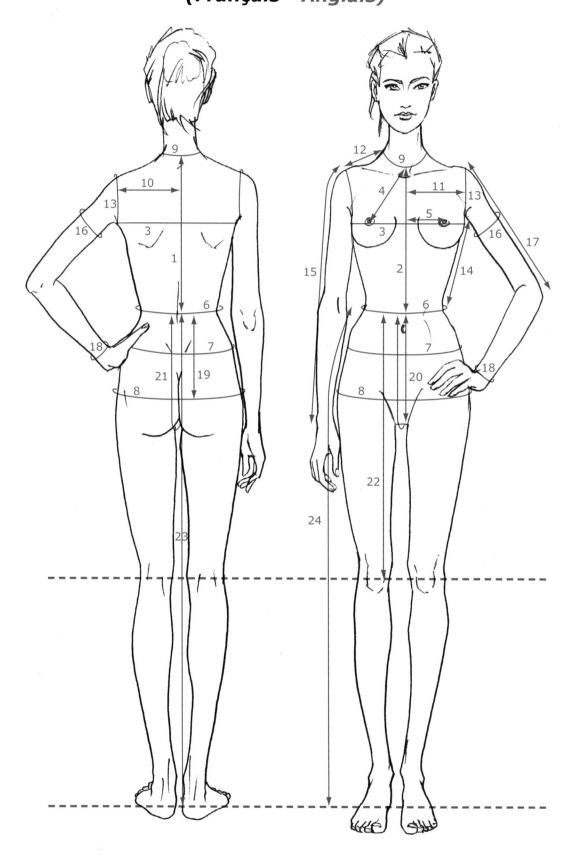

14

MESURES / MEASUREMENTS		évolution de taille/ evolution of size	TAILLES / SIZES				
			36	38	40	42	44
1	Longueur Taille Dos - *Back Waist Length*	0.5	40.5	41	41.5	42	42.5
2	Longueur Taille Devant - *Front Waist Length*	0.5	36.5	37	37.5	38	38.5
3	*Tour de poitrine -* Bust measurement	4	84	88	92	96	100
4	Hauteur de poitrine - *Bust length*	0.5	21.5	22	22.5	23	23.5
5	*1/2 écart de poitrine -* 1/2 apex point value	0.25	9	9.25	9.5	9.75	10
6	*Tour de taille -* Waist measurement	4	64	68	72	76	80
7	*Tour des petites hanches -* Small hip measurement	4	81	85	89	93	97
8	*Tour de grandes hanches -* Full hip measurement	4	90	94	98	102	106
9	1/2 tour d'encolure - *1/2 Neckline measurement*	0.5	17.5	18	18.5	19	19.5
10	1/2 Carrure dos - *1/2 Cross-Back measurement*	0.25	17.25	17.5	17.75	18	18.25
11	1/2 Carrure devant - *1/2 Cross-Front measurement*	0.25	16.25	16.5	16.75	17	17.25
12	Longueur d'épaule - *Shoulder Length*	0.4	11.6	12	12.4	12.8	13.2
13	Tour d'emmanchure - *Armhole Circumference*	1	38.5	39.5	40.5	41.5	42.5
14	Hauteur dessous de bras - *Waist to underarm length*	0.25	21.25	21.5	21.75	22	22.25
15	Longueur de bras - *Arm Length*	0	60	60	60	60	60
16	Grosseur de bras - *Arm Circumference*	1	25	26	27	28	29
17	Hauteur coude - *Elbow length*	0	35	35	35	35	35
18	Tour de poignet - *Wrist Circumference*	0.25	15.75	16	16.25	16.5	16.75
19	Hauteur taille-hanches - *Waist to hip length*	0	22	22	22	22	22
20	Hauteur de montant - *Riser measurement*	0.5	26	26.5	27	27.5	28
21	Enfourchure - *Crotch measurement*	2	58	60	62	64	66
22	Hauteur taille au genou - *Waist to knee*	1	57	58	59	60	61
23	Hauteur taille à terre - *Waist to floor*	1	105	105	106	106	107
24	Hauteur taille côté à terre - *Side to floor*	1	105.5	105.5	106.5	106.5	107.5

TABLEAU DE MESURES - MANNEQUIN Prêt-à-porter
EUROPE
(Allemand - Espagnol - Japonais)

MEASUREMENT CHART - Ready-to-wear DUMMY
EUROPA
(German - Spanish - Japanese)

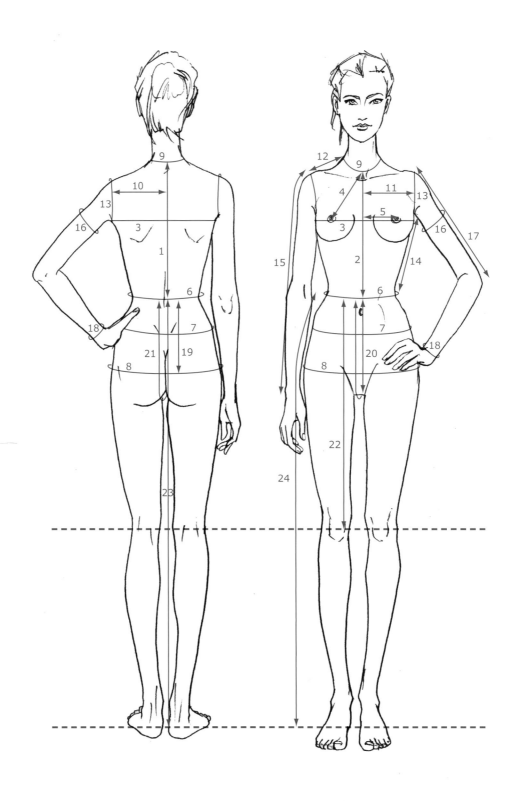

	MESURES / MEASUREMENTS	évolution de taille / evolution of size	TAILLES / SIZES				
			36	**38**	**40**	**42**	**44**
1	Rückenlänge bis Taille - Talle espalda - 背丈	**0.5**	40.5	41	41.5	42	42.5
2	Vorderlänge bis Taille - Talle delantero - 前丈	**0.5**	36.5	37	37.5	38	38.5
3	Brustumfang - Pecho - バスト寸法	**4**	84	88	92	96	100
4	Brusthöhe - Altura de pecho - 胸丈	**0.5**	21.5	22	22.5	23	23.5
5	½ Brustbreite - ½ Medida entre pechos - ½ 乳頭間隔	**0.25**	9	9.25	9.5	9.75	10
6	Taillenumfang - Cintura - ウエスト寸法	**4**	64	68	72	76	80
7	Kleiner Hüftumfang - Contorno de alto de caderas - 中ヒップ寸法	**4**	81	85	89	93	97
8	Großer Hüftumfang - Caderas - ヒップ寸法	**4**	90	94	98	102	106
9	½ Halsloch - ½ Cuello - ½ 衿ぐり	**0.5**	17.5	18	18.5	19	19.5
10	½ Carrure Rücken - ½ Espalda - ½ 背巾	**0.25**	17.25	17.5	17.75	18	18.25
11	½ Carrure Vorne - ½ Torax - ½ 胸巾	**0.25**	16.25	16.5	16.75	17	17.25
12	Schulterbreite - Hombro - 小肩巾	**0.4**	11.6	12	12.4	12.8	13.2
13	Armlochumfang - Sisa - 袖ぐり	**1**	38.5	39.5	40.5	41.5	42.5
14	Unterarmlänge - Largo bajo manga - 脇丈	**0.25**	21.25	21.5	21.75	22	22.25
15	Ärmellänge - Largo total de brazo - 腕丈	**0**	60	60	60	60	60
16	Armumfang - Contorno de brazo - 上腕囲り	**1**	25	26	27	28	29
17	Ellenbogenhöhe - Largo de codo - 肘丈	**0**	35	35	35	35	35
18	Handgelenkumfang - Puño - 手首囲り	**0.25**	15.75	16	16.25	16.5	16.75
19	Hüfttiefe ab Taille - Alto de caderas - ヒップ丈	**0**	22	22	22	22	22
20	Sitzhöhe - Entrepierna - 股上丈	**0.5**	26	26.5	27	27.5	28
21	Schrittnaht - Entrepierna y cuerpo - 股ぐり	**2**	58	60	62	64	66
22	Kniehöhe - Largo de rodillas - 膝丈	**1**	57	58	59	60	61
23	Länge Taille bis Boden - Largo total de talle - 床丈	**1**	105	105	106	106	107
24	Seitenlänge bis Boden - Largo total de costado - 脇床丈	**1**	105.5	105.5	106.5	106.5	107.5

TABLEAU DE MESURES - MANNEQUIN Prêt-à-porter
EUROPE
*(Portuguais - Norvégien - **Coréen**)*

MEASUREMENT CHART - Ready-to-wear DUMMY
EUROPA
*(Portuguese - Norgewian - **Korean**)*

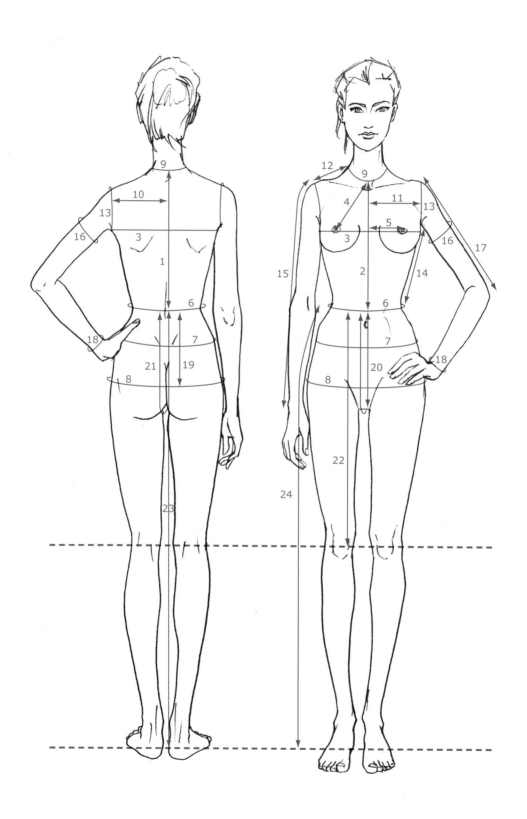

MESURES / MEASUREMENTS		évolution de taille/ evolution of size	TAILLES / SIZES				
			36	38	40	42	44
1	Corpo costas - RYGGLENGDE - 등길이	0.5	40.5	41	41.5	42	42.5
2	Corpo frente - FORLENGDE - 앞중심길이	0.5	36.5	37	37.5	38	38.5
3	Busto - OVER VIDDE - 가슴둘레	4	84	88	92	96	100
4	Altura de busto - BRYSTDYBDE - 유장	0.5	21.5	22	22.5	23	23.5
5	½ Fosso de peito - ½ BRYST AVSTAND - ½ 유폭	0.25	9	9.25	9.5	9.75	10
6	Cintura do corpo - LIV VIDDE - 허리둘레	4	64	68	72	76	80
7	Cintura do alto do quadril - LILLEHOFTE VIDDE - 중간엉덩이둘레	4	81	85	89	93	97
8	Quadril - HOFTE VIDDE - 엉덩이둘레	4	90	94	98	102	106
9	½ Colarinho - ½ HALSRINGNING - ½ 목밑둘레	0.5	17.5	18	18.5	19	19.5
10	½ Costas / espalda - ½ RYGGBREDDE - ½ 뒤품	0.25	17.25	17.5	17.75	18	18.25
11	½ Torax - ½ BRYSTBREDDE- ½ 앞품	0.25	16.25	16.5	16.75	17	17.25
12	Ombro - SKULDER BREDDE – 어깨길이	0.4	11.6	12	12.4	12.8	13.2
13	Contorno da cava - ERMHULLS OMKRETS - 진동둘레	1	38.5	39.5	40.5	41.5	42.5
14	Comprimento baixo manga LIV TIL ERMRINGNING 옆선길이 (허리선에서 겨드랑이밑점까지)	0.25	21.25	21.5	21.75	22	22.25
15	Comprimento total do braço - HEL ERMLENGDE - 팔길이	0	60	60	60	60	60
16	Cintura do braço - ALBU VIDDE - 위팔둘레	1	25	26	27	28	29
17	Comprimento até cotovelo - ALBU HØYDE - 팔꿈치길이	0	35	35	35	35	35
18	Punho - HÅN DEEDDSVIDDE - 손목둘레	0.25	15.75	16	16.25	16.5	16.75
19	Altura do quadril - LIV TIL HOFTE - 엉덩이길이	0	22	22	22	22	22
20	Entreperna - SKRITT HØYDE - 밑윗길이	0.5	26	26.5	27	27.5	28
21	Coxa - SKRITT LENGDE - 샅윗둘레	2	58	60	62	64	66
22	Comprimento até joelho - KNE HØYDE - 무릎길이	1	57	58	59	60	61
23	Comprimento total busto - LIV TIL GULV LENGDE - 허리에서 바닥까지 길이	1	105	105	106	106	107
24	Largo de costado al suelo - YTTRE BEN LENGDE - 옆허리선에서 바닥까지의 길이	1	105.5	105.5	106.5	106.5	107.5

19

TABLEAU DE MESURES - MANNEQUIN Prêt-à-porter
EUROPE
(Italien - Indonésien - *Chinois*)

MEASUREMENT CHART - Ready-to-wear DUMMY
EUROPA
(Italian - Indonesian - *Chinese*)

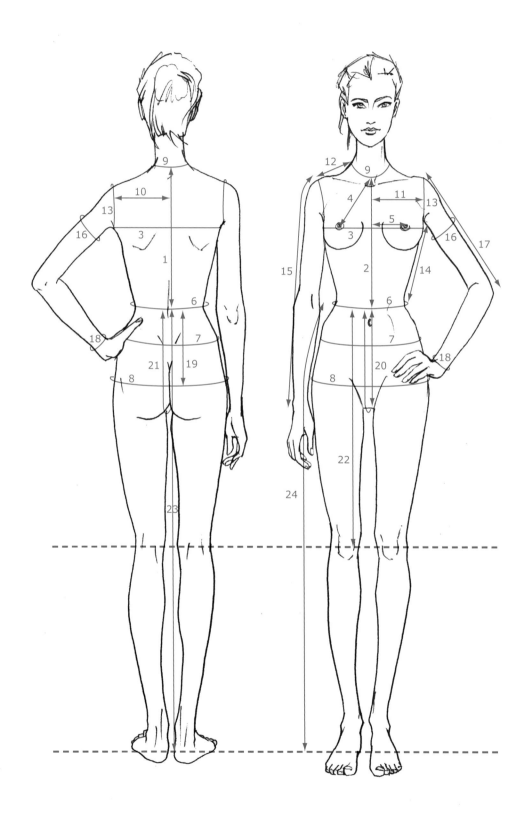

MESURES / MEASUREMENTS		évolution de taille/ evolution of size	TAILLES / SIZES				
			36	38	40	42	44
1	Lunghezza vita-parte posteriore - *Panjang Punggung* - 背长	**0.5**	40.5	41	41.5	42	42.5
2	Lunghezza vita-parte anteriore - *Panjang Dada* - 前长	**0.5**	36.5	37	37.5	38	38.5
3	Circonferenza torace - *Lingkar dada* - 胸围	**4**	84	88	92	96	100
4	Altezza torace - *Tinggi dada* - 胸高	**0.5**	21.5	22	22.5	23	23.5
5	½ Distanza seni - *½ Lebar dada* - ½ 胸距	**0.25**	9	9.25	9.5	9.75	10
6	Circonferanza vita - *Lingkar pinggang* - 腰围	**4**	64	68	72	76	80
7	Circonferanza addome - *Lingkar panggul kecil* - 腹围	**4**	81	85	89	93	97
8	Circonferanza bacino - *Lingkar panggul besar* - 臀围	**4**	90	94	98	102	106
9	½ Circonferanza collo - *½ Lingkar leher* - ½ 领围	**0.5**	17.5	18	18.5	19	19.5
10	½ Spalle parte posteriore - *½ Lebar punggung* - ½ 背宽	**0.25**	17.25	17.5	17.75	18	18.25
11	½ Spalle parte anteriore - *½ Lebar dada* - ½ 前宽	**0.25**	16.25	16.5	16.75	17	17.25
12	Lunghezza spalla - *Panjang bahu* - 小肩宽	**0.4**	11.6	12	12.4	12.8	13.2
13	Giro manico - *Lingkar kerung lengan* - 袖窿围	**1**	38.5	39.5	40.5	41.5	42.5
14	Altezza vita-sottomanica - *Pinggang ketiak* - 袖根至腰围长	**0.25**	21.25	21.5	21.75	22	22.25
15	Lunghezza braccio - *Panjang lengan* - 臂长	**0**	60	60	60	60	60
16	Circonferenza braccio - *Lingkar lengan* - 臂围	**1**	25	26	27	28	29
17	Lunghezza al gomito - *Tinggi siku* - 肘高	**0**	35	35	35	35	35
18	Circonferenza polsino - *Lingkar pergelangan* - 胸围	**0.25**	15.75	16	16.25	16.5	16.75
19	Altezza vita-bacino - *Pinggang ke panggul besar* - 臀高	**0**	22	22	22	22	22
20	Altezza fianchi di profilo - *Tinggi duduk* - 立档长	**0.5**	26	26.5	27	27.5	28
21	Altezza cavallo - *Ukuran pesak* - 横档长	**2**	58	60	62	64	66
22	Altezza ginocchio - *Tinggi lutut* - 膝高	**1**	57	58	59	60	61
23	Lunghezza vita-terra - *Pinggang ke Lantai* - 前下半身长	**1**	105	105	106	106	107
24	Altezza laterale vita-terra - *Pinggang Samping ke Lantai* - 侧下半身长	**1**	105.5	105.5	106.5	106.5	107.5

TABLEAU DE MESURES - MANNEQUIN Prêt-à-porter
ASIE (en noir : mesures Japon - en rouge : mesures Chine)

MEASUREMENT CHART - Ready-to-wear DUMMY
ASIA (black : Japanese measurements - red : Chinese measurements)

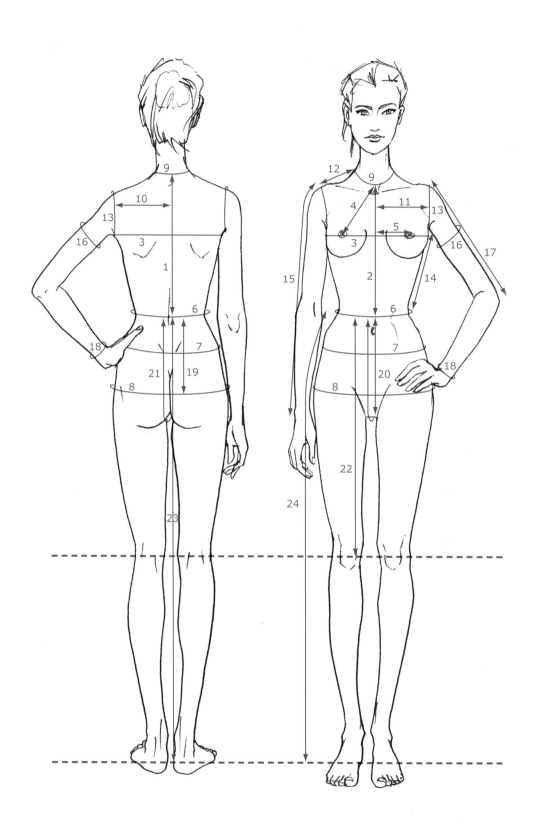

MESURES / MEASUREMENTS (traduites en français, japonais, coréen, chinois) *(translate in french, japanese, korean, chinese)*	évolution de taille/ evolution of size JAPON / CHINE	TAILLES / SIZES				
		7AR /34	**9AR /36**	**11AR /38**	**13AR /40**	**15AR /42**
1	Longueur Taille Dos - 背丈 - 등길이 - 背长	0.5 /0.5	38.5 / 39.5	39 / 40	39.5 / 40.5	40 / 41	40.5 / 41.5
2	Longueur Taille Devant - 前丈 – 앞중심길이 - 前长	0.5 /0.5	34 / 36.5	34.5 / 37	35 / 37.5	35.5 / 38	36 / 38.5
3	*Tour de poitrine* - バスト寸法 – 가슴둘레 - 胸围	3 / 4	79 / 76	82 / 80	85 / 84	88 / 88	91 / 92
4	Hauteur de poitrine - 胸丈 – 유장 - 胸高	0.3 / 0.5	23.7 / 24	24 / 24.5	24.3 / 25	24.6 / 25.5	24.9 / 26
5	*1/2 écart de poitrine* - ½ 乳頭間隔 - ½ 유폭 - ½ 胸距	0.3 / 0.4	8.2 / 7.6	8.5 / 8	8.8 / 8.4	9.2 / 8.8	9.5 / 9.2
6	*Tour de taille* - ウエスト寸法 – 허리둘레 - 腰围	3 / 4	60 / 60	63 / 64	66 / 68	69 / 72	72 / 76
7	*Tour des petites hanches* - 中ヒップ寸法 – 중간엉덩이둘레 - 腹围	2 / 4	80 / 71	82 / 75	84 / 79	86 / 83	88 / 87
8	*Tour de grandes hanches* - ヒップ寸法 – 엉덩이둘레 - 臀围	2 / 4	88 / 82	90 / 86	92 / 90	94 / 94	96 / 98
9	1/2 tour d'encolure - ½ 衿ぐり – ½ 목밑둘레 - ½ 领围	0.5 / 0.5	17 / 17	17.5 / 17.5	18 / 18	18.5 / 18.5	19 / 19
10	1/2 Carrure dos - ½ 背巾 - ½ 뒤품 - ½ 背宽	0.6 / 0.5	17.1 / 16.5	17.7 / 17	18.3 / 17.5	18.9 / 18	19.5 / 18.5
11	1/2 Carrure devant - ½ 胸巾 - ½ 앞품 - ½ 前宽	0.6 / 0.5	15.3 / 15	15.9 / 15.5	16.5 / 16	17.1 / 16.5	17.7 / 17
12	Longueur d'épaule - 小肩巾 – 어깨길이 - 小肩宽	0.4 / 0.4	11.6 / 11.6	12 / 12	12.4 / 12.4	12.8 / 12.8	13.2 / 13.2
13	Tour d'emmanchure - 袖ぐり – 진동둘레 - 袖窿围	1 / 1	35 / 37	36 / 38	37 / 39	38 / 40	39 / 41
14	Hauteur dessous de bras - 脇丈 – 옆선길이(허리선에서 겨드랑이밑점까지) - 袖根至腰围长	0.25 / 0.25	19.75 / 20.75	20 /21	20.25 / 21.25	20.5 / 21.5	20.75 / 21.75
15	Longueur de bras - 腕丈 – 팔길이 - 臂长	0.5 / 2	54.5 / 50.5	55 / 52.5	55 / 52.5	55.5 / 54.5	55.5 / 54.5
16	Grosseur de bras - 上腕囲り – 위팔둘레 - 臂围	1 / 1	24 / 23.5	25 / 24.5	26 / 25.5	27 / 26.5	28 / 27.5
17	Hauteur coude - 肘丈 – 팔꿈치길이 - 肘高	0.3 / 1	31.7 / 30	32 / 31	32.3 / 31	32.6 / 32	32.9 / 32
18	Tour de poignet - 手首囲り – 손목둘레 - 胸围	0.5 /0.5	15.5 / 15.5	16 / 16	16.5 / 16.5	17 / 17	17.5 / 17.5
19	Hauteur taille-hanches - ヒップ丈 – 엉덩이길이 - 臀高	0 / 0	18.5 / 20	18.5 / 20	18.5 / 20	18.5 / 20	18.5 / 20
20	Hauteur de montant - 股上丈 – 밑위길이 - 立档长	0.5 / 0.75	25.5 / 25.25	26 / 26	26,5 / 26.75	27 / 27.5	27.5 / 28.25
21	Enfourchure - 股ぐり – 샅윗둘레 - 横档长	2 / 2	56 / 56	58 / 58	60 / 60	62 / 62	64 / 64
22	Hauteur taille au genou - 膝丈 – 무릎길이 - 膝高	1 / 1.5	53 / 54	54 / 55.5	55 / 57	56 / 58.5	57 / 60
23	Hauteur taille à terre - 床丈 - 허리에서 바닥까지 길이 - 前下半身长	1 / 3	99 / 96	99 / 99	100 / 102	100 / 105	101 / 108
24	Hauteur taille côté à terre - 脇床丈 – 옆허리선에서 바닥까지의 길이 - 侧下半身长	1 / 3	99.5 / 96.5	99.5 / 99.5	100.5 / 102.5	100.5 / 105.5	101.5 / 108.5

TABLEAU DE MESURES - MANNEQUIN Prêt-à-porter
USA

MEASUREMENT CHART - Ready-to-wear DUMMY
USA

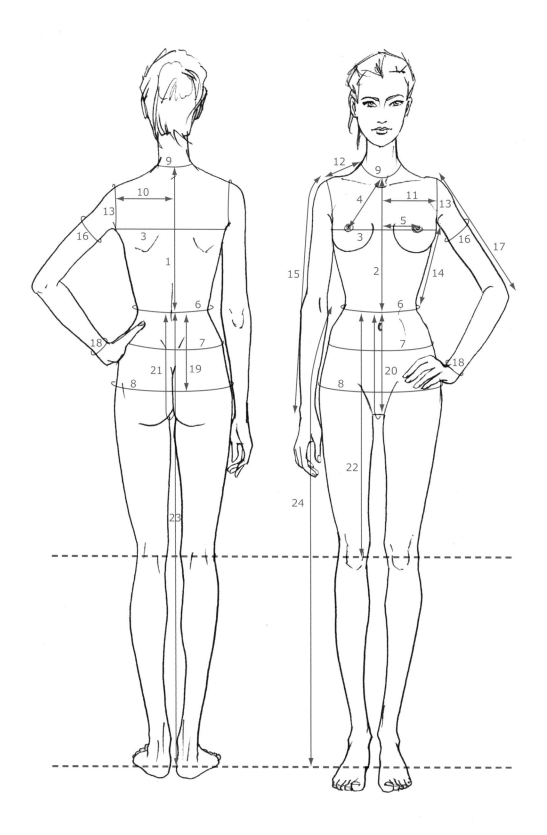

MESURES / *MEASUREMENTS* in inches / *en cm*	TAILLES / *SIZES*				
	6 / M	**8 / M**	**10 / L**	**12 / L**	**14 / XL**
1 Longueur Taille Dos - *Back Waist Length*	16	16 1/4	16 1/2	16 3/4	16 7/8
	40.64	41.27	41.91	42.51	42.84
2 Longueur Taille Devant - *Front Waist Length*	14 3/4	15	15 1/4	15 3/8	15 7/8
	37.46	38.1	38.73	40	40.3
3 1/2 *tour de poitrine* - *1/2 bust measurement*	15 3/4	16 1/2	17 1/4	18 1/8	18 7/8
	40	41.91	43.81	46.02	47.92
4 Hauteur de poitrine - *Bust length*	8 7/8	9 1/8	9 1/4	9 3/8	9 5/8
	22.51	23.16	23.49	23.79	24.43
5 1/2 *écart de poitrine* - *1/2 bust value*	3 1/2	3 5/8	3 3/4	3 3/4	3 7/8
	8.89	9.19	9.52	9.52	9.82
6 1/2 *tour de taille* - *1/2 waist measurement*	12 3/8	13 1/4	14	14 3/4	15 5/8
	31.41	33.65	35.56	37.46	39.67
7 1/2 *tour des petites hanches* - *1/2 small hip measurement*	15 1/8	15 3/4	16 5/8	17 3/8	18 1/4
	38.40	40	42.21	45.08	46.35
8 1/2 *tour de grandes hanches* - *1/2 full hip measurement*	17 1/4	18 1/8	18 7/8	19 3/4	20 1/2
	43.81	46.02	47.92	50.16	52.07
9 1/2 *tour d'encolure* - *1/2 Neckline measurement*	6 3/4	6 7/8	7 1/8	7 1/4	7 1/2
	17.14	17.44	18.08	18.41	19.05
10 1/2 Carrure dos - *1/2 Cross-Back measurement*	6 7/8	7	7 1/8	7 1/4	7 1/4
	17.44	17.78	18.08	18.41	18.41
11 1/2 Carrure devant - *1/2 Cross-Front measurement*	6 1/4	6 3/8	6 1/2	6 5/8	6 3/4
	15.87	16.17	16.51	16.81	17.14
12 Longueur d'épaule - *Shoulder Length*	4 3/4	5	5 1/4	5 1/4	5 3/8
	12.06	12.7	13.33	13.33	13.63
13 Tour d'emmanchure - *Armhole Circumference*	14 5/8	15	15 3/8	15 3/4	16 1/8
	37.13	38.1	39.03	40	40.94
14 Hauteur dessous de bras - *Waist to underarm length*	8 1/2	8 5/8	8 3/4	8 3/4	8 7/8
	21.59	21.89	22.22	22.22	22.52
15 Longueur de bras - *Arm Length*	23 5/8	23 5/8	23 5/8	23 5/8	23 5/8
	59.99	59.99	59.99	59.99	59.99
16 Grosseur de bras - *Arm Circumference*	9 3/4	10 1/4	10 5/8	11	11 3/8
	24.76	26.03	26.97	27.94	28.87
17 Hauteur coude - *Elbow length*	13 3/4	13 3/4	13 3/4	13 3/4	13 3/4
	34.92	34.92	34.92	34.92	34.92
18 Tour de poignet - *Wrist Circumference*	6 1/4	6 1/4	6 3/8	6 1/2	6 5/8
	15.87	15.87	16.17	16.51	16.81
19 Hauteur taille - hanches - *Waist to hip length*	8 3/4	8 3/4	8 3/4	8 3/4	8 3/4
	22.22	22.22	22.22	22.22	22.22
20 Hauteur de montant - *Riser measurement*	10 1/4	10 3/8	10 5/8	10 3/4	11
	26.03	26.33	26.97	27.30	27.94
21 Enfourchure - *Crotch measurement*	22 3/4	23 5/8	24 3/8	25 1/4	26
	57.78	59.99	61.99	64.13	66.04
22 Hauteur taille au genou - *Waist to knee*	22 3/8	22 3/4	23 1/4	23 5/8	24
	56.81	57.78	59.05	59.99	60.96
23 Hauteur latérale taille à terre - *Waist to floor*	41 1/4	41 1/4	41 3/4	41 3/4	42 1/8
	104.77	104.77	106.04	106.04	106.98
24 Longueur côté à terre - *Side to floor*	41 1/2	41 1/2	41 7/8	41 7/8	42 1/4
	105.41	105.41	106.34	106.34	107.31

1 inch = 2.54 cm	
Inches	**Décimales**
0	0
1/8	0.12
1/4	0.25
3/8	0.37
1/2	0.5
5/8	0.62
3/4	0.75
7/8	0.87
1	1

TABLEAU DE CORRESPONDANCES
DE TAILLES COMMERCIALES

CORRESPONDANCE CHART
OF COMMERCIAL SIZES

	TAILLES / SIZES						
France - *France*	36	38	40	42	44	46	48
Espagne - *Spain*	36	38	40	42	44	46	48
Italie - *Italy*	40	42	44	46	48	50	54
Allemagne - *Germany*	34	36	38	40	42	44	46
Angleterre - *United Kingdom*	8	10	12	14	16	18	20
USA - *USA*	6	8	10	12	14	16	18
	S	M	M	L	L	XL	XL
Australie - *Australia*	10	12	14	16	18	20	22
Japon - *Japan*	9	11	13	15	17	19	21

1. Sur l'encolure :
- Poser le bolduc d'encolure à la mesure désirée en gardant une platitude devant et dos.
- Vérifier la mesure d'encolure.

2. Sur le dos :
- Mesurer le mannequin d'une extrémité de l'épaule à l'autre en calculant la moitié et porter cette ½ valeur de l'épaule droite vers le milieu dos.
- A l'aide d'un fil à plomb, posez le bolduc du milieu dos en commençant à la demie encolure. Vérifier à l'œil et épingler.
- Placer une épingle sur la longueur taille dos : 41 cm (point A).
- Positionner la hauteur des grandes hanches à partir de cette épingle de taille dos à 22 cm (point B).

3. Sur le devant :
- Mesurer le mannequin d'une extrémité de l'épaule à l'autre en calculant la moitié et porter cette ½ valeur de l'épaule droite vers le milieu devant, à la base de l'encolure.
- A l'aide d'un fil à plomb, posez le bolduc du milieu devant. Vérifier à l'œil et épingler.

4. Sur le dos et le devant :
- Mesurer sur le mannequin du point B au bas de mannequin et reporter cette mesure sur tout le tour du mannequin.
- Positionner le bolduc du **tour de grandes hanches (B)**.
- Vérifier le tour de grandes hanches.
- Du point A sur le milieu dos, placer le point C = **hauteur des petites hanches** = 9 cm.
- Procéder de la même façon sur le milieu devant, puis placer le bolduc de petites hanches sur tout le tour du mannequin en gardant une parallèle à la ligne de grandes hanches.
- Positionner une épingle repère sur le milieu devant des grandes hanches à 22 cm pour trouver le point de taille devant.
- Vérifier la longueur taille devant et l'encolure.
- Positionner le bolduc du **tour de taille (A)**.

5. Ligne de poitrine :
- Du milieu devant vers le saillant de poitrine, porter la mesure du **½ écart de poitrine (1)** et de l'encolure milieu devant au saillant de poitrine, porter la **hauteur de poitrine (2)**.
- Poser une épingle repère.
- Mesurer de cette épingle à la taille et reporter cette mesure sur le milieu dos.
- Poser le bolduc de **ligne de poitrine** en parallèle au bolduc de taille.

6. Carrure dos :
- Poser une épingle repère à la ½ hauteur entre l'encolure dos et la ligne de poitrine sur le milieu dos.
- Le bolduc carrure dos sera épinglé perpendiculairement au milieu dos et parallèle au bolduc de poitrine, du bolduc de milieu dos à l'emmanchure.
- Posez une épingle repère pour délimiter la longueur de carrure.

7. Carrure devant :
- Sur le bolduc de milieu devant, au dessus du bolduc de poitrine, reporter la ½ hauteur dos de la poitrine à la carrure dos, placer le bolduc de carrure devant, perpendiculaire au milieu devant et bien en horizontal.
- Poser une épingle repère pour délimiter la longueur de carrure.

8. Couture de côté et couture d'épaule :
- Sur les lignes de taille et de hanches, porter la **½ valeur des ½ tours + 1 cm pour le devant**.
- Sur la ligne de poitrine, porter la **½ valeur du ½ tour de poitrine + 1.5 cm pour le devant**.
- Mesurer la ½ encolure + 1 cm **vers le dos**. Placer une épingle repère.
- Positionner le mètre ruban : le point zéro sur l'épingle repère de taille, remonter le ruban vers la carrure, l'extrémité de l'épaule puis descendre vers le devant pour revenir à l'épingle repère de la taille. Diviser cette mesure par deux + 0.5 cm **vers le devant**. Positionner une épingle repère.
- Poser le bolduc d'épaule et de côté en passant par les repères.

9. Emmanchure :
- Calcul de la hauteur de la couture côté :
$$\frac{\text{(Longueur taille devant + longueur taille dos)} + 2 \text{ cm}}{4}$$
- Porter le résultat de ce calcul sur le bolduc de côté de la taille vers l'emmanchure. Poser une épingle repère.
- Positionner une épingle repère pour la longueur d'épaule.
- Poser le tour de l'emmanchure en passant par les épingles repères.

28

Les bolducs, épinglés sur mannequin, représentent les lignes d'aplomb nécessaires à toute construction par moulage. C'est un travail qui mérite beaucoup de soin et de précision.

Il est conseillé de poser les bolducs sur la totalité du mannequin, en vue de constructions de vêtements asymétriques.

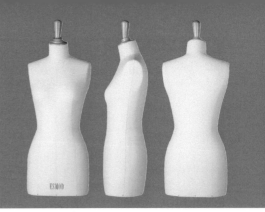

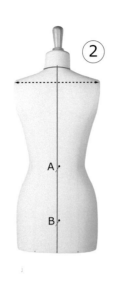

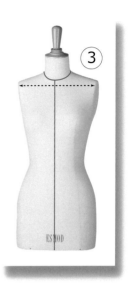

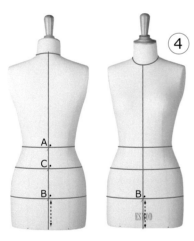

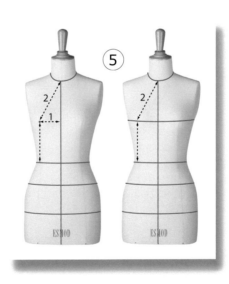

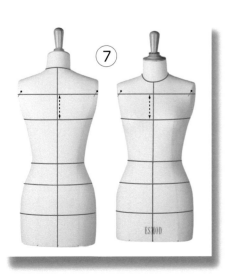

1/2 + 0.5 cm

1/2 - 0.5 cm

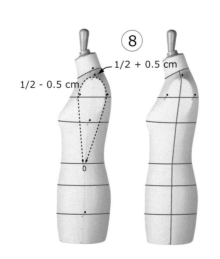

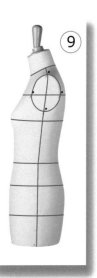

1. Neckline :
- Pin ribbon around the dummy's neckline according to given measurement.
- Maintain a straight line at center front and center back.
- Verify neckline measurement.

2. Back :
- Measure the dummy from one shoulder tip to the other. Place 1/2 of this measurement from right shoulder tip to center back on neckline.
- From this point, and using a weight, place center back ribbon. Verify that ribbon is straight and pin it to the dummy.
- Place a pin to indicate back waist length : 41 cm (point A).
- From point A, place a marker pin to indicate large hip length from waistline : 22 cm (point B).

3. Front :
- Measure the dummy from one shoulder tip to the other. Place 1/2 of this measurement from right shoulder tip to center front on neckline.
- From this point, and using a weight, place center front ribbon. Verify that the ribbon is straight and pin it to the dummy.

4. Back and front :
- Measure from point B to bottom of the dummy and place this measurement (with pins) around the entire dummy (large hip line).
- Pin the ribbon along the **large hipline (B)**.
- Verify the full large hip measurement.
- From point A, and on center back line, place point C = **small hip length** = 9 cm.
- Follow same procedure on center front line, and then pin the ribbon along small hipline maintaining a parallel to the large hipline.
- Place a marker pin on center front line at 22 cm above hipline to indicate front waistline point.
- Verify front waist length and neckline.
- Pin the ribbon along the **waistline (A).**

5. Bustline :
- Place the **apex point (1)** at 9.25 cm (1/2 of bust value) from center front line and at 22 cm **(bust length) (2)** from center front neckline. Place bust length measurement from center front neclkline to the apex point. Place a marker pin at the apex point.
- Measure the distance from this pin to the waistline and place this measurement on the center back line.
- Pin the ribbon along the **bustline** maintaining parallel to waistline.

6. Cross-back :
- On center back line, place a marker pin 1/2 way between neckline and bustline.
- The cross - back ribbon will be pinned perpendicular to center back line and parallel to bustline. It extends from center back line to the armhole.
- Place a marker pin to indicate the cross-back measurement.

7. Cross-front :
- Place the measurement obtained between back bustline and cross-back line on center front line above bustline. Pin the cross-front ribbon perpendicular to center front line. Maintain a horizontal line.
- Place a marker pin to indicate the cross-front measurement.

8. Side seam line and shoulder line :
- On the waistline and large hipline, place **1/2 of 1/2 waist measurement + 1 cm**, and **1/2 of 1/2 large hip measurement + 1 cm on front.**
- On bustline, place **1/2 of 1/2 bust measurement + 1.5 cm on front.**
- Measure 1/2 of neckline measurement + 1 cm **towards back**. Place a marker pin.
- Place the measuring tape beginning at waistline marker pin, then raise it towards the cross-back, then to the shoulder line tip, then lower it and down to waistline marker pin. Divide this measurement by two + 0.5 cm **towards front**. Place a marker pin.
- Place shoulder line and side seam line ribbon following these marker pins.

9. Armhole :
- Calculation of side seam length :
  $$\frac{\text{front waist length} + \text{back waist length}}{4} + 2 \text{ cm.}$$
- Place the result of this calculation on the side seam ribbon from waistline to armhole. Place a marker pin.
- Place a marker pin to indicate shoulder line length.
- Pin the armhole ribbon following these marker pins as well marker pins indicating the cross-front and cross-back measurements.

30

Tying ribbon is pinned on the mannequin, representing the different axis that are necessary for garment construction by draping. The tying ribbon must be pinned on the mannequin with careful precision.

It is advised to pin the tying ribbon entirely around the mannequin, in order to construct asymmetrical garments.

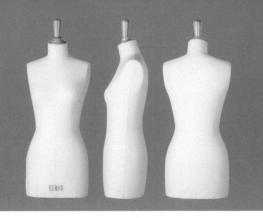

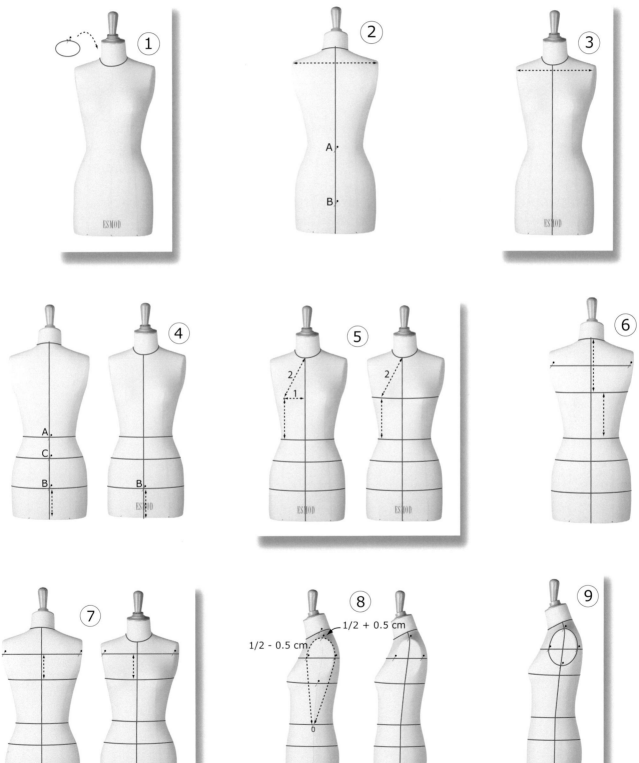

Les deux bases de construction du pantalon correspondent à deux allures et deux modes de vie très différents.

1) Le **pantalon plat** est un pantalon d'allure "ville", moins près du corps que le suivant, avec une pince sur le devant. Son tour de taille est augmenté de 6 cm pour plus de confort. La ligne de côté est décalée vers le devant pour permettre un placement de poche plus confortable d'accès.

2) Le **pantalon sportswear**, est un pantalon près du corps. Son tour de taille est descendu et augmenté de 8 cm pour plus de confort. La ligne de taille du pantalon est descendue par rapport à la ligne de taille morphologique.

Ceci explique l'intervention d'une nouvelle mesure : la hauteur d'enfourchure qui correspond à la hauteur de montant du modèle.

La différence entre les deux fonds de pantalon réside surtout dans la différence d'aplomb :

Pantalon plat :
- Sur l'enfourchure, le milieu devant du pantalon plat est parallèle au Df et garantit un tombé en droite ligne de la jambe.
- Le profil du pantalon est net et l'enfourchure dos n'épouse pas les fesses.
- Le bien-aller de ce pantalon est facile à vérifier de profil.
- Le confort de mouvement est limité à un mode de vie citadin.

Pantalon sportswear :
- Le milieu devant du pantalon sportswear sur l'enfourchure n'est pas parallèle au Df.
- L'aplomb de la jambe correspond à un écartement d'entrejambe.
- L'enfourchure dos épouse les fesses.
- Le confort de mouvement correspond à un mode de vie sport ; l'écartement constaté (voir schéma) permet une gestuelle plus développée (jambes écartées) sans que le pantalon ne gène.

Les pantalons

Trousers

The two standards for constructing trousers correspond to two looks and two very different lifestyles.

1) The **flat trouser** is a trouser with a less fitted, "city" appeal and a front dart. Its waist measurement is increased 6 cm for more comfort. The side seam is shifted towards the front to allow for a pocket placement with more comfortable access.

2) The **sportswear trouser** is a fitted trouser. Its waist measurement is dropped and increased by 8 cm for more comfort. The trouser waistline is dropped in relation to the morphological waistline.

This explains the use of a new measurement - the crotch depth - which corresponds to each model's riser measurement.

The difference between the two basic trousers is mostly due to a different balance :

Flat trousers :
- At the crotch, the trouser center front is parallel to the straight grain and guarantees a straight drape for the leg.
- The trouser side view is clean and the back crotch does not hug the buttocks.
- The comfort of these trousers is easy to verify by looking at them from the side.
- The comfort of movement is limited to a city lifestyle.

Sportswear trousers :
- At the crotch, trouser center front is not parallel to the straight grain.
- The leg balance corresponds to an inner leg flare.
- The back crotch hugs the buttocks.
- The comfort of movement corresponds to a sport lifestyle ; the flare observed (see sketch) allows for more unrestricted movement (in the legs).

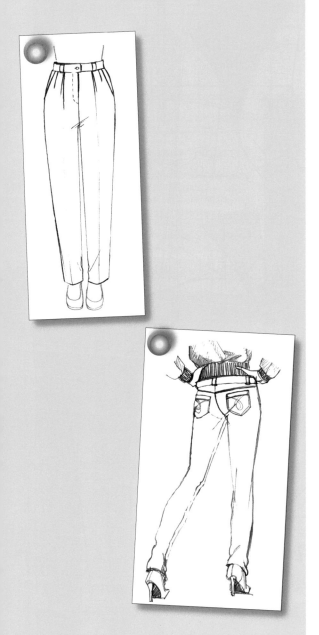

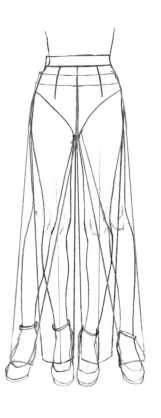

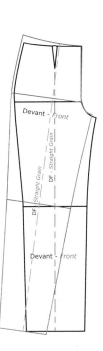

33

Dans ce cas, il faut considérer l'aisance donnée :
- Tour de taille + 6 cm d'aisance finale pour une taille classique.
- Tour des hanches + 2 cm d'aisance.
- Les mesures de largeur de genou et de bas de pantalon sont basiques pour un pantalon classique et changent selon le modèle.

Ces **fonds de base** serviront d'appui à des principes d'élargissements.

Toutes les mesures données dans cette explication correspondent à la taille 38.

Mesures complémentaires nécessaires à la construction :
- o Tour de hanches avec aisance = 94 cm + 2 cm (aisance) = 96 cm.
- o Hauteur du pantalon : 100 cm.
- o Largeur du genou : 50 cm.
- o Largeur du bas de pantalon : ici 45 cm.

Tracé des lignes d'aplomb :
- XY : Df milieu de jambe.

Sur la ligne XY, porter une ligne A en perpendiculaire en haut de feuille.
- AB = Hauteur des hanches = 22 cm.
- AC = Hauteur du montant + 1 cm d'aisance (en raison de la valeur de couturage en vertical au porter du pantalon) = 26,5 cm + 1 cm = 27,5 cm.
- AD = Hauteur du genou = 58 cm.
- AE = Hauteur du pantalon = 100 cm.
- CF = 1/3 du montant avec aisance – 1 cm.

A partir des points B-C-D-E-F, tracer des lignes perpendiculaires à l'axe du milieu de jambe XY.

Devant :
- AA^1 = 1/5 du 1/2 tour de hanches avec aisance.
- $A^1F^1B^1$ parallèle à AFB.
- A^1A^2 = 1,5 cm.
- CC^1 = (1/3 du 1/2 tour de hanches avec aisance) – 1 cm.

Tracer l'enfourchure devant :
- A^1F^1 en ligne droite.
- F^1C^1 en courbe.
- $DD^1 = \dfrac{\text{½ largeur du genou – 2 cm}}{2}$
- $EE^1 = \dfrac{\text{½ largeur du bas de pantalon – 2 cm}}{2}$

Joindre en lignes droites C^1D^1 et D^1E^1.
A moitié de C^1D^1, creuser de 0,5 cm.
Retracer en courbe.
- AA^3 = (1/3 du 1/2 tour de hanches avec aisance) – 2 cm.
- $FF^2 = CC^2 = AA^3$.
- A^3A^4 = 1,5 cm.

Joindre A^4F^2 en courbe.
- $DD^2 = DD^1$.
- $EE^2 = EE^1$.

Joindre C^2D^2 puis D^2E^2 en lignes droites.
- Adoucir les angles formés en C^2 et D^2.
- Joindre A^4A^2 en ligne droite. Recreuser en son milieu de 0,5 cm avec une platitude à angle droit sur le milieu devant pour dessiner la ligne de taille.

Dos :
- A^1A^5 = 3,5 cm.
- CC^3 = (1/3 du 1/2 tour de hanches avec aisance) + 2,5 cm.
- C^4 = 1 cm au dessous de C^3.

Tracer l'enfourchure dos.
- A^5F^1 en ligne droite, prolongée de 1,5 cm au dessus de la taille (A^6), puis F^1C^4 en courbe.

Tracer la ligne de taille dos en respectant un angle droit par rapport à l'enfourchure puis rejoindre A^3 en courbe.
- D^1D^3 = 2 cm. D^2D^4 = 2 cm.
- E^1E^3 = 2 cm. E^2E^4 = 2 cm.
- $C^2C^5 = F^2F^3$ = 1,5 cm.
- Joindre A^3F^3 en courbe puis F^3C^5 – C^5D^4 – D^4E^4 en lignes droites.
- Adoucir les angles formés en C^5 et D^4.
- Joindre C^4D^3 puis D^3E^3 en lignes droites.
- A moitié de C^4D^3, creuser de 1 cm.
- Retracer en courbe.

Emplacement des pinces :
- Mesurer la ½ taille devant (A^4A^2) + la ½ taille dos (A^6A^3).
- Le ½ tour de taille du pantalon terminé sera augmenté de 3 cm pour compenser les épaisseurs de coutures qui diminuent l'aisance interne du tour de taille, ici 34 cm + 3 cm = 37 cm.

Ce tracé est un fond de pantalon, c'est-à-dire qu'il est déjà considéré comme un vêtement avec un élargissement minimum. On peut donc rester sur le tracé du fond et s'en servir de base de données pour dessiner les détails d'un modèle, ou bien l'élargir encore pour en changer le volume.

- Calculer la différence entre le ½ tour de taille du tracé et le tour de taille réel désiré (37 cm) et répartir cet excédent par moitié sur le dos et sur le devant = 1 pince dos et 1 pince devant.

Sur le dos : . A la moitié de A^6A^3, tracer le milieu de pince en parallèle au DF.
. Longueur de la pince dos = 10 cm.

Sur le devant : . Axe de la pince sur le Df XY.
. Longueur de la pince = 9 cm.

Répartir la valeur de pince de part et d'autre de ces axes.

Vérifications :
- Relever séparément le devant et le dos (le dos sera retourné pour avoir devant et dos droit).
- Fermer les pinces. Retracer la ligne de taille et vérifier sa valeur.
- Assembler les deux lignes d'entrejambe devant et dos pour vérifier le tracé de l'enfourchure ; retracer si besoin.
- Vérifier les mesures de lignes de côté devant et dos.

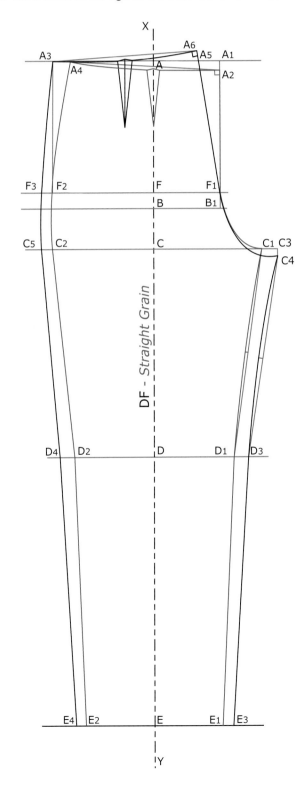

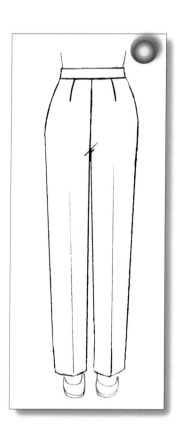

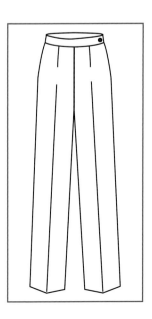

In this case, it is necessary to consider the given ease :
- Waist measurement + 6 cm ease for a classic waist.
- Hip measurement + 2 cm ease.
- Knee width and trouser bottom measurements are basic for a classic trouser and change depending on the model.

These **basic blocks** will serve as supports for all enlargement principals.

All measurements given in this explanation correspond to size 38.

Additional measurements necessary for construction :
- ○ Hip measurement with ease = 94 cm + 2 cm (ease) = 96 cm.
- ○ Trouser length : 100 cm.
- ○ Knee measurement : 50 cm.
- ○ Width at trouser hem : here 45 cm.

Tracing the balance lines :
- XY : Straight Grain at center of leg.

On line XY, draw a perpendicular line A at top of paper.
- AB = Hip length = 22 cm.
- AC = Crotch depth + 1 cm ease (because of vertical seam allowance when trousers are worn) = 26.5 cm + 1 cm = 27.5 cm.
- AD = Knee length = 58 cm.
- AE = Trouser length = 100 cm.
- CF = 1/3 of crotch depth with ease – 1 cm.

At points B-C-D-E-F, trace lines perpendicular to center leg axis - XY.

Front :
- AA^1 = 1/5 of ½ hip measurement with ease.
- $A^1F^1B^1$ parallel to AFB.
- A^1A^2 = 1.5 cm.
- CC^1 = (1/3 of ½ hip measurement with ease) – 1 cm.

Trace front crotch :
- A^1F^1 in a straight line.
- F^1C^1 in a curve.
- $DD^1 = \dfrac{\text{½ knee measurement} - 2 \text{ cm}}{2}$
- $EE^1 = \dfrac{\text{½ trouser bottom measurement} - 2 \text{ cm}}{2}$

Join C^1D^1 and D^1E^1 in straight lines.
Halfway along C^1D^1, scoop out 0.5 cm.
Retrace in a curve.
- AA^3 = (1/3 of ½ hip measurement with ease) – 2 cm.
- $FF^2 = CC^2 = AA^3$.
- A^3A^4 = 1.5 cm.

Join A^4F^2 in a curve.
- $DD^2 = DD^1$.
- $EE^2 = EE^1$.

Join C^2D^2 and then D^2E^2 in straight lines.
- Soften the angles formed in C^2 and D^2.
- Join A^4A^2 in a straight line. Scoop out slightly 0.5 cm at the middle by softening angle at center front to define waist line.

Back :
- A^1A^5 = 3.5 cm.
- CC^3 = (1/3 of ½ hip measurement with ease) + 2.5 cm.
- C^4 = 1 cm below C^3.

Trace back crotch line.
- A^5F^1 in a straight line, extended 1.5 m above the waist (A^6), then F^1C^4 in a curve.

Trace back waist line in respecting a straight angle in relation to the crotch and then joining A^3 in a curve.
- D^1D^3 = 2 cm. D^2D^4 = 2 cm.
- E^1E^3 = 2 cm. E^2E^4 = 2 cm.
- $C^2C^5 = F^2F^3$ = 1.5 cm.
- Join A^3F^3 in a curve then $F^3C^5 – C^5D^4 – D^4E^4$ in straight lines.
- Soften the angles formed at C^5 and D^4.
- Join C^4D^3 and then D^3E^3 in straight lines.
  - Halfway along C^4D^3, scoop out 1 cm.
  - Retrace in a curve.

Dart placements :
- Measure ½ front waist (A^4A^2) + ½ back waist (A^6A^3).
- ½ trouser waist measurement, when completed, will be increased 3 cm to compensate for the seam allowances which will reduce the waist measurement's internal ease, here 34 cm + 3 cm = 37 cm.

This tracing is a trouser block, which means it is already considered a garment with minimal enlargement. We can thus use the block outline as a data base to draw details of a model, or enlarge it to change the shape.

- Calculate the difference between the outlined, ½ waist measurement and the real waist measurement desired (37) and divide this excess by half on back and front = 1 back dart and 1 front dart.

On back :   . At halfway point of A^6A^3, trace center of dart parallel to straight grain.
           . Length of back dart = 10 cm.

On front :   . Axe of dart on XY Straight Grain.
           . Length of front dart = 9 cm.

Distribute amount of dart equally on both sides of these axes.

Verifications :
- Outline front and back separately (back will be turned over to have a right back and right front).
- Close darts. Retrace waist line and verify its measurement.
- Put together front and back inner leg lines to verify crotch line : retrace if necessary.
- Verify measurements of front and back side lines.

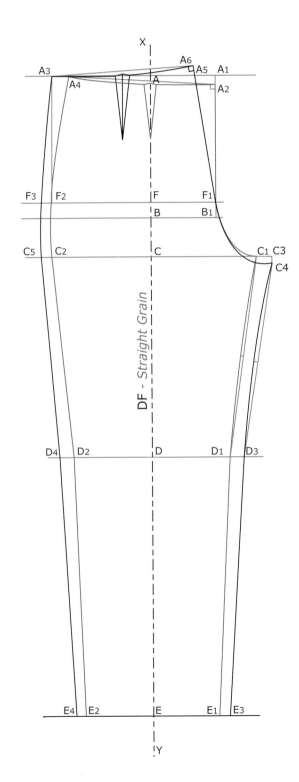

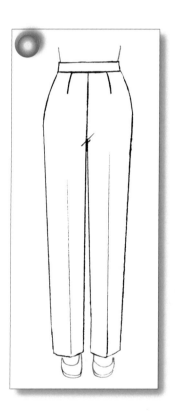

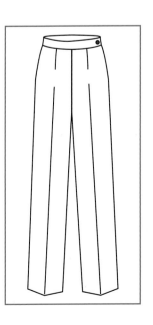

Tout d'abord, il est nécessaire de considérer l'aisance donnée :

- **Tour de taille + 8 cm d'aisance pour une taille classique, descendue de 4 cm en dessous de la taille morphologique**. Ces 8 cm d'aisance considèrent la rétraction de la matière lors du montage de la ceinture (épaisseurs de couture) mais également les épaisseurs de vêtements portés dans le pantalon et enfin une aisance pour la respiration sur une taille descendue.
- **Tour de hanches + 4 cm d'aisance.**

Les mesures de largeur de genou et de bas de pantalon sont basiques pour un pantalon classique et changent selon la mode et le modèle.

Ces **fonds de base** serviront d'appui à des principes d'élargissements.

Toutes les mesures données dans cette explication correspondent à la taille 38.

Mesures complémentaires nécessaires à la construction :
- Hauteur du pantalon : 100 cm.
- Largeur du genou : 48 cm.
- Largeur du bas de pantalon : ici 36 cm.

Tracé des lignes d'aplomb :
- XY : Df milieu de jambe.

Sur la ligne de milieu de jambe, porter une ligne A en perpendiculaire en haut de feuille = ligne de taille morphologique.
- AB = Hauteur de hanches = 22 cm.
- AC = Hauteur de montant = 26,5 cm.
- AD = Hauteur du genou = 58 cm.
- AE = Hauteur du pantalon = 100 cm.
- AF = Hauteur de la taille descendue = 4 cm.

A partir des points A, B, C, D, E, F, tracer des lignes perpendiculaires à l'axe du milieu XY.

Devant :

Largeur du pantalon au niveau de l'enfourchure, sur la ligne de montant C :
- CC^1 = 1/7ème du tour de hanches avec aisance.
- $CC^2 = CC^1$.

Largeur du pantalon au niveau des hanches, sur la ligne B :
- $BB^1 = CC^1$.
- BB^2 = 1/10ème du tour de hanches avec aisance.

Calcul de la taille devant :
- FA^1 = (1/2 tour de taille avec aisance – 1 cm) : 5.
- A^1A^2 = 1/4 tour de taille avec aisance + 1 cm.

Descendre A^1 en A^3 de 1 cm.

Largeur du pantalon sur la ligne de genou D :
- DD^1 = ¼ de largeur du genou - 1 cm.
- $DD^2 = DD^1$.

Largeur du bas de pantalon sur la ligne E :
- EE^1 = ¼ de la largeur de bas de pantalon - 1cm.
- $EE^2 = EE^1$.

Tracé de la jambe :

Joindre E^1D^1, D^1C^1 et E^2D^2, D^2C^2 en lignes droites.

A la moitié de D^2C^2, rentrer en perpendiculaire de 0,5 cm. Retracer en courbe.

Tracé de l'enfourchure :

Joindre en courbe C^2B^2 avec une légère platitude en C^2 et en ligne droite B^2A^3.

Tracé du côté :

Joindre en légère courbe $C^1B^1A^2$ en gardant une légère platitude en B^1C^1.

Tracé de la ligne de taille :

Joindre en courbe A^3A^2 en gardant une légère platitude en A^3.

Dos :

Largeur du pantalon au niveau de l'enfourchure, sur la ligne de montant C :
- CC^3 = (1/6ème du tour de hanches avec aisance) + son 1/20ème.
- $CC^4 = CC^3$. Descendre C^3 en C^5 de 1 cm.

Largeur du pantalon au niveau des hanches, sur la ligne B :
- $BB^4 = CC^4$.
- $BB^3 = BB^4$ – (1/4 du tour de taille avec aisance : 2).

Calcul de la taille dos :
- FA^4 = 3 cm. En perpendiculaire, porter A^5 tel que A^4A^5 = 0,5 cm.

A partir de A^5, porter B^5 en ligne droite à l'appui de la ligne de taille descendue tel que :

A^5B^5 = ¼ du tour de taille avec aisance - 1 cm.

Largeur du pantalon sur la ligne de genou D :
- DD^3 = ¼ de largeur du genou + 1 cm.
- $DD^4 = DD^3$.

Ce tracé est un fond de pantalon, c'est-à-dire qu'il est déjà considéré comme un vêtement avec un élargissement minimum. On peut donc rester sur le tracé du fond et s'en servir de base de données pour dessiner les détails d'un modèle, ou bien l'élargir encore pour en changer le volume.

Utilisable pour un fond de fuseau, de caleçon ou de jeans.

Largeur du bas de pantalon sur la ligne E :
- EE^3 = ¼ de la largeur de bas de pantalon + 1 cm.
- $EE^4 = EE^3$.

Tracé de la jambe :
Joindre E^3D^3, D^3C^4 et E^4D^4, D^4C^5 en lignes droites.
A la moitié de D^4C^5, rentrer en perpendiculaire de 0,5 cm. Retracer en courbe.

Tracé de l'enfourchure :
Joindre en courbe C^5B^3 et en ligne droite B^3A^5.

Tracé du côté :
Joindre en légère courbe C^4B^5.

Tracé de la ligne de taille :
Joindre en ligne droite A^5B^5. A la moitié d'A^5B^5, rentrer en perpendiculaire de 0,5 cm.
Dessiner la ligne de taille dos en courbe.

Vérifications :
- Relever séparément le devant et le dos (le dos sera retourné pour obtenir un devant et un dos droit).
- Vérifier le tour de taille avec aisance pour la taille descendue.
- Assembler les deux lignes d'entrejambe devant et dos pour vérifier le tracé de l'enfourchure ; retracer si besoin.
- Vérifier les mesures de lignes de côté devant et dos.
- Vérifier le tour de taille avec aisance pour la taille descendue.
- Assembler les deux lignes d'entrejambe devant et dos pour vérifier le tracé de l'enfourchure ; retracer si besoin.
- Vérifier les mesures de lignes de côté devant et dos.

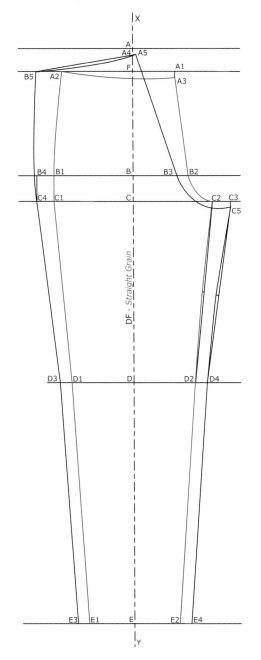

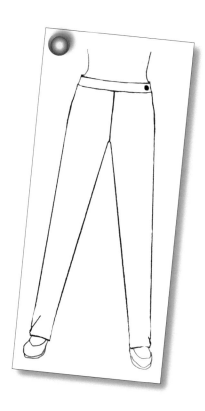

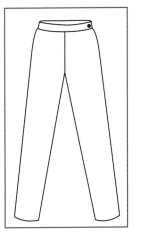

First at all, it is necessary to consider the given ease :
- **Waist measurement + 8 cm ease for a classic, drop 4 cm below actual waist.** This 8 cm of ease takes into account any fabric shrinkage when the waistband is attached (seam allowance thickness), the thickness of clothes tucked into the trousers plus breathing ease.
- **Hip measurement + 4 cm ease.**

Knee and trouser bottom measurements are basic for a classic trouser and change depending on the model.

These **basic slopes** will serve as supports for all enlargement principals. All measurements given in this explanation correspond to size 38.

Additionnal measurements necessary for construction :
- Trouser height : 100 cm.
- Knee width measurement : 48 cm.
- Trouser bottom width measurement : 36 cm.

Tracing the balance lines :
- XY : Straight grain at center of leg.

On line XY, draw a perpendicular line A at top of paper = morphological waist line.
- AB = Hip height = 22 cm.
- AC = Crotch depth height = 26.5 cm.
- AD = Knee height = 58 cm.
- AE = Trouser height = 100 cm.
- AF = Waist height dropped 4 cm.

From points A, B, C, D, E, F, trace lines perpendicular to center leg axis XY.

Front :
Trouser width at crotch level, at the riser line C :
- CC^1 = 1/7th of hip measurement with ease.
- $CC^2 = CC^1$.

Trouser width at hip level, at line B :
- $BB^1 = CC^1$.
- BB^2 = 1/10th of hip measurement with ease.

Calculating the front waist measurement :
- FA^1 = (1/2 waist measurement with ease – 1 cm) : 5.
- A^1A^2 = 1/4 waist measurement with ease + 1 cm.

Drop A^1 1 cm to make it A3.
Trouser width at knee line D :
- DD^1 = ¼ knee width measurement – 1 cm.
- $DD^2 = DD^1$.

Trouser bottom width at line E :
- EE^1 = ¼ trouser bottom width measurement – 1 cm.
- $EE^2 = EE^1$.

Tracing the leg :
Join E^1D^1, D^1C^1 and E^2D^2, D^2C^2 in a straight line.
Halfway along D^2C^2, scoop out perpendicularly 0.5 cm. Retrace in a curve.

Tracing the crotch :
Join C^2B^2 in a curve, while respecting a flatness at C^2.
Join B^2A^3 in a straight line.

Tracing the side :
Join $C^1B^1A^2$ in a curve, while respecting a flatness at B^1C^1.

Tracing the waist line :
Join A^3A^2 in a curve, while respecting a flatness at A^3.

Back :
Trouser width at crotch level, at the riser line C :
- CC^3 = (1/6th of hip measurement with ease) + its 1/20th .
- $CC^4 = CC^3$. Drop C^3 1 cm to make it C^5.

Trouser width at hip level, at line B :
- $BB^4 = CC^4$.
- $BB^3 = BB^4$ – (1/4th of waist measurement with ease : 2).

Calculating the back waist measurement :
- FA^4 = 3 cm. Perpendicularly, mark A^5 so that A^4A^5 = 0.5 cm.

Beginning at A^5, mark B^5 in a straight line following the dropped waist line so that :
A^5B^5 = ¼ waist measurement with ease – 1 cm.
Trouser width at knee line D :
- DD^3 = ¼ knee width measurement + 1 cm.
- $DD^4 = DD^3$.

This tracing is a trouser block, which means it is already considered a garment with minimal enlargement. We can thus use the block outline as a date base to draw details of a model, or enlarge it to change the shape.
Used for ski pants, leggings and jeans.

Trouser bottom width at line E :
- EE^3 = ¼ trouser bottom width measurement + 1 cm.
- $EE^4 = EE^3$.

Tracing the leg :
Join E^3D^3, D^3C^4 and E^4D^4, D^4C^5 in a straight line.
Halfway along D^4C^5, scoop out perpendicularly 0.5 cm. Retrace in a curve.

Tracing the crotch :
Join C^5B^3 in a curve.
Join B^3A^5 in a straight line.

Tracing the side:
Join C^4B^5 in a curve.

Tracing the waist line :
Join A^5B^5 in a straight line.
Halfway along A^5B^5, scoop out perpendicularly 0.5 cm. Retrace the back waist line in a curve.

Verifications :
- Trace front and back separately (back will be turned over to have a right front and a right back).
- Verify waist measurement with ease for the dropped waist.
- Put together front and back inner leg lines to verify crotch line ; retrace if necessary.
- Verify measurements of front and back side lines.

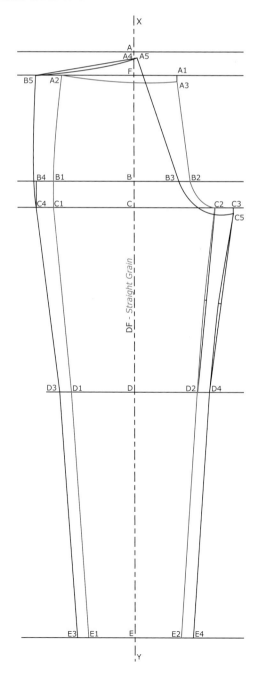

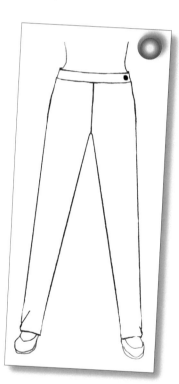

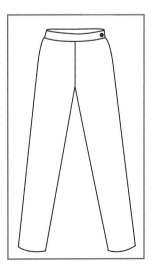

41

Les valeurs d'élargissements proposées ci-dessous correspondent à un principe d'**élargissement de base**, pour des allures de pantalons divers.
Ces élargissements pourront encore évoluer selon qu'il s'agisse d'un pantalon cigarette ou d'un baggy.
Cependant, il ne faut pas oublier que :
• Plus on descend une enfourchure, moins le pantalon est confortable dans l'amplitude de mouvements ; il faudra, dans ce cas, compenser par la largeur de la jambe.
• Dans un pantalon plat (sans pince), le droit fil doit rester au milieu de la jambe quelle que soit l'allure donnée à celle-ci.
• Les points de taille aux milieux devant et dos sur l'enfourchure ne doivent pas bouger, de façon à ne pas changer la pente de celle-ci et ne pas changer l'aplomb du fond choisi pour le modèle (voir schémas comparaison des fonds de base de pantalon page 33).

Fond de base pantalon classique plat. Figure 1.

• **Points d'élargissement :**
Montant :
  o Enfourchure : . Elargir de 1 cm.
                   . Descendre de 1 cm.
  o Côté : . Elargir de 1 cm.
Taille :
  o Ne pas changer le fond de base.
Genou :
  o Ligne d'entrejambe : Elargir ou diminuer selon le modèle.
  o Ligne de côté : Elargir ou diminuer de la même valeur que sur la ligne d'entrejambe.
    Penser à conserver une valeur d'aisance sur le tour de genou correspondant au minimum à la circonférence du genou plié.
Bas de pantalon :
  o Ligne d'entrejambe : Elargir ou diminuer selon le modèle.
  o Ligne de côté : Elargir ou diminuer de la même valeur que sur la ligne d'entrejambe.

• **Tracé d' élargissement :**
  o Retracer la nouvelle enfourchure en conservant les lignes de milieux devant et dos intactes.
  o Retracer les courbes des hanches en aplatissant le plus possible celles-ci sans créer de bosse avec les courbes de la jambe.
  o Dessiner les jambes dos et devant symétriquement en suivant les courbes du fond de base.
  o Associer les lignes d'entrejambe devant et dos et vérifier la continuité des courbes d'enfourchure.
  o Associer les lignes de côté devant et dos et vérifier la forme de la ligne de taille.

The enlargement amount proposed here corresponds to **a basic enlargement principal** for different types of trousers.
These enlargements evolve depending on if they are for cigarette or baggy trousers.
However, it is important not to forget that :
• The further the crotch is dropped, the less the trousers are comfortable for full movement ; in this case, it is necessary to compensate by the leg measurement.
• In a flat trouser (with no dart), the straight grain remains at center of leg, no matter what look the trousers have.
• The waist points at center front and back of crotch must not move, so as to change neither the slope nor the balance of the model's chosen slope (see comparative drawings of basic trouser blocks page 33).

Basic block, Classic flat trousers. Diagram 1.

• **Enlargement points :**
Height :
  o Crotch : . Increase by 1 cm.
              . Drop 1 cm.
  o Side :   . Increase by 1 cm.
Waist :
  o Do not change basic block.
Knee :
  o Inside leg line : Increase or diminish depending on model.
  o Side line : Increase or diminish same amount as on inside leg line.
  Remember to conserve enough ease in knee meaurement to correspond to width of bent knee.

Trouser bottom :
- Inside leg line : Increase or diminish depending on model.
- Side line : Increase or diminish same amount as inside leg line.

- **Enlargement line :**
  - Retrace new crotch while keeping center front and back lines intact.
  - Retrace hip curves by flattening them as much as possible without creating a bump on leg curves.
  - Draw front and back leg lines symmetrically by following curves of basic slope.
  - Put together front and back inside leg lines to verify continuity of crotch curves.
  - Put together front and back side lines to verify waist line shape.

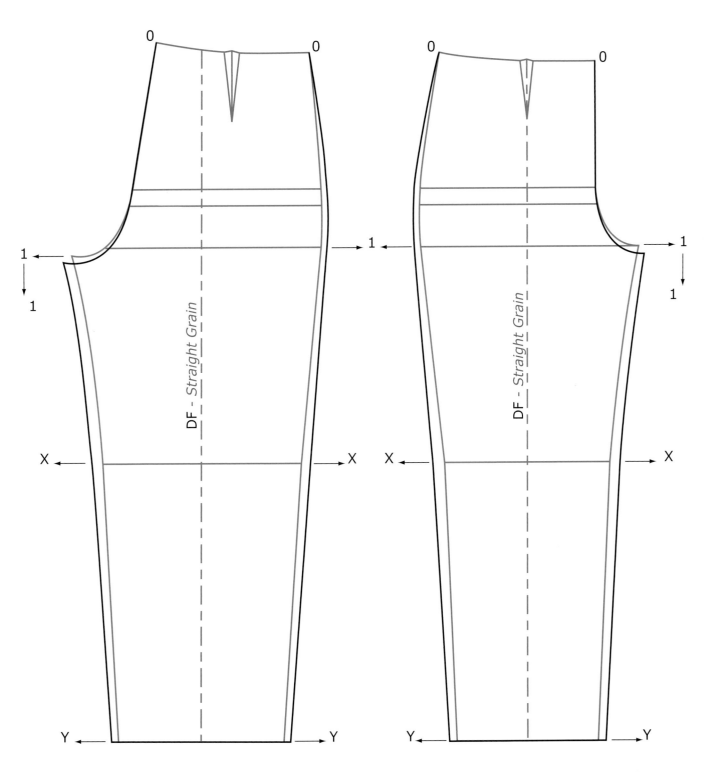

Figure 1
Diagram 1

43

Fond de base pantalon à pinces. Figure 2.

- **Points d'élargissement :**

Montant :
- o Enfourchure : . Elargir de 1,5 cm à 2,5 cm.
  - . Descendre de 1,75 cm à 3 cm.
- o Côté : Elargir de la valeur d'élargissement donné au niveau de la nouvelle ligne d'entrejambe devant (A).

Taille :
- o Milieu devant et dos : ne pas changer le fond de base.
- o Côté : Elargir de 0,5 cm devant et dos pour les épaisseurs du montage de la ceinture et pour un porter décontracté.

Genou :
- o Ligne d'entrejambe : Elargir ou diminuer selon le modèle (B).
- o Ligne de côté : Elargir ou diminuer de la même valeur que sur la ligne d'entrejambe (B).
  - Penser à conserver une valeur d'aisance sur le tour de genou correspondant à la largeur du genou plié.

Bas de pantalon :
- o Ligne d'entrejambe : Elargir ou diminuer selon le modèle (C).
- o Ligne de côté : Elargir ou diminuer de la même valeur que sur la ligne d'entrejambe (C).

- **Tracé d' élargissement :**
  - o Retracer la nouvelle enfourchure en conservant les lignes de milieux devant et dos intactes.
  - o Retracer les courbes des hanches en aplatissant le plus possible celles-ci sans créer de bosse avec les courbes de la jambe.
  - o Dessiner les jambes dos et devant symétriquement en suivant les courbes du fond de base.
  - o Associer les lignes d'entrejambe devant et dos et vérifier la continuité des courbes d'enfourchure.
  - o Associer les lignes de côté devant et dos et vérifier la forme de la ligne de taille.

Basic block, Trousers with darts. Diagram 2.

- **Enlargement points :**

Height :
- o Crotch : . Increase from 1.5 cm to 2.5 cm.
  - . Drop from 1.75 cm to 3 cm.
- o Side : . Increase value of given enlargement at level of new, inside front leg line (A).

Waist :
- o Center front and back : do not change basic block.
- o Increase front and back by 0.5 cm to compensate for thicknesses when attaching waistband and to provide a relaxed fit.

Knee :
- o Inside leg line : Increase or diminish depending on model (B).
- o Side line : Increase or diminish same amount as inside leg line (B).
  - Remember to conserve enough ease for knee measurement to correspond to width of bent knee.

Trouser bottom :
- o Inside leg line : Increase or diminish depending on model (C).
- o Side line : Increase or diminish same amount as for inside leg line (C).

- **Enlargement line :**
  - o Retrace new crotch while keeping center front and back lines intact.
  - o Retrace hip curves by flattening them as much as possible without creating a bump on leg curves.
  - o Draw front and back legs symmetrically in following curves of basic block.
  - o Put together front and back inside leg lines to verify continuity of crotch curves.
  - o Put together front and back side lines to verify waist line shape.

44

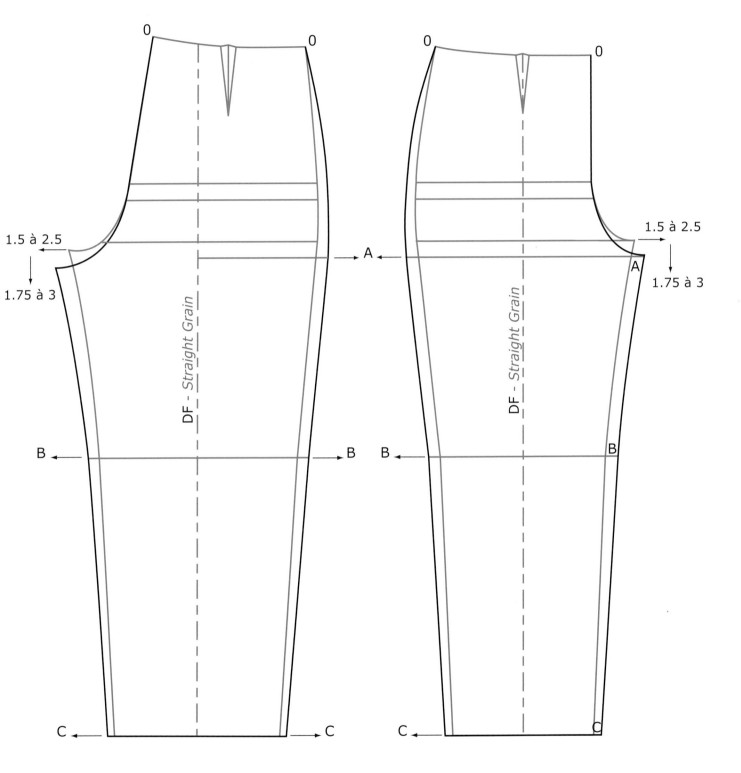

0   0

1.5 à 2.5 →

1.75 à 3 →

DF - *Straight Grain*

A ←

B ←   → B

C ←   → C

1.5 à 2.5

1.75 à 3

DF - *Straight Grain*

A ←

A

B ←   B

C ←   C

Figure 1
Diagram 1

45

Fond de base pantalon Sportswear. Figure 3.

- **Points d'élargissement :**

Montant :
- o Enfourchure : . Elargir de 1 cm à 2,5 cm.
- . Descendre de 1 cm à 2,5 cm.
- o Côté : Elargir de la valeur d'élargissement donné au niveau de la nouvelle ligne d'entrejambe devant (A).

Taille :
- o Ne pas changer le fond de base.

Genou :
- o Ligne d'entrejambe : Elargir ou diminuer selon le modèle (B).
- o Ligne de côté : Elargir ou diminuer de la même valeur que sur la ligne d'entrejambe (B).
  Penser à conserver une valeur d'aisance sur le tour de genou correspondant à la largeur du genou plié.

Bas de pantalon :
- o Ligne d'entrejambe : Elargir ou diminuer selon le modèle (C).
- o Ligne de côté : Elargir ou diminuer de la même valeur que sur la ligne d'entrejambe (C).

- **Tracé d' élargissement :**
  - o Retracer la nouvelle enfourchure en conservant les lignes de milieux devant et dos intactes.
  - o Retracer les courbes des hanches en aplatissant le plus possible celles-ci sans créer de bosse avec les courbes de la jambe.
  - o Dessiner les jambes dos et devant symétriquement en suivant les courbes du fond de base.
  - o Associer les lignes d'entrejambe devant et dos et vérifier la continuité des courbes d'enfourchure.
  - o Associer les lignes de côté devant et dos et vérifier la forme de la ligne de taille.

TROUSER ENLARGEMENT : BASIC SPORTSWEAR

Basic block, sportswear trousers. Diagram 3.

- **Enlargement points :**

Height :
- o Crotch depth : . Increase from 1 cm to 2.5 cm.
- . Drop from 1 cm to 2.5 cm.
- o Side : . Increase amount of given enlargement at level of new inside front leg line (A).

Waist :
- o Do not change basic block.

Knee :
- o Inside leg line : Increase or diminish depending on model (B).
- o Side line : Increase or diminish same amount as for inner leg line (B).
  Remember to conserve enough ease for knee measurement to correspond to width of bent knee.

Trouser bottom :
- o Inside leg line : Increase or diminish depending on model (C).
- o Side line : Increase or diminish same amount as for inside leg line (C).

- **Enlargement line :**
  - o Retrace new crotch while keeping center front and back lines intact.
  - o Retrace hip curves by flattening them as much as possible without creating a bump on leg curves.
  - o Draw front and back leg lines symmetrically by following curves of basic block.
  - o Put together front and back inside leg lines to verify continuity of crotch curves.
  - o Put together front and back side lines to verify waist line shape.

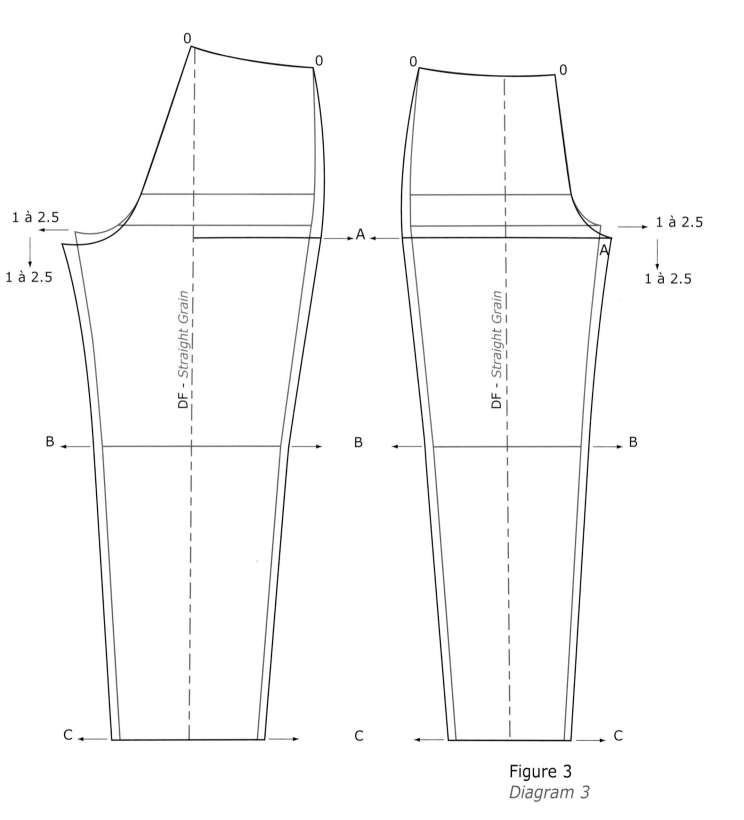

0   0

1 à 2.5

1 à 2.5

A

1 à 2.5

1 à 2.5

A

DF - *Straight Grain*

DF - *Straight Grain*

B   B   B   B

C   C   C   C

Figure 3
Diagram 3

47

PANTALON à pli(s)

Les développements de plis d'un pantalon se font sur un élargissement prévu à cet effet.
Le pantalon à plis classique peut comporter un ou deux plis.

Préparation de développement de plis :
Placement des axes :
- 1er pli : axe du droit fil. La valeur de pince du fond de base sera déplacée en valeur de pli pince à partir du DF.
- 2ème pli (s'il y a lieu) : tracer un axe parallèle au DF entre le côté et le DF.

Attention : Dans le cas d'un pli français, dessiner l'ouverture de poche du modèle et évaluer la profondeur de pli tel que AB = **au minimum** de la ½ profondeur de pli + la valeur de couturage retournée de l'entrée de poche.

Pantalon à un pli. Figure 1.
- Fendre sur le DF sans ajouter au bas du pantalon (la largeur du bas de pantalon a été donné lors de l'élargissement) et ajouter à la valeur déjà existante (pince de base) la valeur prévue pour obtenir un pli selon le modèle. Soit pour un pli pince plié de 8 cm, une ouverture de 5,3 cm + 2,7 cm de pince de fond de base.

Pantalon à deux plis.
Version 1. Figure 2.
- Fendre sur le DF sans ajouter au bas du pantalon (la largeur du bas de pantalon a été donné lors de l'élargissement) et ajouter à la valeur déjà existante (pince de base) la valeur prévue pour obtenir un pli selon le modèle.
  - Valeur du 1er pli ouvert de 6 à 10 cm.
- Fendre sur le deuxième axe sans ajouter au bas du pantalon (voir schéma).
  - Valeur du 2ème pli ouvert = à la 1/2 ou au 1/3 du premier pli.

Version 2. Figure 3.
- Fendre sur le DF sans ajouter au bas du pantalon (la largeur du bas de pantalon a été donné lors de l'élargissement) et ajouter à la valeur déjà existante (pince de base) la valeur prévue pour obtenir un pli selon le modèle.
  - Valeur du 1er pli ouvert de 6 à 10 cm.
- Fendre sur le deuxième axe en pivotant sur la ligne de genou (voir schéma) afin d'obtenir un volume de jambe plus léger.
  - Valeur du 2ème pli ouvert = à la 1/2 ou au 1/3 du premier pli.

Dans les trois versions de placements de plis, revoir les lignes de côté en estompant les courbes (**Figure 4**).
- Au devant, replacer, si besoin est, l'emplacement de poche sur la courbe estompée.
- Fermer les plis dans le sens prévu sur le modèle (voir schéma : pli français ou pli italien) et reprendre à la roulette la forme de fond de pli donné par la forme de la taille **en pliant les plis parallèlement au DF.**

Ces formes de fonds de plis sont essentielles pour le bien-aller du pantalon.

TROUSERS with pleat(s)

Creating pleats in trousers is done by making a specific type of enlargement.
Classic pleated trousers may have one or two pleats.

Preparing pleat development :
Placement of axes :
- 1st pleat : axis of straight grain. Amount of basic dart block will be shifted the amount of pleat width from straight grain.
- 2nd pleat (if there is one) : trace a parallel axis to straight grain between side and straight grain.

Note : In the case of a French pleat, draw the pocket opening of model and evaluate the pleat depth as AB = **at least** ½ pleat depth + amount of turned seam allowance at pocket opening.

Trouser with one pleat. Diagram 1.
- Slash on straight grain without adding to bottom of trousers (width of trouser bottom was given for enlargement) and add anticipated amount to existing amount to obtain a pleat based on model. For example, for an 8 cm folded pleat, a 5.3 cm opening + 2.7 cm of basic block dart.

Two-pleat trousers.
Version 1. Diagram 2.
- Slash on straight grain without adding at bottom of trousers (width of trouser bottom was given for enlargement) and add anticipated amount to existing amount to obtain a pleat based on model.
  - Amount of 1st open pleat from 6 to 10 cm.
- Slash on second axis without adding at bottom of trousers (see sketch).
  - Amount of 2nd open pleat = 1/2 or 1/3 of first pleat.

48

Version 2. Diagram 3.

- Slash on straight grain without adding at bottom of trousers (width of trouser bottom was given for enlargement) and add anticipated amount to existing amount to obtain a pleat based on model.
  - Amount of 1st open pleat from 6 to 10 cm.
- Slash on second axis in pivoting at knee line (see sketch) so as to obtain a lighter leg shape.
  - Amount of 2nd open pleat = 1/2 or 1/3 of first pleat.

In the three versions of pleat placements, redo side lines by softening curves (**Figure 4**).

- In front, replace pocket placement, if necessary, on softened curve.
- Close pleats in direction anticipated on model (see sketches : French or Italian pleat) and trace with tracing wheel the form of bottom pleat determined by waist shape **by folding pleats parallel to straight grain.**

These basic pleat shapes are essential for the trousers' comfortable fit.

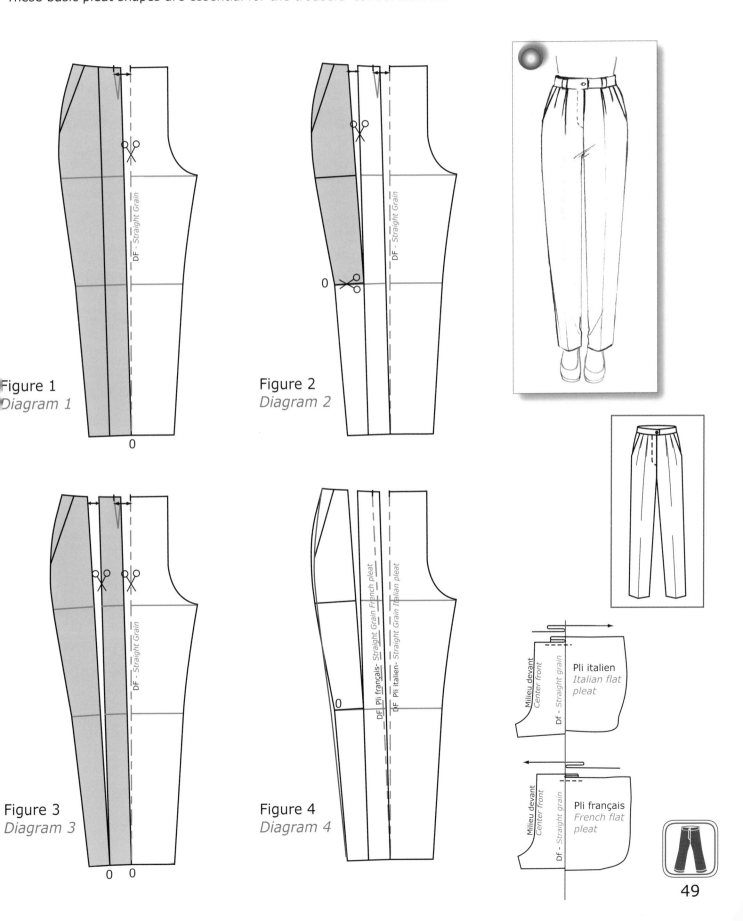

Figure 1
Diagram 1

Figure 2
Diagram 2

Figure 3
Diagram 3

Figure 4
Diagram 4

Pli italien
Italian flat pleat

Pli français
French flat pleat

49

Ceinture :
- Sur le fond de base du pantalon plat, dessiner une ligne parallèle aux lignes de taille devant et dos.
- Descendre cette ligne de 3,5 cm = hauteur de ceinture AB.

Devant :
- Relever chaque partie de la ceinture devant (A'B') sans la valeur de pince et rassembler les deux morceaux en fermant la pince. La partie côté de la ceinture pivote formant naturellement le passage de la pince entre le bas de la ceinture et le haut du pantalon.

Dos :
- Relever chaque partie de la ceinture dos (A'B') et procéder comme pour le devant.
- Adoucir les angles formés par les passages de pince au perroquet sur la ceinture devant et la ceinture dos.

Pantalon :
La ligne de ceinture descendue sera remontée sur le dos du pantalon de façon à mieux "culotter" (habiller) dans la position assise.
- Milieu dos : CD = ½ de AB (lignes rouges).
- Côté : Descendre la ligne du fond de base de 2,5 cm.
- Assembler les lignes de côté devant et dos.
- Dessiner la nouvelle ligne de taille du pantalon en veillant à garder un angle droit sur la fourche du milieu dos et du milieu devant.
- Vérifier que les valeurs de bas de ceinture et de haut de pantalon soient équivalentes.
- Vérifier le tour de taille.

Waistband :
- On flat trouser block, draw a line parallel to front and back waist lines.
- Drop this line 3.5 cm = height of waistband AB.

Front :
- Outline each part of this front waistband (A'B') without amount of dart and put the two pieces together by closing the dart. The side part of pivoted waistband will naturally form the dart manipulation between bottom of waistband and top of trousers.

Back :
- Outline each part of back waistband (A'B') and proceed as for front.
- Soften the angles formed by dart manipulation with a French curve on front waistband and back waistband.

Trousers :
The line of the dropped waistband will be added to back of trousers in order to better «cover» the sitting position.

- Center back : CD = ½ of AB (red lines).
- Side : Drop line of basic block 2.5 cm.
- Put together front and back side lines.
- Draw new trouser waistline while making sure to keep a straight angle at center back and center front crotch.
- Verify that the amounts of waistband bottom and trouser top are equivalent.
- Verify waist measurement.

Les pantalons portés taille basse obligent à patronner une ceinture dite "en forme" c'est-à-dire reprenant les courbes du corps.

Trousers worn with a low waist require making a pattern for a waistband refered to as "fitted", that follows the body's curves.

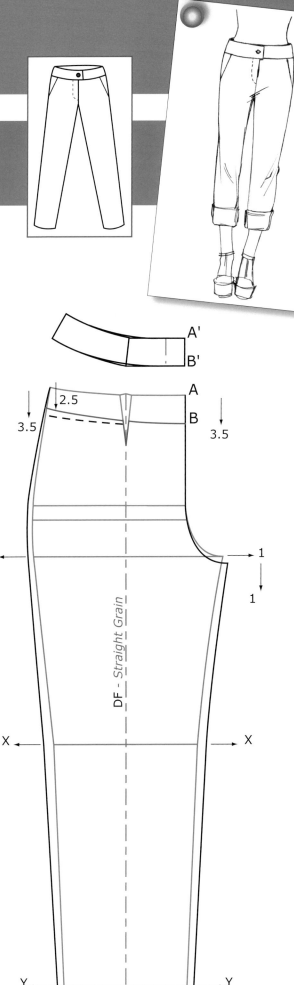

Figure 1
Diagram 1

Ce passage de pince permet de faire disparaître visuellement la valeur de pince du fond de base en la déplaçant dans le fond de poche du pantalon. Cela ouvre légèrement l'ouverture de poche par rapport au fond de poche du pantalon permettant un passage de main plus aisé.

Attention : Ce passage de pince ne peut se faire que dans une poche commençant dans la ligne de taille et finissant dans la couture de côté (poche italienne, poche quart de rond, poche cavalière,...).

Après avoir construit la ceinture en forme, la valeur de pince restant dans le fond de base reste minime. Les schémas qui suivent sont préparés sur le tracé d'un pantalon plat avec ceinture en forme classique.

Construction. Figure 1.
- Dessiner l'ouverture de poche finie du modèle (ligne pointillée), ici poche italienne = ABD.
- Mesurer la valeur de pince restante dans le pantalon = BC.
- Reporter cette valeur sur l'ouverture de poche tel que AC = ouverture de poche finie + valeur de pince restante.
- Redessiner l'ouverture de poche CD et placer un cran sur la ligne de taille en B, afin de positionner l'arrivée de la poche dans le montage.
- Dessiner la forme du fond de poche selon le modèle.
- De part et d'autre du fond de poche sur la taille, placer B'C' = BC.
- ABB' = ligne de taille du fond de poche (flèche grise).
- CC' = ligne de taille du sac de poche (flèche rouge).

Patronnage. Figure 2 ou 3.
- Relever chaque partie :
  - **Pantalon devant :** en partant de l'ouverture de poche (voir schéma).
  - **Fond de poche :** tracé gris. DF // au DF du pantalon (les éventuelles rayures du pantalon doivent se raccorder sur le fond de poche ou sa garniture (voir schéma).
    Ne pas oublier le cran d'ouverture de poche (point B de la figure 1).
  - **Sac de poche :** tracé rouge. DF // au DF du pantalon.

Figure 2.
- Dessiner et relever une garniture sur le fond de poche dépassant de 3 à 4 cm l'ouverture du modèle. Le bord de la garniture (coupée dans le tissu du pantalon) est surfilé et appliqué sur le fond de poche et cache la percale du fond de poche.
  Placer les deux crans d'ouverture de poche B et D (ligne de côté et ligne de taille).
- Dessiner et relever une garniture sur le sac de poche de façon que le bord de celle-ci n'arrive pas sur le bord de la garniture de fond de poche afin de graduer les épaisseurs de tissu (voir schéma).
- Le bord de la garniture (coupée dans le tissu du pantalon) est surfilé et appliqué sur le sac de poche et cache la percale du sac de poche.

Diminution de la courbe de côté. Figure 3.
Afin de diminuer la courbe de côté du pantalon de la figure 3, que nous trouvons trop ronde, on a rajouté une valeur sur le tour de taille devant qui atténue cette courbe.
- Cette valeur passera également dans le fond de poche.
- Dans ce cas, l'ouverture de poche sera plus décollée de la ligne de côté.

This dart manipulation visually makes the amount of the basic block dart disappear by moving it into the trouser pocket lining. This will add slightly to the pocket opening in relation to the inside of trouser pocket, allowing for more ease when putting hand inside.

Note : this dart manipulation can only be done in a pocket that begins at waist line and finishes in side seam (front hip pocket, quarter circle pocket, riding pocket, ...).

After having constructed the fitted waistband, the amount of the dart remaining in the basic block remains minimal. The following sketches have been prepared on a flat trouser outline with a classic-shaped waistband.

Construction. Diagram 1.
- Draw opening of finished pocket for model (dotted line), here a front hip pocket = ABD.
- Measure amount of dart remaining in trousers = BC.
- Add this value to pocket opening AC = opening of finished pocket + remaining amount of dart.
- Redraw pocket opening CD and place a notch on waistline at B, in order to position the pocket arrival during construction.
  - Draw shape of pocket lining depending on model.
  - From both sides of pocket lining at waist, place B'C' = BC.
  - ABB' = waistline of pocket lining (gray arrow).
  - CC' = waistline of pocket bag (red arrow).

Pattern. Diagram 2 or 3.

- Outline each part :
  - **Front trouser :** starting from pocket opening (see sketch).
  - **Pocket lining :** gray outline. Straight grain is parallel to straight grain of trousers (if trousers are striped, they must line up with pocket lining or trim (see sketch).
   Do not forget notch for pocket opening (point B on diagram 1).
  - **Pocket bag :** red line. Straight grain is parallel to straight grain of trousers.

Diagram 2.

- Draw and outline a trim on pocket lining extending 3 to 4 cm beyond opening of model. Edge of trim (cut in trouser fabric) is merrowed and appliqued to pocket lining to hide the percale of pocket lining.
  Place two notches indicating pocket opening B and D (side line and waist line).
- Draw and outline a trim on pocket bag so its edge does not arrive at edge of trim on pocket lining in order to gradate fabric thicknesses (see sketch).
- The edge of trim (cut in trouser fabric) is merrowed and appliqued on pocket bag to hide the percale of pocket bag.

Reducing side curve. Diagram 3.

In order to diminish the side curve of trousers in diagram 3, which we find is too round, we have added an amount to front waist measurement which diminishes this curve.

- This amount will also pass into the pocket lining.
- In this case, the pocket opening will be detached from the side.

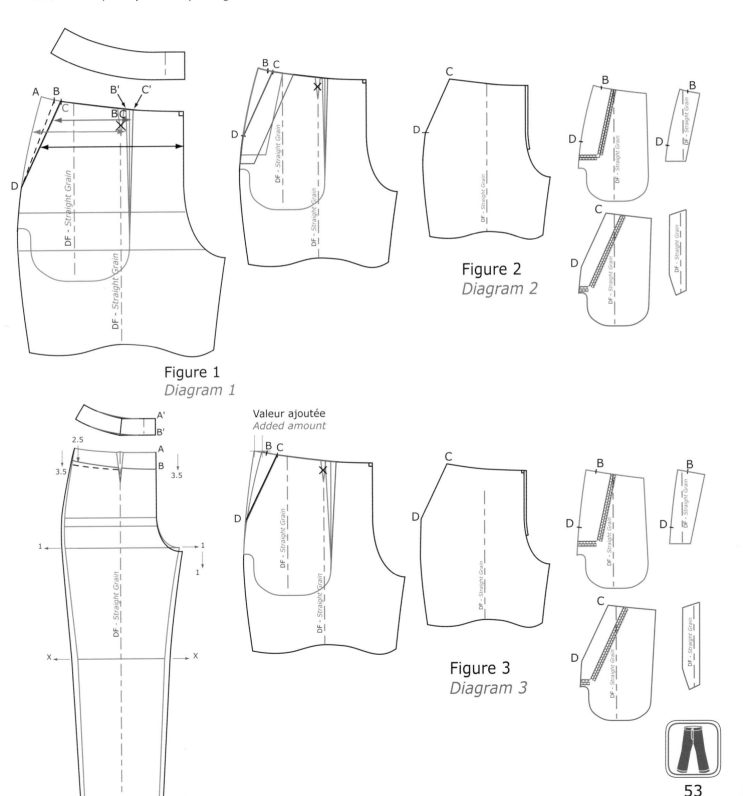

Figure 1
Diagram 1

Figure 2
Diagram 2

Figure 3
Diagram 3

Les valeurs d'élargissements ont pu accentuer considérablement la courbe des hanches sur la ligne de côté du dos.

Afin de diminuer cette courbe, nous allons recréer une pince sur la ligne de taille dos qui sera ensuite "passée" dans la découpe de ceinture dos appelée "rehausse".

Figure 1.
- Retracer la courbe de la ligne de côté harmonieusement en augmentant la valeur de taille dos = AB.
- Reporter cette valeur AB sur la ligne de taille et former une pince.
- Dessiner l'empiècement dos (rehausse) selon le modèle.

Figure 2.
- Pivoter et fermer la valeur de pince AB en ouvrant la ligne d'empiècement par le côté.
- Retracer la rehausse en estompant les angles.
- Vérifier les mesures d'assemblage.

BACK DART MANIPULATION in a yoke

The enlargement amounts considerably accent the hip curve at back side seam.

In order to diminish this curve, we are going to recreate a dart on the back waistline which will then be "absorbed" into the back waistband seam called a "yoke".

Diagram 1.
- Harmoniously retrace the side seam curve by increasing the amount of back waist = AB.
- Bring this AB value to waistline and form a dart.
- Draw the back yoke depending on the model.

Diagram 2.
- Pivot and close amount of dart AB by opening yoke seam at side.
- Redraw yoke and soften the angles.
- Verify measurements for construction.

Jeans		Taille - Waist (W)							
En inch - In inches		25	26	27	28	29	30	31	32
Longueur de jambe Length (L)	30	80/164	84/164	88/164	92/164	96/164	100/164	104/164	108/164
	32	80/176	84/176	88/176	92/176	96/176	100/176	104/176	108/176
	34	80/182	84/182	88/182	92/182	96/182	100/182	104/182	108/182
	36	80/188	84/188	88/188	92/188	96/188	100/188	104/188	108/188
Tour de taille Waist measurement	en cm - in cm	63.5	66.04	68.58	71.12	73.66	76.2	78.74	81.28

Pantalon ville City trousers	Taille / Size	36		38		40		42	44	
Tour de taille Waist measurement	en cm - in cm	64		68		72		76	80	

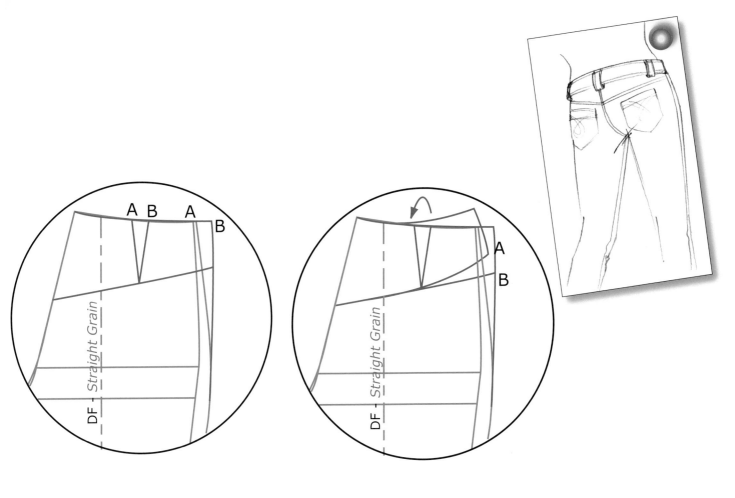

- La taille du pantalon de ville est donnée selon les normes de tailles commerciales du prêt-à-porter (taille 38, 40, etc.) et s'exprime en centimètres. Sa longueur est établie selon les marques et la cible à habiller.
- La taille du pantalon sport, notamment les jeans, est donné sous forme de W/L et s'exprime en inch.
  - **1 inch = 2,54 cm.**
  - W = Waist (tour de taille). Cette mesure détermine la taille du pantalon.
  - L = Length (longueur d'entrejambe). Cette mesure détermine la stature de la personne à habiller. Exemple : Pour des jeans 27/32, le tour de taille est de 68 cm et la longueur d'entrejambe est prévue pour la stature de 176 cm.

SPORT AND CITY TROUSER EQUIVALENTS (commercial sizes)

- The size of city trousers is given according to ready-to-wear commercial size standards (size 38, 40, etc.) and noted in centimeters. Length is established according to brand names and the target client.
- The sport trouser waist, especially jeans, is given in W/L form and noted in inches.
  - **1 inch = 2.54 cm.**
  - W = Waist (waist measurement). This measurement determines trouser size.
  - L = Length (inner leg length). This measurement determines the height of the person to be dressed. Example : For 27/32 jeans, the waist measurent is 68 cm and the inner leg length is anticipated at a height of 176 cm.

DÉCOLLEMENT de l'OUVERTURE de POCHE

Dans le montage d'une poche, les épaisseurs de tissus qui aboutissent dans la couture côté d'un pantalon ou d'une jupe, peuvent entraîner un repli du fond de poche au niveau de couture de côté justifiant le rajout d'une valeur afin de permettre à l'ouverture de poche de se placer naturellement ou bien de décoller légèrement, permettant ainsi le passage de la main dans la poche.

- Dessiner la ligne de l'ouverture de poche selon le modèle.
- Donner une valeur en perpendiculaire au DF sur l'arrivée de poche dans la ligne de côté = 0,75 à 1 cm selon les épaisseurs de tissu = A.
- Retracer l'ouverture de poche AB.
- Joindre AC sur la ligne de côté.
- Dessiner le fond de poche en commençant sous le point C = D.
- Relever le pantalon devant à partir de l'ouverture de poche AB.
- Relever le fond de poche FEDF en plaçant un cran en A et en B (ouverture de poche - voir schéma).
- Relever le sac de poche ABEDA.

Les sacs et fonds de poche peuvent avoir diverses formes selon le modèle.
Il est important que ces fonds de poche soient stables et contraints de se placer vers le devant.

Figure 1.
Les formes de sac et fond de poche sont dessinées jusqu'au milieu devant. Dans ce cas, la forme de poche est sectorisée par une piqûre (ligne pointillée).

Figure 2.
Le fond et le sac de poche sont assemblés en une seule pièce.

DETACHING POCKET OPENING

The many fabric layers used in constructing a pocket that ends in the side seam of a trouser or skirt, can cause a fold in the pocket lining at side seam, requiring the addition of ease that will allow the pocket opening to fall naturally or detach slightly, so the hand slips in the pocket more easily.

- Draw line of pocket opening following the model.
- Add an amount perpendicular to straight grain where pocket arrives at side seam : 0.75 to 1 cm depending on fabric thicknesses = A.
- Retrace opening of pocket AB.
- Join AC to side seam.
- Draw pocket lining beginning below point C = D.
- Trace trouser front from opening of pocket AB.
- Trace pocket lining FEDF by placing a notch at A and at B (pocket opening - see sketch).
- Trace pocket bag ABEDA.

Pocket bags and linings can have diverse shapes depending on the model.
It is important that these pocket linings are stable and placed towards the front.

Diagram 1.
The shapes of pocket bag and lining are drawn all the way to center front.
In this case, the pocket shape is defined by stitching (dotted line).

Diagram 2.
The lining and pocket bag are assembled in a single piece.

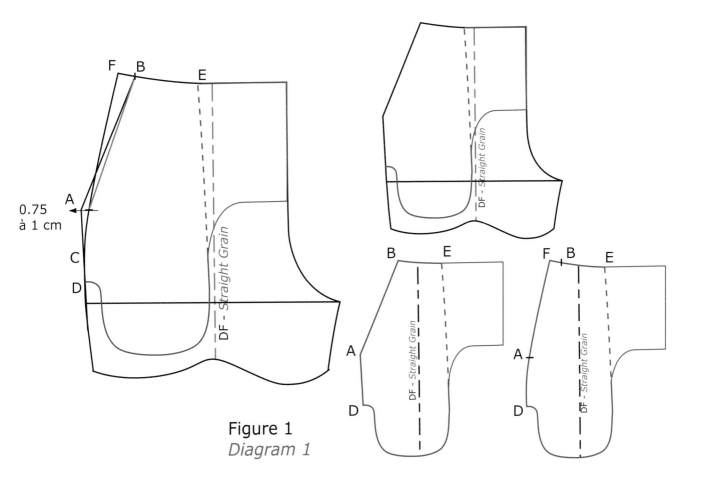

Figure 1
Diagram 1

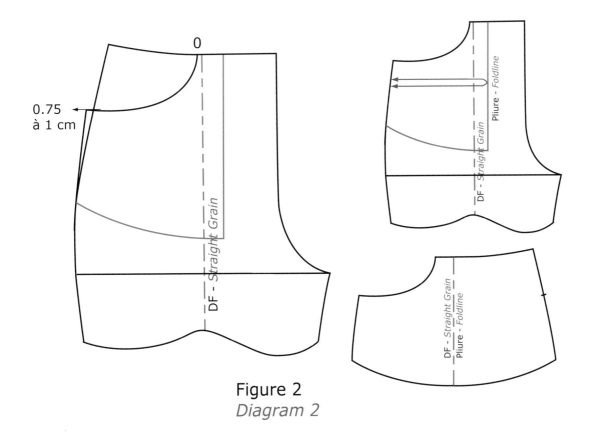

Figure 2
Diagram 2

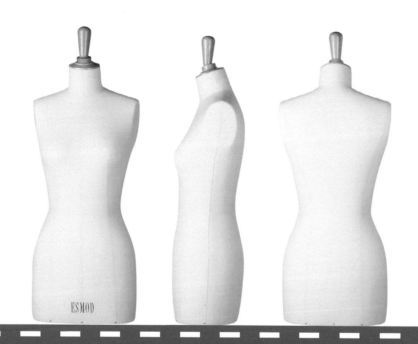

Les bases de corsage

Basic bodices

Dans le procédé de coupe ESMOD Guerre-Lavigne, la mise au point des bases et des fonds de base de vêtement est fondamentale. Ces bases doivent être tracées avec soin et précision.

Dans les pages qui suivent, vous trouverez trois bases de corsage servant au développement de modèles de tailleurs, de vestes, de blousons, de manteaux, ...

La **base de corsage à pinces** est le développement exact du corps sur un tracé à plat en deux ou quatre morceaux. Equilibrée pour le prêt-à-porter de vêtement en chaîne et trame, elle permet toutes les variantes de vêtements avec des découpes, des fronces, des plis, ... pour créer tous les volumes possibles.

La **base à pinces en 5 pièces** est encore plus précise que la précédente. Elle est spécialement conçue pour tous les vêtements près du corps : gilet, tailleur,...

La troisième base est un **fond de corsage sans pince**, c'est à dire qu'un élargissement est déjà inclus dans la conception de cette base. Les pinces ne sont plus dessinées sur la base car elles sont "oubliées" pour obtenir un fond de corsage droit servant à la conception de vêtement large et plat comme le pull-over, le gilet sport ou le blouson.

La fin de ce chapitre est consacrée à des exemples d'élargissements qui posent les principes pour des vêtements avec manche montée ou manche kimono (tailleur, veste, blouson, manteau,...) suivis de différents schémas pour des transformations de bases en déplaçant les pinces selon les modèles désirés.

In the Guerre-Lavigne ESMOD cutting method, fine-tuning basics and blocks for base garments is fundamental. These must be traced with care and precision.

In the following pages, you will find three bodice blocks to use for developing tailored suits, jackets, coats,...

The **bodice block with darts** is the exact development from the body in a flat tracing of two or four pieces. Destined for ready-to-wear garments in woven fabrics, it allows for seam, gather and pleat variations ... to create all possible shapes.

The **5 piece, darted bodice block** is even more precise than the preceding one. It is specially conceived for all fitted garments : bustier, sheath dress, ...

The third block is an **bodice block without darts**, which means an enlargement has been included in creating this block. The darts are no longer drawn on the block since they have been "forgotten", resulting in a straight bodice block to be used to create wide, flat garments like pull overs, sport jackets or blousons.

The end of this chapter is consecrated to giving examples for enlargements which set down principals for garments with set-in sleeves or kimono sleeves (suit, jacket, blouson, coat,...). This is followed by different sketches for transforming basic blocks by shifting darts, depending on the desired models.

Figure 1. Cadre de construction.

Au bas de la feuille, tracer l'axe XY.

Tracé de la ligne de grandes hanches :

- Sur l'axe XY, porter AB : 1/2 tour de hanches + 3 cm pour la construction.
- En partant de A et B, tracer les axes de milieux en perpendiculaire à la ligne de grandes hanches.
- BE : Hauteur taille hanches = 22 cm.

Tracé de la ligne de taille :

- Tracer FE parallèle à AB.
- A partir de E et sur le milieu devant, porter la longueur taille devant.
- BC = ligne de milieu devant.
- A partir de F et sur le milieu dos, porter la longueur taille dos.
- AD = ligne de milieu dos.
- Veiller à ce que ces deux lignes soient bien parallèles entre elles.
- Placer G à 9 cm en dessous de E sur le milieu devant.
- Tracer GH parallèle à EF = ligne de petites hanches.
- Sur la ligne de taille, placer E^1 tel que : EE^1 = 1/2 écart de poitrine.
- A partir d'E^1, tracer une parallèle au milieu devant.
- Sur cette parallèle et à partir de C, porter la hauteur de poitrine en ligne droite. On obtient le point P.
- Tracer la ligne de poitrine IJ perpendiculaire aux milieux et passant par P.
- Sur le milieu dos, placer L = 1/2 DJ.
- Tracer la ligne de carrure perpendiculaire aux milieux.

Tracé des axes des lignes de côté :

Les coutures de côté sont déplacées, comme pour la jupe, de 1 cm vers le dos.

Sur la ligne de hanches :
- Dos = AA^1 = 1/4 du tour de hanches – 1 cm (déplacement du côté).
- Devant = BB^1 = 1/4 du tour de hanches + 1 cm (déplacement du côté).

Sur la ligne de poitrine :
- Dos = JJ^1 = 1/4 du tour de poitrine.
- Devant = II^1 = 1/4 du tour de poitrine + 2 cm.
- Joindre A^1J^1 et B^1I^1 en lignes droites.

Tracé de l'encolure devant :

- A partir de C, tracer une ligne perpendiculaire au milieu devant et placer C^1 tel que :
  CC^1 = 1/3 de la ½ encolure + 0.5 cm.
- A partir de C^1, tracer une ligne perpendiculaire à CC^1 et placer C^2 tel que :
  C^1C^2 = CC^1 (laisser en attente, ne pas tracer l'encolure).

Tracé de l'épaule devant :

- Placer C^3 tel que C^1C^3 = 1/2 de C^1C^2.
- A partir de C^3, tracer une ligne perpendiculaire à C^1C^2 sur environ 20 cm.
- A partir de C^2 et sur cette ligne perpendiculaire, porter la longueur d'épaule.
- Tracer C^2C^4.

Tracé de l'encolure dos :

- A partir de D, tracer une ligne perpendiculaire à la ligne de milieu dos et porter D^1.
- DD^1 = (1/3 de la ½ encolure) + son 1/6.
- A partir de D^1, tracer une parallèle à la ligne de milieu dos et porter D^2 tel que :
  D^1D^2 = 1/3 de DD^1 (laisser en attente, ne pas tracer l'encolure).

Tracé de l'épaule dos :

- Sur la ligne de carrure dos, porter LL^1 = ½ carrure dos.
- A partir de L^1, élever une parallèle à la ligne de milieu dos.
- L^1L^2 = DD^1 + 3 cm.
- A partir de L^2, tracer une ligne perpendiculaire à L^1L^2 sur quelques centimètres.
- Tracer la ligne d'épaule tel que :
  D^2L^3 = longueur épaule + valeur de pince d'omoplate.
  Exemple : D^2L^3 = 12 cm + 1 cm = 13 cm.

60

Cette base est le développement, à plat, des formes du mannequin.

Pour toutes les mesures, se référer au tableau de mesures. Ce travail doit être effectué avec rigueur et précision.

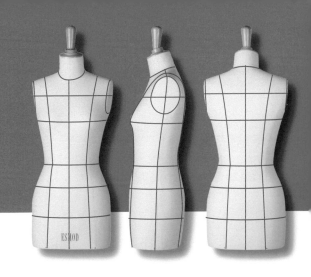

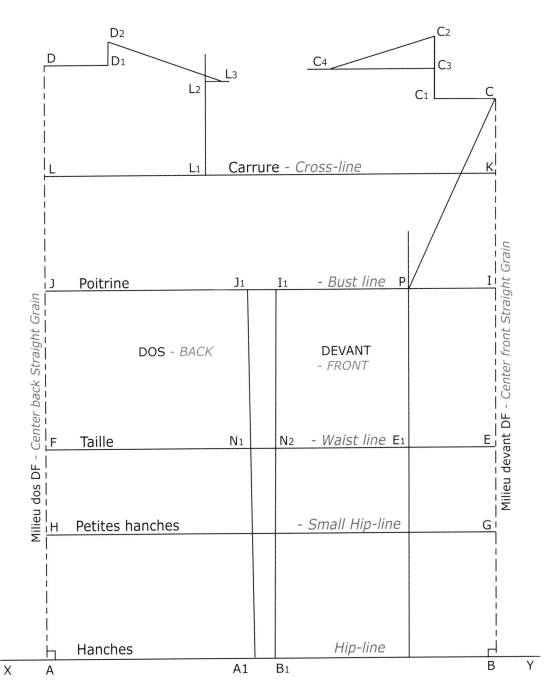

Figure 1
Diagram 1

Diagram 1. Construction frame.

At the bottom of the paper, draw the axis XY.

Drawing the large hipline :
- On the axis XY, place AB = 1/2 of the large hip measurement + 3 cm for the construction.
- From A and B, draw the two center axes perpendicular to the large hipline.
- BE : Waist to large hip length = 22 cm.

Drawing the waistline :
- Draw FE parallel to AB.
- From E on center front line, place the front waist length.
- BC = center front line.
- From F on center back line, place the back waist length.
- AD = center back line.
- Verify that these two center lines are parallel.
- Place G at 9 cm below E on center front line.
- Draw GH parallel to EF = Small hip-line.
- On waistline, place E^1 so that : EE^1 = 1/2 of the bust value.
- From E^1, draw a parallel to center front line. From C, place the bust length to this parallel by a straight line, obtaining the apex point P.
- Draw the bustline IJ perpendicular to the center lines and going through P.
- On the center back line, place L = 1/2 DJ.
- Draw the cross-line perpendicular to the center lines.

Drawing the axis for side seam lines :

Like the skirt construction, the side seam lines are shifted 1 cm towards the back.

On the large hipline :
- Back = AA^1 = 1/4 of the large hip measurement – 1 cm (shifting the side seam).
- Front = BB^1 = 1/4 of the large hip measurement + 1 cm (shifting the side seam).

On the bustline :
- Back = JJ^1 = 1/4 the full bust measurement.
- Front = II^1 = 1/4 the full bust measurement + 2 cm.
- Join A^1J^1 and B^1I^1 with straight lines.

Drawing the front neckline :
- From C, draw a perpendicular to the center front line and place C^1 so that:
  CC^1 = 1/3 of ½ of the neckline measurement + 0.5 cm.
- From C^1, draw perpendicular to CC^1 and place C^2 so that:
  $C^1C^2 = CC^1$ (wait before drawing the neckline curve).

Drawing the front shoulder line :
- Place C^3, so that C^1C^3 = 1/2 of C^1C^2.
- From C^3, draw a perpendicular to C^1C^2 approximately 20 cm long.
- From C^2, place the shoulder length measurement on this perpendicular line.
- Draw C^2C^4 = front shoulder line.

Drawing the back neckline :
- From D, draw a perpendicular to the center back line and place D^1.
- DD^1 = (1/3 of ½ of the neckline measurement) + its 1/6.
- From D^1, draw a parallel to the center back line and place D^2 so that :
  D^1D^2 = 1/3 of DD^1 (wait before drawing the neckline curve).

Drawing the back shoulder line :
- On the cross-back line, place LL^1 = ½ of the cross-back measurement.
- From L^1, raise a parallel to the center back line.
- $L^1L^2 = DD^1$ + 3 cm.
- From L^2, draw a perpendicular line to L^1L^2, several centimeters in length.
- Draw the shoulder line so that:
  D^2L^3 = shoulder length measurement + the shoulder blade dart value.
  Example : D^2L^3 = 12 cm + 1 cm = 13 cm.

This basic bodice is the development of the dummy's shape by flat pattern drafting.

This construction requires precision and care.

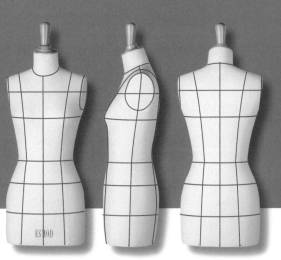

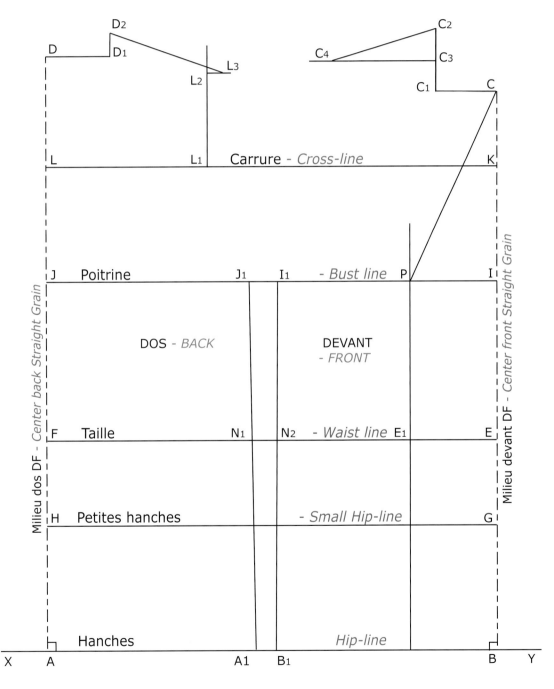

Figure 1
Diagram 1

Figure 2. Tracé des galbes de côté et des pinces.

1/2 tour de taille : 34 cm pour la taille 38.

Or, les valeurs comprises entre FN^1 et N^2E sont supérieures à la valeur nécessaire.

$FN^1 + N^2E = 46,5$ cm

½ tour de taille = 34   cm

Excédent = 12,5 cm

Nous allons répartir équitablement cet excédent entre le devant et le dos.

Valeur des pinces :

Dos	1ère pince milieu dos	= 1 cm
	2ème pince dos	= 3 cm
	3ème pince dos	= 1 cm
Devant	1ère pince devant	= 3 cm
	2ème pince devant	= 2 cm
	total	= 10 cm

Excédent =   12,5 cm

Pinces =   - 10   cm

=   2,5 cm

Il reste 2,5 cm pour les galbes de côté.

Répartir cette valeur sur le devant et sur le dos tel que : $M^1N^1 = N^2M^2 = \dfrac{2,5 \text{ cm}}{2}$

Joindre A^1M^1 et B^1M^2 en deux courbes parfaitement identiques.

Placement des pinces dos :

Pince milieu dos :

Valeur 1 cm sur la ligne de taille, point F^1 en ligne droite jusqu'à la ligne de hanches en A et jusqu'à la ligne de carrure en L.

Pince d'omoplate :

Elle va se placer au milieu de l'épaule ; à partir de D^2 et sur la ligne d'épaule, porter 1/2 longueur d'épaule jusqu'en D^3 ; D^3L^4 sera la valeur de pince d'omoplate.

2ème Pince dos : Valeur = 3 cm.
- Sur la ligne de taille, placer le centre de la pince Q à 8,5 cm de F^1.
- A partir de Q, tracer une ligne parallèle au milieu dos jusqu'à la ligne de hanches.
- Répartir la valeur de la pince de part et d'autre du point Q en Q^1 et Q^2.
- Joindre en ligne droite Q^1D^3.
- Sur cette ligne et à partir de D^3, porter la longueur de la pince = 7 cm. Placer le point Z.
- Joindre D^3ZL^4.
- Fermer la pince et retracer l'épaule. Reproduire le fond de pince à l'aide d'une roulette.
- Porter la longueur de la pince de taille en V.
- UV = 1/4 de UT.
- V1 est placé à 9 cm au dessus de la ligne de hanches.
- Joindre $Q^1VQ^2V^1$.
- Joindre également QV et QV^1 qui sont les milieux de pince.

3ème Pince dos : Valeur = 1 cm.
- Placer le centre de la pince S au milieu de Q^2M^1.
- A partir de S, tracer une ligne parallèle au milieu dos vers les lignes de poitrine et de petites hanches.
- Répartir la valeur de pince par moitié de part et d'autre du point S.
- Tracer la pince.

Placement des pinces devant :

Pince de poitrine :
- C^2P^1 = ½ longueur d'épaule.
- A partir de P, placer P^2 tel que P^1P^2 = valeur de pince de poitrine, soit
  P^1P^2 = 1/12 du tour de poitrine (tour complet) = 7,33 cm.
- Remonter P en P^3 de 2 cm.
- Joindre P^3P^1 et P^3P^2 en lignes droites.
- Fermer la pince.
- Tracer la deuxième moitié de la longueur d'épaule dans le prolongement de C^2P^1.
- $P^2C^5 = C^2P^1$.
- C^2C^5 = longueur d'épaule. Reproduire la tête de pince à l'aide d'une roulette.

Toujours pince fermée, retracer la ligne de carrure en prolongement de K vers K^1.
- KK^1 = ½ carrure devant.

Pinces de taille :
1ère pince : Valeur = 3 cm.
Répartir sa 1/2 valeur de part et d'autre du point E^1 en E^1E^2 et E^1E^3.

- Descendre le point P en E^4 de 2 cm.
- Joindre E^3E^4 et E^2E^4.
- Placer e à 6 cm au dessus de la ligne de hanches.
- Joindre E^3e et E^2e.

2ème pince : Valeur = 2 cm.
- Placer son centre t au milieu de M^2E^2.
- Tracer une ligne parallèle au milieu devant passant par t vers les lignes de poitrine et de petites hanches.
- Répartir sa valeur par moitié de part et d'autre de t.
- Tracer la pince.

Tracé des lignes de côté et des emmanchures :
- Joindre M^1J^1 et M^2I^1 en lignes droites.
- Porter la hauteur de dessous de bras tel que
  $$M^1J^2 = M^2I^2 = \frac{(\text{longueur taille dos + longueur taille devant})}{4} + 2 \text{ cm.}$$

Tracer en courbe :
- L'emmanchure devant : $I^2K^1C^5$.
  I^2 : dessous d'emmanchure, angle droit et platitude de 2 cm. Angle droit également en C^5.
- L'emmanchure dos : $J^2L^1L^3$.
  J^2 : dessous d'emmanchure, angle droit et platitude de 1 cm. Angle droit en L^3.
- Séparer le devant du dos.
- Réunir le dos et le devant au niveau de la première moitié de l'épaule C^2P^1 et D^2D^3.
- Tracer les encolures dos et devant en ayant une vue d'ensemble afin d'éviter les angles au niveau de l'épaule.
- Prévoir un angle droit en D (milieu dos), en C (milieu devant) et une platitude au milieu dos de 2 cm et de 1 cm au milieu devant.

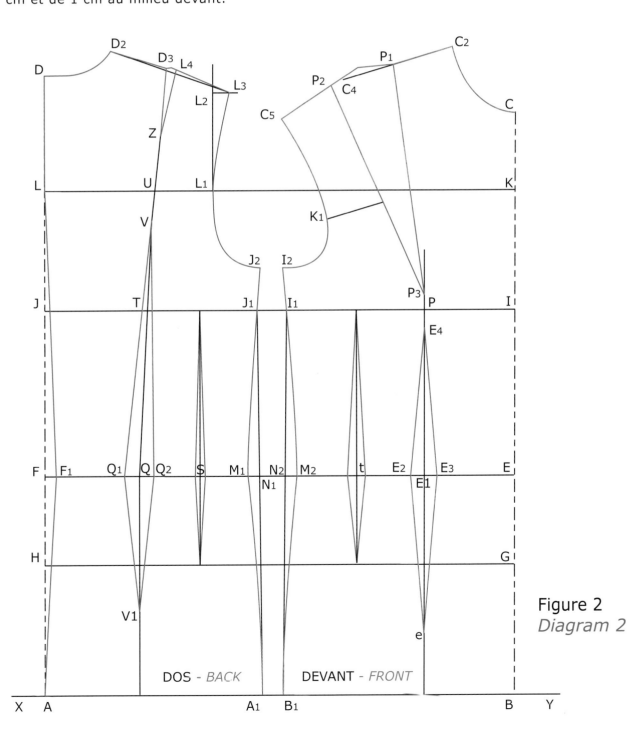

Figure 2
Diagram 2

Diagram 2. Drawing the side seam curves and the darts.

1/2 of the waist measurement : 34 cm for a size 38.

The values between FN^1 and N^2E are superior to the required values.

$$FN^1 + N^2E = 46.5 \text{ cm}$$
$$\underline{\text{½ of the waist measurement} = 34 \quad \text{cm}}$$
$$\text{Excess} = 12.5 \text{ cm}$$

This excess will be divided equally between the front and the back.

Dart values :

Back	1st center back dart	=	1 cm
	2nd back dart	=	3 cm
	3rd back dart	=	1 cm
Front	1st front dart	=	3 cm
	2nd back dart	=	2 cm
	Total	=	10 cm

Excess =   12.5 cm
Darts   =   - 10   cm
              =   2.5 cm

A 2.5 cm value remains for the side seam curves.

Divide this value equally on the front and on the back so that : $M^1N^1 = N^2M^2 = \dfrac{2.5 \text{ cm}}{2}$

Join A^1M^1 and B^1M^2 with two identical curves.

Position of the back darts :

Center back dart :

Value = 1 cm on the waistline = FF^1. Join point F^1 to the hipline at A by a straight line and join F^1 to the cross-back line at L.

Shoulder blade dart :

It is placed in the middle of the shoulder line. From D^2, and along the shoulder line, place ½ of the shoulder line length until D^3. D^3L^4 will be the value of the shoulder blade dart.

2nd Back dart : Value = 3 cm.
- On the waistline, place the center of the dart Q, at 8.5 cm from F^1.
- From Q, draw a parallel to the center back line until the large hipline.
- Divide the dart value on either side of Q, forming Q^1 and Q^2.
- Join Q^1D^3 by a straight line.
- On this line, and from D^3, place the shoulder blade dart length = 7 cm.
- Place Z. Join D^3ZL^4.
- Close the dart and re-draw the shoulder line D^2L^3. Outline the dart top using a tracing wheel.
- Place the back waist dart length at V.
- UV = 1/4 of UT.
- V1 is placed at 9 cm above the large hipline.
- Join $Q^1VQ^2V^1$.
- Join QV and QV^1 which are the center of the dart.

3rd Back dart : Value = 1 cm.
- Place the center of the dart S, in the middle of Q^2M^1.
- From S, draw a parallel to the center back line to the bustline and to the small hipline.
- Place ½ of the dart value on either side of S.
- Draw the dart.

Position of the front darts :
Bust dart:
- C^2P^1 = ½ of the shoulder line length.
- From P, place P^2 so that P^1P^2 = bust dart value.
  P^1P^2 = 1/12 of the full bust measurement = 7.33 cm.
- Raise P to P^3 by 2 cm.
- Join P^3P^1 and P^3P^2 by straight lines.
- Close the dart.
- Draw the second half of the shoulder line by extending line C^2P^1.
- $P^2C^5 = C^2P^1$.
- C^2C^5 = shoulder line length.
- Maintain the dart closed and outline the dart top using a tracing wheel.
  - With the dart still closed, re-draw the cross-front line from K towards K^1.
  - KK^1 = ½ cross-front measurement.

Front waist darts :
1st dart : Value = 3 cm.
Divide 1/2 of the dart value on either side E^1 forming E^1E^2 and E^1E^3.

- Lower P to E^4 by 2 cm.
- Join E^3E^4 and E^2E^4.
- Place e at 6 cm above the large hipline.
- Join E^3e and E^2e.

2nd dart : Value = 2 cm.
- Place the center of the dart, t, in the middle of M^2E^2.
- Draw a parallel to the center front line through t to the bustline and to the small hipline.
- Divide ½ of the dart value on either side of t.
- Draw the dart.

Drawing the side seam lines and the armholes :
- Join M^1J^1 and M^2I^1 by straight lines.
- Place the under arm point so that :
- $M^1J^2 = M^2I^2 = \underline{\text{(back waist length + front waist length)}} + 2$ cm.
$$\frac{}{4}$$

Drawing the armhole curve :
- Front armhole : $I^2K^1C^5$.
  I^2 : under arm point : maintain a right angle and a straight line for 2 cm. Maintain a right angle at C^5.
- Back armhole : $J^2L^1L^3$.
  J^2 : under arm point : maintain a right angle and a straight line for 1 cm. Maintain a right angle at L^3.
- Separate the front from the back.
- Place the front and back together along the first half of the shoulder line C^2P^1 and D^2D^3.
- Draw the front and back neckline curves with an overall view of the neckline curve in order to avoid angles at the shoulder line.
- Maintain right angles at D (center back), at C (center front) and maintain a straight line at center back for 2 cm and for 1 cm at center front.

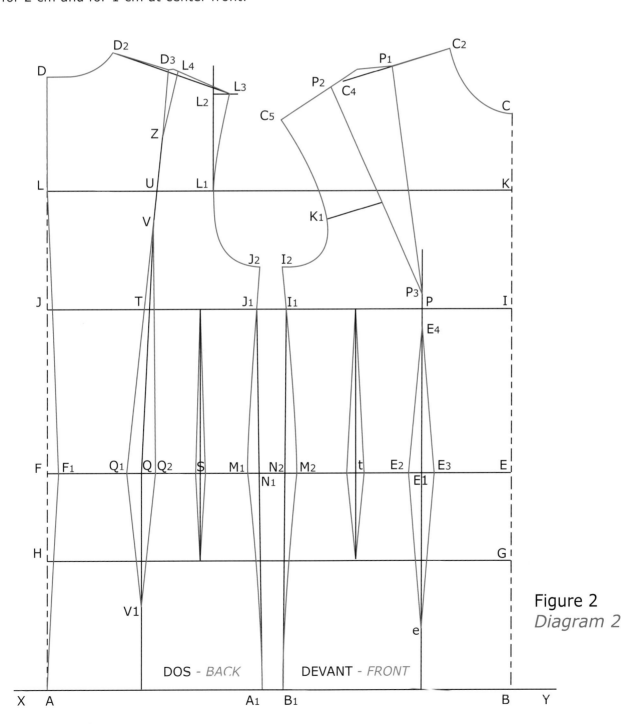

Figure 2
Diagram 2

Vérifications :

Mesurer sur votre construction et contrôler à l'aide du tableau des mesures :
- ½ tour de hanches.
- ½ tour de taille entre les pinces.
- ½ tour de poitrine ; un excédent de 1 à 1,5 cm peut être constaté par rapport à la mesure de référence (tableau de mesures).
- Superposer les lignes de milieu devant et dos ; les lignes de côté doivent être équidistantes à 2 cm l'une de l'autre.
- ½ tour de poitrine entre les pinces.
- ½ carrure devant et dos.
- Tour d'emmanchure.
- ½ tour d'encolure.

Nous allons utiliser cette base pour les exercices qui suivront et réaliser des vêtements.
Puis, nous concrétiserons et visualiserons ce travail sur mannequin.
- Pour ce faire, et en se référant à la Figure 3, relever le devant et le dos en 4 parties égales.
- Adoucir à l'aide d'un perroquet le saillant de poitrine de la partie 3.
- Ajouter une valeur de couturage de 1 cm tout autour de chaque pièce sauf au niveau des encolures et des emmanchures.
- Couper chaque pièce en double sauf la partie 4 du devant qui sera Df au pli (sans couture).
- Reporter toutes les lignes d'aplomb sur la toile : carrure, poitrine, taille, petites hanches, grandes hanches et Df.
- Monter la toile en entier puis réaliser un essayage sur mannequin.

Verifications :

Refer to the measurement chart and verify the following measurements on the construction :
- ½ full hip measurement.
- ½ full waist measurement, darts closed.
- ½ full bust measurement ; an excess of 1 to 1.5 cm can be observed with regard to the measurement chart .
- Place the center front line on the center back line. The side seam lines should be equidistant, 2 cm apart.
- ½ full bust measurement, darts closed.
- ½ cross-front and cross-back measurements.
- Armhole measurement.
- ½ full neckline measurement.

This bodice will be used for the following exercises as well as to construct garments.
This work will be made and visualized on the dummy.
- Refer to Diagram 3, outline the front and the back in 4 equal pieces.
- Using a curve, smooth the angle at the apex point on piece N°3.
- Add a 1 cm seam allowance value around each pattern piece, except along the necklines and armholes.
- Cut each piece twice, except front piece N° 4, which will be cut once with the center front straight grain line placed on the fold.
- Draw all of the axes on the muslin: cross-front and cross-back lines, bustline, waistline, small hipline, large hipline and the straight grain lines.
- Assemble the muslin bodice and place it on the dummy for a fitting and verifications.

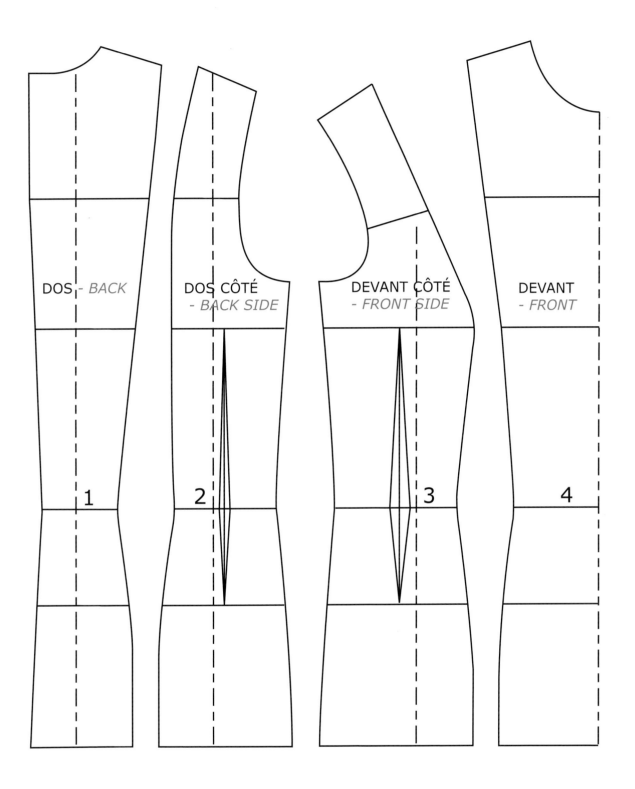

DOS - *BACK*

DOS CÔTÉ - *BACK SIDE*

DEVANT CÔTÉ - *FRONT SIDE*

DEVANT - *FRONT*

1

2

3

4

Figure 3
Diagram 3

Cette base est comme la base classique du mannequin, le développement à plat des formes du mannequin. Afin d'obtenir une base plus adaptée aux volumes très près du corps comme la robe bustier ou aux volumes plus structurés comme un tailleur, il convient de transformer la base du mannequin en une base comportant un petit côté.

Figure 1. Cadre de construction.

A partir de la base en quatre morceaux séparés en découpes bretelles (devant – devant côté – dos côté – dos) (cf Base du mannequin – Figure 3), nous allons recomposer la base en créant un petit côté.

- Relever les quatre morceaux devant et dos, milieux parallèles en joignant les lignes de côté sur la ligne de poitrine (point 0). Au dessus de ce point les deux lignes de côté se croisent.
- Mesurer cette valeur AB qui servira ultérieurement à la construction du petit côté.

Recherche des points de positionnement des axes du petit côté.
Dos.

- A partir du Df milieu dos, tracer une ligne parallèle à la ligne de carrure dos, telle que Y = ½ carrure dos + 0,5 à 1 cm. Cette valeur ajoutée permet de créer un angle entre la ligne de petit côté et l'emmanchure pour délimiter l'une de l'autre.
- De Y, tracer une ligne parallèle au Df du milieu dos jusqu'à la ligne de grandes hanches = Y^1.
- YY^1 = axe postérieur (partie dos) de la découpe du petit côté.

Devant.

- Reporter la valeur entre la carrure dos et le point Y, sur le devant, entre la ligne de carrure devant et le point X.
- De X, tracer une ligne parallèle au Df du milieu devant jusqu'à la ligne de grandes hanches = X^1.
- XX^1 = axe antérieur (partie devant) de la découpe du petit côté.

Figures 1 et 2. Tracé du petit côté et passages de pinces.

Les grandes pinces devant et dos se trouveront prises dans les découpes bretelles de la base.

- Sur la construction de base, tracer un axe à partir du point 0 jusqu'à la ligne de grandes hanches = séparation entre les valeurs de pinces devant et dos.
- Mesurer les valeurs de pinces de cintrage (ligne de taille) devant et dos.
    - Devant : Valeur de pince (C) + ½ cintrage de lignes de côtés (D).
    - Dos : Valeur de pince (F) + ½ cintrage de lignes de côtés (E).
- Mesurer la valeur de croisement des lignes de côtés (ligne de grandes hanches) devant et dos.
    - Devant : Valeur H.
    - Dos : Valeur G.

Devant.
- **Ligne de taille :** Porter la valeur C en C^1 sur la pièce du devant côté.
  Porter la valeur D en D^1 sur la pièce du petit côté devant.
- **Ligne de grandes hanches :** Porter la valeur H de part et d'autre de la ligne X^1.

Dos.
- **Ligne de taille :** Porter la valeur F en F^1 sur la pièce du dos côté.
  Porter la valeur E en E^1 sur la pièce du petit côté dos.
- **Ligne de grandes hanches :** Porter la valeur G de part et d'autre de la ligne Y^1.
- Reporter AB (entrecroisement des lignes de côté au dessous de bras) en A^1B^1 (Y) perpendiculairement au Df.
- Retracer l'emmanchure du petit côté.
- Dessiner les galbes de découpes de petit côté en courbes harmonieuses.

Figure 3.

- Placer des crans sur la ligne de taille.
- Relever les cinq pièces composant cette base près du corps (devant, devant côté, petit côté, dos côté, dos).

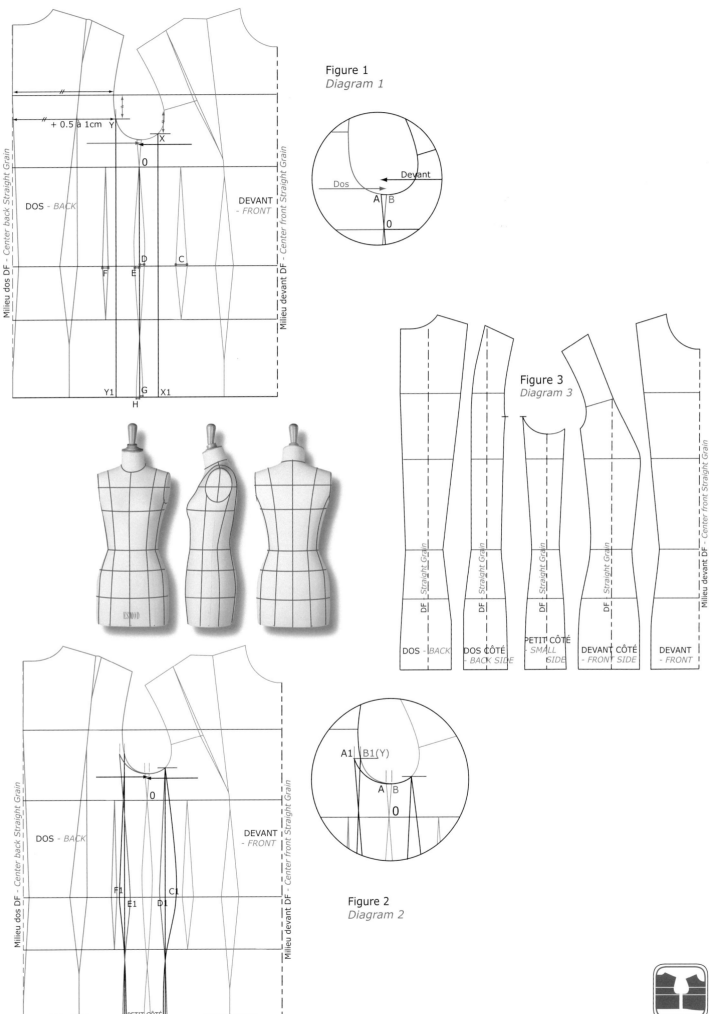

Figure 1
Diagram 1

Dos   Devant

A B

0

DOS - *BACK*   DEVANT - *FRONT*

Milieu dos DF - *Center back Straight Grain*

Milieu devant DF - *Center front Straight Grain*

+ 0.5 à 1cm   Y

X

0

D   C

F   E

Y1   G   X1

H

Figure 3
Diagram 3

DF - *Straight Grain*

DOS - *BACK*   DOS CÔTÉ - *BACK SIDE*   PETIT CÔTÉ - *SMALL SIDE*   DEVANT CÔTÉ - *FRONT SIDE*   DEVANT - *FRONT*

Milieu devant DF - *Center front Straight Grain*

Figure 2
Diagram 2

A1   B1(Y)

A   B

0

DOS - *BACK*   DEVANT - *FRONT*

Milieu dos DF - *Center back Straight Grain*

Milieu devant DF - *Center front Straight Grain*

0

F1   C1

E1   D1

DOS - *BACK*   PETIT CÔTÉ   DEVANT - *FRONT*

G   H

This 5 piece basic bodice, like the basic bodice with darts, is the development of the dummy's shape by flat pattern drafting. In order to obtain a basic bodice adapted to close fitting volumes like a bustier dress, or more structured volumes like a tailored suit jacket, the basic bodice with darts is transformed into a bodice that includes a small side piece.

Diagram1. Construction frame.

The 5 piece basic bodice with a small side piece will be constructed from the basic bodice with darts (see basic bodice – Diagram 3) that is separated into 4 pieces by shoulder strap seams (front – side front – side back – back).
- Outline the four front and back pieces maintaining the center lines parallel. Join the side seam lines at the bustline, point O. The two side seam lines will overlap above point O.
- Measure value AB, which will be used later on for the small side piece construction.

Placing points for the position of the small side piece axis.
Back.
- From the center back straight grain line, draw a parallel to the cross-back line so that Y = ½ of the cross-back measurement + 0.5 to 1 cm. This added value forms an angle between the small side piece line and the armhole.
- From Y, draw a parallel to the center back straight grain line to large hipline = Y^1.
- YY^1 will later become the axis (back part) for the small side piece seam.
Front.
- Place the value between the cross-back line and point Y on the front, between the cross-front line and the point X, on the front armhole.
- From X, draw a parallel to the center front straight grain line to large hipline = X^1.
  XX^1 will later become the axis (front part) for the small side piece seam.

Diagrams 1 and 2. Small side piece outline and dart manipulation.

The large front and back waist darts will be shifted into the shoulder strap seams on the basic bodice.

- On the basic bodice construction, draw an axis from point O to the large hipline. This axis marks the separation between the front and back dart values.
- Measure the remaining dart value along the front and back waistline.
  - Front : Dart value (C) + ½ value at the side seam curve (D).
  - Back : Dart value (F) + ½ value at the side seam curve (E).
- Measure the value that side seams overlap (on large hipline) on the front and back.
  - Front : Value H.
  - Back : Value G.
Front.
- **Waistline :** Place value C forming C^1 on the side front piece.
  Place value D forming D^1 on the front of the small side piece.
- **Large hipline :** Place value H on either side of line X^1.
Back.
- **Waistline :** Place value F forming F^1 on the side back piece.
  Place value E forming E^1 on the back of the small side piece.
- **Large hipline :** Place value G on either side of the line Y^1.
- Place value AB (value that side seams overlap at under-arm point) forming A^1B^1 (Y) and perpendicular to the straight grain line.
- Re-draw the small side piece armhole curve.
- Draw the small side piece with smooth curves.

Diagram 3.
- Place the notches along the waistline.
- Outline the five pieces that make up this fitted bodice (front, side front, small side piece, side back, back).

72

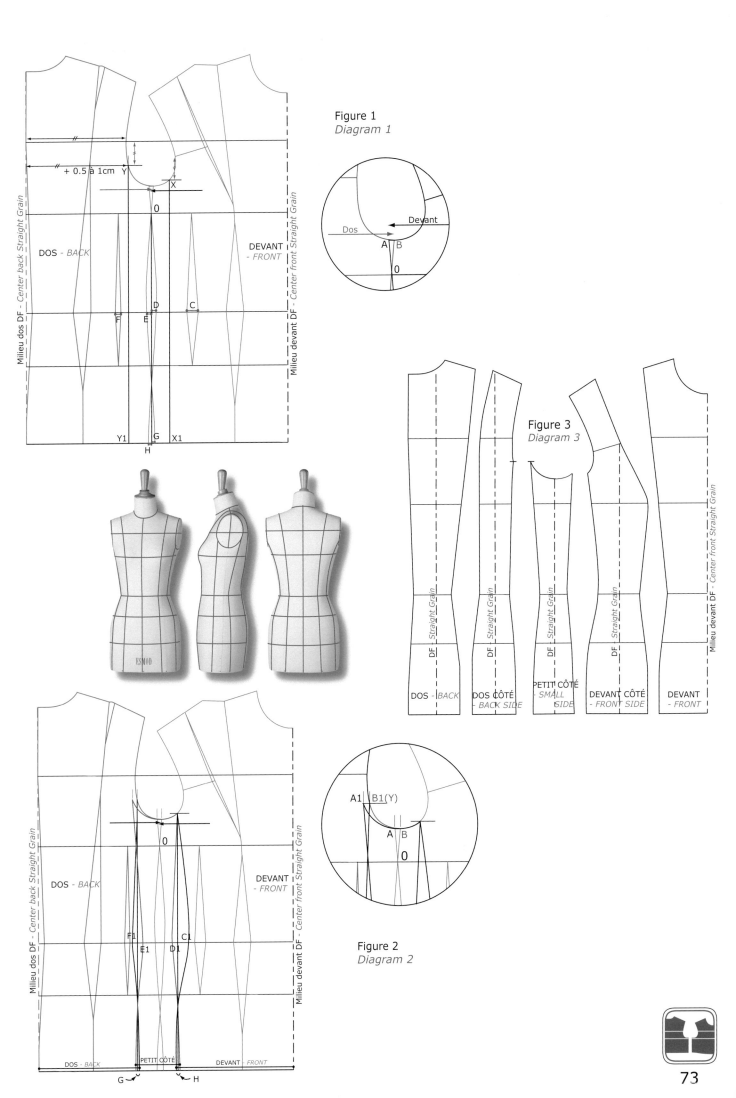

Figure 1
Diagram 1

Milieu dos DF – *Center back Straight Grain*

+ 0.5 à 1cm

DOS - *BACK*

DEVANT - *FRONT*

Milieu devant DF – *Center front Straight Grain*

Dos

Devant

DOS - *BACK*

DOS CÔTÉ - *BACK SIDE*

PETIT CÔTÉ - *SMALL SIDE*

DEVANT CÔTÉ - *FRONT SIDE*

DEVANT - *FRONT*

DF - *Straight Grain*

Figure 3
Diagram 3

Milieu devant DF – *Center front Straight Grain*

Milieu dos DF – *Center back Straight Grain*

DOS - *BACK*

DEVANT - *FRONT*

Milieu devant DF – *Center front Straight Grain*

DOS - *BACK*

PETIT CÔTÉ

DEVANT - *FRONT*

A1 B1(Y)

Figure 2
Diagram 2

ESMOD

Nous allons tracer le dos et le devant à partir du même axe XY.

Figure 1.

1. Cadre de construction :
- XY = Axe des milieux devant et dos.
- AB = Hauteur taille hanches.
- BE = Longueur taille devant et BF = Longueur taille dos + 1 cm.
- CE = (1/2 BE) - 0,8 cm : ligne de poitrine.
- DE = 1/2 CE : ligne de carrure.
- A partir de tous ces points, tracer des perpendiculaires à X et à Y.
- Porter sur ces perpendiculaires les valeurs suivantes :
- AA^1 = 1/4 du tour de hanches + 0,5 cm.
- CC^1 = 1/4 du tour de poitrine.
- DD^1 = 1/2 carrure devant + 0,3 cm et DD^2 = 1/2 carrure dos.

2. Tracé de l'encolure :

Encolure devant :
- EG = (1/3 de la demi-encolure) + son 1/5ème.
- EG perpendiculaire à XY.
- GH = 1/3 de la demi-encolure.
- GH perpendiculaire à EG.
- Tracer l'encolure devant en courbe profonde depuis H jusqu'en E, en respectant une platitude de 1,5 cm à partir du milieu.

Encolure dos :
- FI perpendiculaire à XY. FI = GE.
- Tracer l'encolure dos en courbe en partant de H jusqu'en F, en respectant une platitude de 3 cm environ à partir du milieu.

3. Tracé de l'épaule :
- GJ = 1/3 de GH.
- Tracer une perpendiculaire à partir de J sur environ 20 cm.
- Porter la longueur d'épaule HK.

4. Tracé de la ligne de côté :
- BB^1 = 1/4 du tour de taille + 4 cm. La valeur ajoutée représente les valeurs de pinces taille.
- Joindre A^1B^1 en courbe à l'aide du perroquet.

Calcul de la hauteur de dessous de bras :

$$B^1C^2 = \frac{(\underline{Longueur\ taille\ dos\ augmentée} + \underline{Longueur\ taille\ devant})}{4} + 1,5\ cm.$$

- Tracer B^1C^2 en ligne droite en passant par C^1.
- Tracer les emmanchures :
  - Emmanchure devant : joindre C^2D^1K en respectant une platitude de 1,5 cm à partir de C^2.
  - Emmanchure dos : joindre C^2D^2K en respectant une platitude de 1 cm à partir de C^2.

Relever séparément le devant et le dos en inversant le dos afin d'obtenir le côté droit.

Figure 2.

Sur le devant, tracer une ligne parallèle à la ligne d'épaule à 1,8 cm. Cette nouvelle ligne pose l'emplacement d'un décalage d'épaule entre devant et dos, plus joli au porter pour l'équilibre ''visuel'' de la pente d'épaule. Il ne doit pas être considéré dans la construction d'une manche kimono, par exemple.

The front and back bodices shall be outlined from the same axis, XY.

Diagram 1.

1. Construction frame :
- XY = Center front and back axis.
- AB = waist-hip length and BE = front waist length.
- BF = back waist length.
- CE = (1/2 BE) – 0.8 cm : bust line.
- DE = (1/2 CE) : cross-front and cross-back lines.

The following lines are perpendicular to XY :
- AA^1 = 1/4 hip measurement + 0.5 cm.
- CC^1 = 1/4 bust measurement.
  - DD^1 = 1/2 cross-front measurement + 0.3 cm and DD^2 = 1/2 cross-back measurement.

2. Neckline :

Front neckline :
- EG = (1/3 of 1/2 the neckline measurement) + its 1/5th.
- EG is perpendicular to XY.
- GH = 1/3 of 1/2 the neckline measurement.
- GH is perpendicular to EG.

- Draw the front neckline curve from H to E.
- Maintain a straight line 1.5 cm long at E, at the center front line.

Back Neckline :
- FI is perpendicular to XY. FI = GE.
- Draw the back neckline curve from H to F.
- Maintain a straight line 3 cm long at F, at the center back line.

3. Shoulder slope :
- GJ = 1/3 of HG.
- Draw a perpendicular to HG at J, approximately 20 cm long.
- From H, place the shoulder line length to this perpendicular, forming HK.

4. Side seam line :
- BB^1 = 1/4 of the full waist measurement + 4 cm (The 4 cm represent the waist dart value).
- Join A^1B^1 by a curve.

Calculation of the side seam length from waistline to armhole:
$$B^1C^2 = \frac{(\text{increased back waist length} + \text{front waist length})}{4} + 1.5 \text{ cm.}$$

- Join B^1C^2 by a straight line, passing through C^1.
- Armhole outlines:
  - Front armhole: join C^2D^1K in a curve. Maintain a straight line 1.5 cm long at C^2.
  - Back armhole: join C^2D^2K in a curve. Maintain a straight line 1 cm long at C^2.

Outline front and back separately, inverting the back in order to obtain the right side.

Diagram 2.
On the front, draw a parallel to the shoulder line at 1.8 cm. This new line represents the shifted front and back shoulder lines. It gives a more attractive "visual balance" to the shoulder slope. The shifted shoulder line cannot be used for the construction of a kimono sleeve, for example.

Ce fond sera utilisé pour toute construction de vêtement large et est particulièrement adapté à la réalisation de vêtement dans un tissu maille.

This bodice will be used to construct large garments and is particularly adapted for garments to be made in knit fabrics.

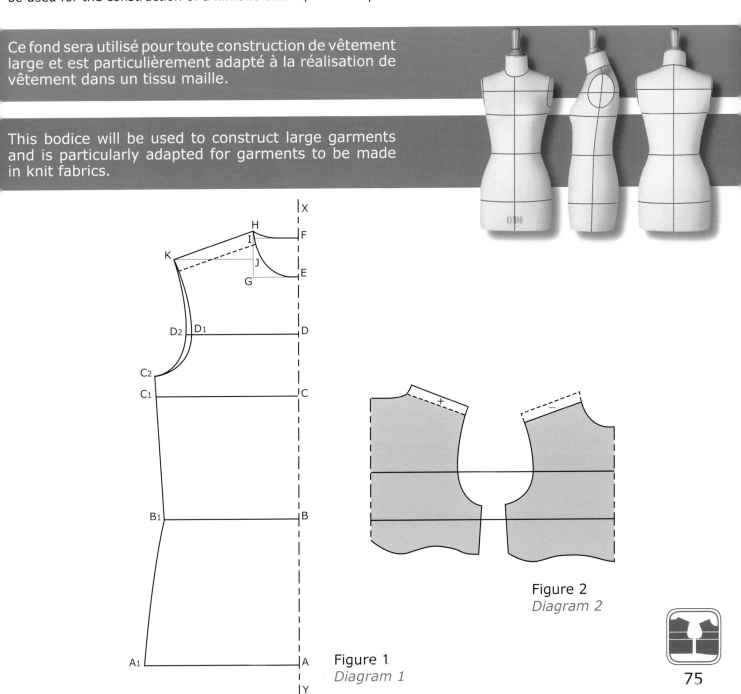

Figure 1
Diagram 1

Figure 2
Diagram 2

- ## POINTS d'ÉLARGISSEMENT FOND DE BASE TAILLEUR.

  ### 1. Encolure :
  - Devant :   . Milieu devant, descendre de 2 cm.
               . Sur l'épaule, ouvrir de 0,6 cm.
  - Dos :   . Milieu dos, descendre de 0,1 cm (éviter de trop creuser l'encolure dos).
               . Sur l'épaule, ouvrir de 0,6 cm.

  ### 2. Longueur d'épaule devant et dos (même principe) :
  - A partir de l'extrémité de l'épaule, prolonger la ligne d'épaule.
  - Fermer la pince puis reporter, sur cette droite, la longueur d'épaule, allongée de 0,5 cm.
  - Tracer la nouvelle ligne d'épaule.

  ### 3. Carrure :
  - Devant : Elargir de 0,5 cm.
  - Dos : Elargir de 1 cm.

  ### 4. Dessous de bras devant et dos :
  - Elargir de 2 cm parallèlement à la ligne de poitrine.
  - De ce point, descendre de 1,75 cm en perpendiculaire à la ligne de poitrine.

  ### 5. Taille :
  - Elargir de 1,25 cm devant et dos.

  ### 6. Hanches :
  - Elargir de 1,5 cm devant et dos.

- ## TRACÉ d'ÉLARGISSEMENT FOND DE BASE TAILLEUR.

  - Retracer la nouvelle encolure élargie et vérifier les courbes en associant les épaules devant et dos.
  - Retracer les emmanchures en passant par les nouveaux points d'élargissements.
  - Dessiner les lignes de côtés symétriquement en adoucissant les lignes jusqu'à la ligne de taille par une courbe légère.
  - Vérifier les tracés d'emmanchure en associant les épaules devant et dos, puis les deux lignes de côtés.
  - Sur le milieu devant, nous pourrons donner une petite valeur d'élargissement pour le confort du modèle (épaisseur de ceinture de pantalon ou de jupe avec boucle) : déplacer le milieu devant de 0,75 cm et retracer un nouveau milieu devant.

Après le tracé de la base du buste à pinces, nous préparerons des **fonds de base**, c'est-à-dire des bases élargies correspondant à des volumes classiques.

Ces **fonds de base** serviront d'appui à des principes d'élargissements.
Les valeurs d'élargissements proposées ci-dessous correspondent à des **élargissements de base**, pour des **vêtements classiques avec une manche montée**.
L'élargissement variera selon qu'il s'agisse d'un tailleur, d'une veste ou d'un manteau et selon le volume du vêtement désiré.

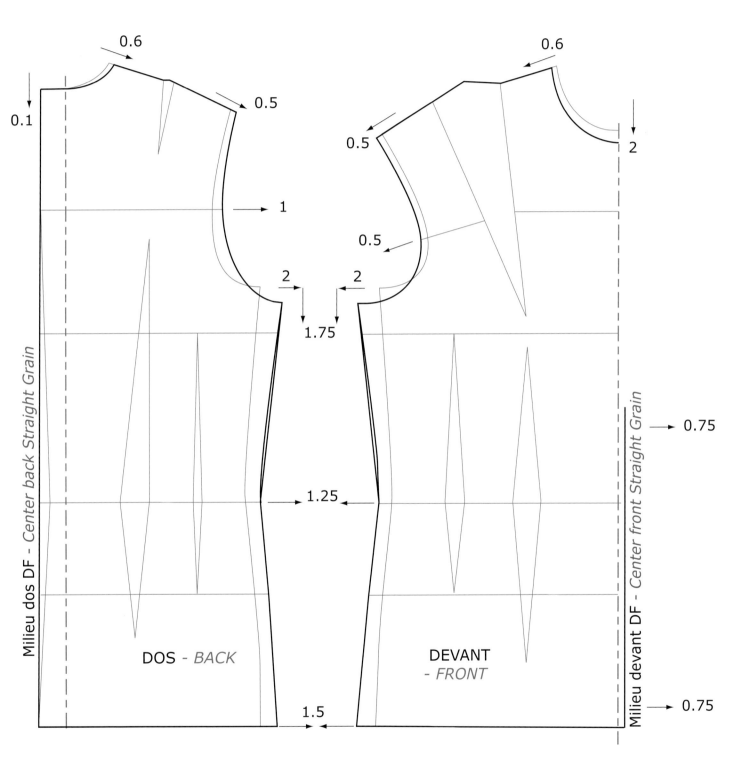

- **ENLARGEMENT POINTS FOR BASIC SUIT BLOCK.**

  1. Neckline.
  - Front :   . Center front, drop 2 cm.
               . On shoulder, open 0.6 cm.
  - Back :   . Center back, drop 0.1 cm. (avoid scooping out back neckline too much).
               . On shoulder, open 0.6 cm.

  2. Front and back shoulder length (same principle).
  - From end point of shoulder, extend shoulder line.
  - Close dart and transfer it, on a straight line, the length of shoulder, extended by 0,5 cm.
  - Trace new shoulder line.

  3. Shoulder width.
  - Front : Enlarge by 0.5 cm.
  - Back : Enlarge by 1 cm.

  4. Front and back underarm.
  - Enlarge by 2 cm parallel to bust line.
  - From this point, drop 1.75 cm, perpendicular to bust line.

  5. Waist.
  - Enlarge 1.25 cm front and back.

  6. Hips.
  - Enlarge 1.5 cm front and back.

- **ENLARGEMENT TRACING FOR BASIC SUIT BLOCK.**
  - Retrace new enlarged neckline and verify curves by putting front and back shoulders together.
  - Retrace armholes in passing by new enlargement points.
  - Draw side lines symmetrically by softening lines all the way to waist line by a slight curve.
  - Verify armhole lines by putting together front and back shoulders, and then by putting together two side lines.
  - At center front, we can add a tiny enlargement for the model's comfort (to accomodate the thickness of a trouser or skirt belt with buckle) : extend center front 0.75 cm and retrace a new center front line.

After tracing a bodice block with darts, we will prepare **basic blocks**, that is, enlarged blocks corresponding to classic shapes.

These **basic blocks** will serve as a support for the enlargement principals.
The enlargement amounts proposed here correspond to **basic enlargements** for **classic garments with a set-in sleeve**.
The enlargement will vary according to whether it is a suit, jacket or coat and depending on the desired shape of the garment.

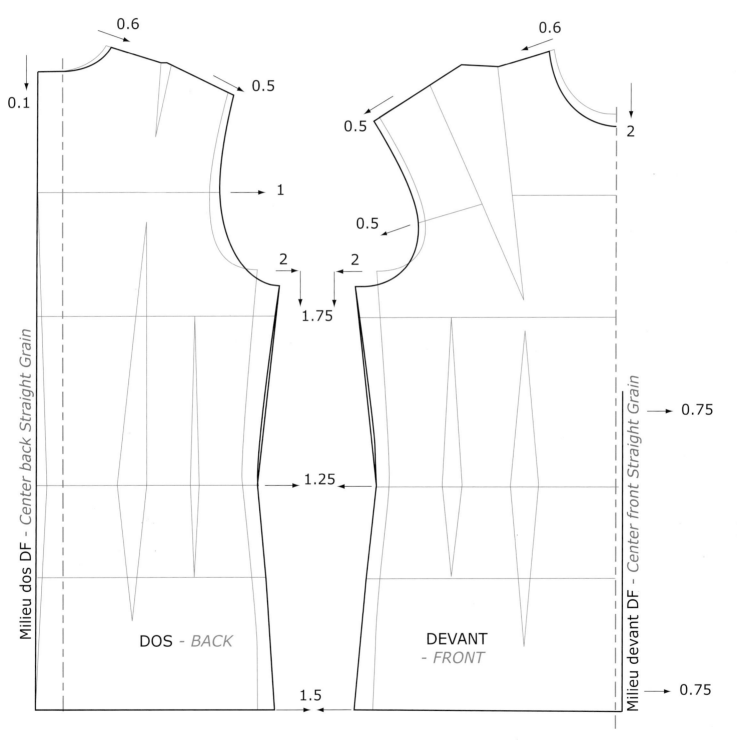

0.6

0.6

0.1

0.5

0.5

2

1

0.5

2   2

1.75

0.75

1.25

Milieu dos DF - *Center back Straight Grain*

Milieu devant DF - *Center front Straight Grain*

0.75

DOS - *BACK*

DEVANT
- *FRONT*

1.5

Ce fond de base propose un élargissement confortable pour une veste droite à porter avec un pull-over.

- **POINTS d'ÉLARGISSEMENT.**
  1. **Encolure.**
     - Devant : . Milieu devant, descendre de 2 cm.
       . Sur l'épaule, ouvrir de 0,6 cm.
     - Dos : . Milieu dos, descendre de 0,1 cm (éviter de trop creuser l'encolure dos).
       . Sur l'épaule, ouvrir de 0,6 cm.
  2. **Longueur d'épaule devant et dos (même principe).**
     - A partir de l'extrémité de l'épaule, prolonger la ligne d'épaule.
     - Fermer la pince puis reporter, sur cette droite, la longueur d'épaule, allongée de 1 cm.
     - Tracer la nouvelle ligne d'épaule.
  3. **Carrure.**
     - Devant : Elargir de 0,75 cm.
     - Dos : Elargir de 1,25 cm.
  4. **Dessous de bras devant et dos.**
     - Elargir de 2,5 cm parallèlement à la ligne de poitrine.
     - De ce point, descendre de 2 cm en perpendiculaire à la ligne de poitrine.
  5. **Hanches.**
     - Elargir de 2 cm devant et dos.
  6. **Longueur.**
     - Allonger la base en parallèle à la ligne des hanches de 6 à 10 cm selon le modèle.

- **TRACÉ d'ÉLARGISSEMENT.**
  - Retracer la nouvelle encolure élargie et vérifier les courbes en associant les épaules devant et dos.
  - Retracer les emmanchures en passant par les nouveaux points d'élargissements.
  - Dessiner les lignes de côtés en ligne droite.
  - Vérifier les tracés d'emmanchure en associant les épaules devant et dos, puis les deux lignes de côté.
  - Sur le milieu devant, nous pourrons donner une petite valeur d'élargissement pour le confort du modèle (épaisseur de ceinture de pantalon ou de jupe avec boucle) : déplacer le milieu devant de 0,75 cm et retracer un nouveau milieu devant.

JACKET BLOCK ENLARGEMENT

This basic sloper offers a comfortable enlargement for a straight jacket that can be worn over a sweater.

- **ENLARGEMENT POINTS.**
  1. **Neckline.**
     - Front : . Center front, drop 2 cm.
       . On shoulder, open 0.6 cm.
     - Back : . Center back, drop 0.1 cm. (avoid scooping out back neckline too much).
       . On shoulder, open 0.6 cm.
  2. **Front and back shoulder length (same principle) :**
     - From end point of shoulder, extend shoulder line.
     - Close dart and transfer it, on a straight line, the length of shoulder, extended by 1 cm.
     - Trace new shoulder line.
  3. **Shoulder width :**
     - Front : Enlarge by 0.75 cm.
     - Back : Enlarge by 1.25 cm.
  4. **Front and back underarm.**
     - Enlarge by 2.5 cm parallel to bust line.
     - From this point, drop 2 cm, perpendicular to bust line.
  5. **Hips.**
     - Enlarge by 2 cm front and back.
  6. **Length.**
     - Lengthen block parallel to hip line by 6 to 10 cm depending on the model.

- **ENLARGEMENT.**
  - Retrace new enlarged neckline and verify curves by putting front and back shoulders together.
  - Retrace armholes in passing by new enlargement points.
  - Draw side lines by a straight line.
  - Verify armhole lines by putting together front and back shoulders, and then by putting together two side lines.
  - At center front, we can add a tiny enlargement for the model's comfort (to accomodate the thickness of a trouser or skirt belt with buckle) : extend center front 0.75 cm and retrace a new center front line.

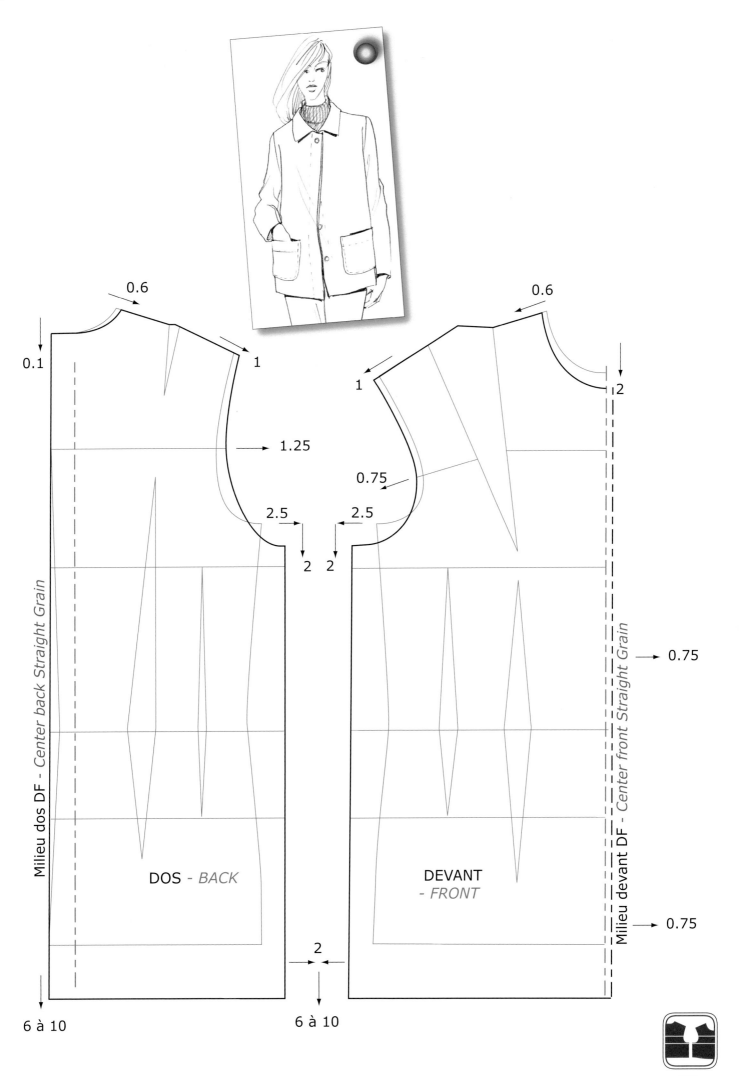

0.6

0.6

0.1

1

1

2

1.25

0.75

2.5 → ← 2.5

2 2

Milieu dos DF - *Center back Straight Grain*

Milieu devant DF - *Center front Straight Grain*

0.75

DOS - *BACK*

DEVANT
- *FRONT*

0.75

2

6 à 10

6 à 10

81

Ce tracé propose une zone d'élargissements correspondants à des fonds de base pour des blousons de différents volumes et différentes longueurs.

- **POINTS d'ÉLARGISSEMENT.**
  1. **Encolure.**
     - Devant :   . Milieu devant, descendre de 2 cm.
               . Sur l'épaule, ouvrir de 0,6 cm.
     - Dos :   . Milieu dos, descendre de 0,1 cm. (éviter de trop creuser l'encolure dos).
               . Sur l'épaule, ouvrir de 0,6 cm.
  2. **Longueur d'épaule devant et dos (même principe).**
     - A partir de l'extrémité de l'épaule, prolonger la ligne d'épaule.
     - Fermer la pince puis reporter, sur cette droite, la longueur d'épaule, allongée de 1 à 1,5 cm.
     - Tracer la nouvelle ligne d'épaule.
  3. **Carrure.**
     - Devant : Elargir de 0,75 à 1,25 cm.
     - Dos : Elargir de 1,25 à 1,6 cm.

Afin d'aider au tracé de l'emmanchure sans déformation de l'emmanchure de base qui sert de référence, on pourra placer une ligne de repère qui simulera la proportion de la carrure à la moitié de la hauteur d'emmanchure, telle que cette ligne de repère du tracé d'emmanchure soit descendue de la ½ valeur de la descente d'emmanchure, ici descente d'emmanchure de 2,75 à 4,5 cm = ligne de repère de tracé d'emmanchure descendue de 1,35 à 2,25 cm (lignes pointillées).

  4. **Dessous de bras devant et dos.**
     - Elargir de 3 à 5 cm parallèlement à la ligne de poitrine.
     - De ce point, descendre de 2,75 à 4,5 cm en perpendiculaire à la ligne de poitrine.
  5. **Longueur.**
     - Raccourcir ou allonger la base en parallèle à la ligne des hanches selon le modèle (voir schéma).

- **TRACÉ d'ÉLARGISSEMENT.**
  - Retracer la nouvelle encolure élargie et vérifier les courbes en associant les épaules devant et dos.
  - Retracer les emmanchures en passant par les nouveaux points d'élargissements.
  - Dessiner les lignes de côtés en ligne droite.
  - Vérifier les tracés d'emmanchure en associant les épaules devant et dos, puis les deux lignes de côtés.
  - Le volume du bas de blouson pourra être retenu dans une ceinture plate ou dans un bord côte.

BLOUSON BLOCKS ENLARGEMENT

This tracing proposes enlargements corresponding to basic blocks for blousons in different shapes and with different lengths.

- **ENLARGEMENT POINTS.**
  1. **Neckline.**
     - Front :   . Center front, drop 2 cm.
               . On shoulder, open 0.6 cm.
     - Back :   . Center back, drop 0.1 cm. (avoid scooping out back neckline too much).
               . On shoulder, open 0.6 cm.
  2. **Front and back shoulder length (same principle).**
     - From end point of shoulder, extend shoulder line.
     - Close dart and transfer it, on a straight line, the length of shoulder, extended by 1 to 1.5 cm.
     - Trace new shoulder line.
  3. **Shoulder width.**
     - Front : Enlarge by 0.75 to 1.25 cm.
     - Back : Enlarge by 1.25 to 1.6 cm.

In order to trace armhole without deforming the sloper armhole used as reference, we place a reference line simulating the shoulder width proportion at the halfway point of armhole height, so the armhole tracing reference line is ½ of armhole drop. Here, the armhole is dropped 2.75 to 4.5 cm = so the tracing reference line for dropped armhole is one half of that - from 1.35 to 2.25 cm (dotted lines).

  4. **Front and back underarm.**
     - Enlarge by 3 to 5 cm parallel to bust line.
     - From this point, drop 2.75 to 4.5 cm, perpendicular to bust line.
  5. **Length.**
     - Shorten or lengthen block in parallel to hip line, depending on the model (see sketch).

  - **ENLARGEMENT.**
     - Retrace new enlarged neckline and verify curves by putting front and back shoulders together.
     - Retrace armholes in passing by new enlargement points.
     - Draw side lines by a straight line.
     - Verify armhole lines by putting together front and back shoulders, and then by putting together two side lines.
     - Volume at bottom of blouson can be held in by a flat waistband or ribbed edge.

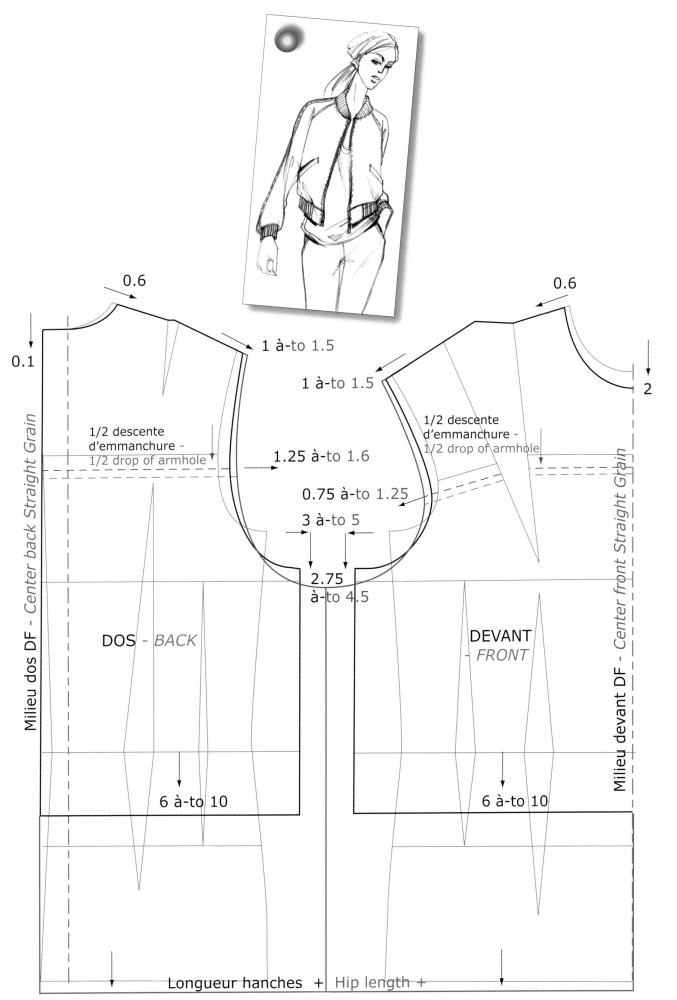

0.6

0.6

0.1

1 à-to 1.5

1 à-to 1.5

2

Milieu dos DF - *Center back Straight Grain*

1/2 descente d'emmanchure - 1/2 drop of armhole

1/2 descente d'emmanchure - 1/2 drop of armhole

Milieu devant DF - *Center front Straight Grain*

1.25 à-to 1.6

0.75 à-to 1.25

3 à-to 5

2.75 à-to 4.5

DOS - *BACK*

DEVANT - *FRONT*

6 à-to 10

6 à-to 10

Longueur hanches + | Hip length +

— — — — — — — — — Ligne de repère - *Reference line*

Ce tracé propose une zone d'élargissements correspondants à des fonds de base pour des manteaux ou des imperméables de différents volumes ; le plus petit élargissement simule un manteau ou un imperméable près du corps (tracé noir) ; le plus grand est susceptible d'être porté au dessus d'une veste tailleur (tracé rouge).

- **POINTS d'ÉLARGISSEMENT.**
  1. **Encolure.**
     - Devant : . Milieu devant, descendre de 2 cm.
                 . Sur l'épaule, ouvrir de 0,6 cm.
     - Dos :   . Milieu dos, descendre de 0,1 cm. (éviter de trop creuser l'encolure dos).
                 . Sur l'épaule, ouvrir de 0,6 cm.
  2. **Longueur d'épaule devant et dos (même principe).**
     - A partir de l'extrémité de l'épaule, prolonger la ligne d'épaule.
     - Fermer la pince puis reporter, sur cette droite, la longueur d'épaule, allongée de 1 à 1,5 cm.
     - Tracer la nouvelle ligne d'épaule.
  3. **Carrure.**
     - Devant : Elargir de 0,75 à 2,25 cm.
     - Dos : Elargir de 1,25 à 2,5 cm.

     Afin d'aider au tracé de l'emmanchure sans déformation de l'emmanchure de base qui sert de référence, on pourra placer une ligne de repère qui simulera la proportion de la carrure à la moitié de la hauteur d'emmanchure, tel que la ligne de repère du tracé d'emmanchure soit descendue de la ½ valeur de la descente d'emmanchure, ici descente d'emmanchure de 1,5 à 5,5 cm = ligne de repère de tracé d'emmanchure descendue de 0,75 à 2,75 cm (lignes pointillées).
  4. **Dessous de bras devant et dos.**
     - Elargir de 2 à 6 cm parallèlement à la ligne de poitrine.
     - De ce point, descendre de 1,5 à 5,5 cm en perpendiculaire à la ligne de poitrine.
  5. **Longueur.**
     - Allonger la base en parallèle à la ligne des hanches selon le modèle (voir schéma).

- **TRACÉ d'ÉLARGISSEMENT.**
  - Retracer la nouvelle encolure élargie et vérifier les courbes en associant les épaules devant et dos.
  - Retracer les emmanchures en passant par les nouveaux points d'élargissements.
  - Dessiner les lignes de côtés en ligne droite.
  - Vérifier les tracés d'emmanchure en associant les épaules devant et dos, puis les deux lignes de côtés.
  - Si le volume du vêtement est ceinturé, on pourra descendre la ligne de taille de 2 cm minimum pour créer un volume de blousant (ligne pointillée).
  - Sur le milieu devant, nous pourrons donner une petite valeur d'élargissement pour le confort du modèle (épaisseur de ceinture de pantalon ou de jupe avec boucle) : déplacer le milieu devant de 0,75 cm et retracer un nouveau milieu devant.

STRAIGHT COAT or RAINCOAT BLOCKS ENLARGEMENT

This tracing proposes an enlargement corresponding to a basic block for different shapes of coats or raincoats : the smallest enlargement simulates a fitted coat or raincoat (black line) ; the largest can be worn over a suit jacket (red line).

- **ENLARGEMENT POINTS.**
  1. **Neckline.**
     - Front : . Center front, drop 2 cm.
                . On shoulder, open 0.6 cm.
     - Back :   . Center back, drop 0.1 cm. (avoid scooping out back neckline too much).
                . On shoulder, open 0.6 cm.
  2. **Front and back shoulder length (same principle).**
     - From end point of shoulder, extend shoulder line.
     - Close dart and transfer it, on a straight line, the length of shoulder, extended by 1 to 1.5 cm.
     - Trace new shoulder line.
  3. **Shoulder width.**
     - Front : Enlarge by 0.75 to 2.25 cm.
     - Back : Enlarge by 1.25 to 2.5 cm.

     In order to trace the armhole without deforming the block armhole used as reference, we place a reference line simulating the shoulder width proportion at the halfway point of armhole height, so the armhole tracing reference line is ½ of armhole drop. Here, the armhole is dropped 1.5 to 5.5 cm = so the reference line for tracing the dropped armhole is one half of that, from 0.75 to 2.75 cm (dotted lines).

  4. **Front and back underarm.**
     - Enlarge by 2 to 6 cm parallel to bust line.
     - From this point, drop 1.5 to 5.5 cm, perpendicular to bust line.

5. Length.
- Shorten or lengthen block in parallel to hip line, depending on model (see sketch).

- **ENLARGEMENT.**
  - Retrace new enlarged neckline and verify curves by putting front and back shoulders together.
  - Retrace armholes in passing by new enlargement points.
  - Draw side lines by a straight line.
  - Verify armhole lines by putting together front and back shoulders, and then by putting together two side lines.
  - If the garment shape is belted, we can drop the waistline a minimum of 2 cm to create a blousy shape (dotted line).
  - At center front, we can add a tiny enlargement for the model's comfort (to accomodate the thickness of a trouser or skirt belt with buckle) : extend center front 0.75 cm and retrace a new center front line.

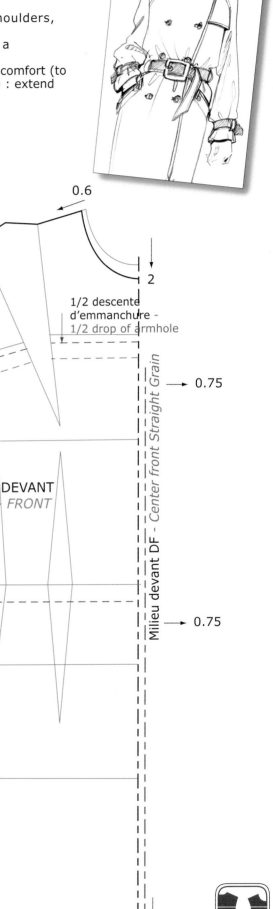

0.6   0.6

Ligne de repère - *Reference line*

0.1

1 à-to 1.5

1 à-to 1.5

2

Milieu dos DF - *Center back Straight Grain*

Milieu devant DF - *Center front Straight Grain*

1/2 descente d'emmanchure - *1/2 drop of armhole*

1/2 descente d'emmanchure - *1/2 drop of armhole*

1.25 à-to 2.5

0.75 à-to 2.25

0.75

2 à-to 6

1.5 à-to 5.5

DOS - *BACK*

DEVANT - *FRONT*

0.75

Longueur Vêtement - Garment length   Longueur Vêtement - Garment length

Ce tracé propose un fond de base avec une découpe de taille et un volume de jupe pour le bas du vêtement qui pourra servir de base pour des modèles de type "redingote", par exemple.

- **POINTS d'ÉLARGISSEMENT.**
  1. Encolure :
  - Devant :   . Milieu devant, descendre de 2 cm.
                . Sur l'épaule, ouvrir de 0,6 cm.
  - Dos :   . Milieu dos, descendre de 0,1 cm. (éviter de trop creuser l'encolure dos).
                . Sur l'épaule, ouvrir de 0,6 cm.

  2. Longueur d'épaule devant et dos (même principe).
  - A partir de l'extrémité de l'épaule, prolonger la ligne d'épaule.
  - Fermer la pince puis reporter, sur cette droite, la longueur d'épaule, allongée de 1 cm.
  - Tracer la nouvelle ligne d'épaule.

  3. Carrure.
  - Devant : Elargir de 1 cm.
  - Dos : Elargir de 1 cm.

Afin d'aider au tracé de l'emmanchure sans déformation de l'emmanchure de base qui sert de référence, on pourra placer une ligne de repère qui simulera la proportion de la carrure à la moitié de la hauteur d'emmanchure, telle que la ligne de repère du tracé d'emmanchure soit descendue de la ½ de la descente d'emmanchure, ici descente d'emmanchure de 3 cm = ligne de repère de tracé d'emmanchure descendue de 1,5 cm (lignes pointillées).

  4. Dessous de bras devant et dos.
  - Elargir de 3,5 cm parallèlement à la ligne de poitrine.
  - De ce point, descendre de 3 cm en perpendiculaire à la ligne de poitrine.

  5. Taille.
  - Elargir de 1,5 cm devant et dos.

  6. Hanches.
  - Elargir de 3 cm devant et dos.

  7. Longueur.
  - Allonger la base en parallèle à la ligne des hanches selon le modèle (voir schéma).

  8. Prolonger la ligne de côté dans son axe jusqu'à la longueur du modèle sur le devant et sur le dos symétriquement.
    Le cintrage du manteau oblige à rajouter une petite valeur de bascule sur la ligne de taille et un décrochement de l'épaule sur le devant afin de conserver un bon aplomb.

  9. Découpe de la ligne de taille (valeur de bascule).
  - Milieu devant : Descendre la ligne de taille de la partie corsage de 1 cm.
  - Devant côté et dos : Descendre la ligne de taille de la partie corsage de 0,5 cm.
    N.B. La ligne de taille de la jupe du manteau reste sur la ligne de taille de la base.

  10. Epaule devant.
  - Remonter la ligne d'épaule de 1 cm en parallèle à celle de la base.
  - Reprendre la base corsage et la faire glisser également de 1 cm vers le haut.
  - Retracer la courbe d'encolure, du milieu devant à l'épaule.

- **TRACÉ d'ÉLARGISSEMENT.**
  - Retracer la nouvelle encolure élargie et vérifier les courbes en associant les épaules devant et dos.
  - Retracer les emmanchures en passant par les nouveaux points d'élargissements.
  - Dessiner les nouvelles lignes de taille du corsage.
  - Dessiner les lignes de côtés en légères courbes pour la partie corsage et en ligne droite pour la jupe.
  - Vérifier les tracés d'emmanchure en associant les épaules devant et dos, puis les deux lignes de côtés.
  - En associant les lignes de côté, veiller à conserver un angle droit sur les dessous de bras.
  - Associer les lignes de côté devant et dos de la partie jupe et retracer le bas du vêtement en courbe en conservant des angles droits sur les pentes de côté.
  - Sur le milieu devant, nous pourrons donner une petite valeur d'élargissement pour le confort du modèle (épaisseur de ceinture de pantalon ou de jupe avec boucle) : déplacer le milieu devant de 0,75 cm et retracer un nouveau milieu devant.

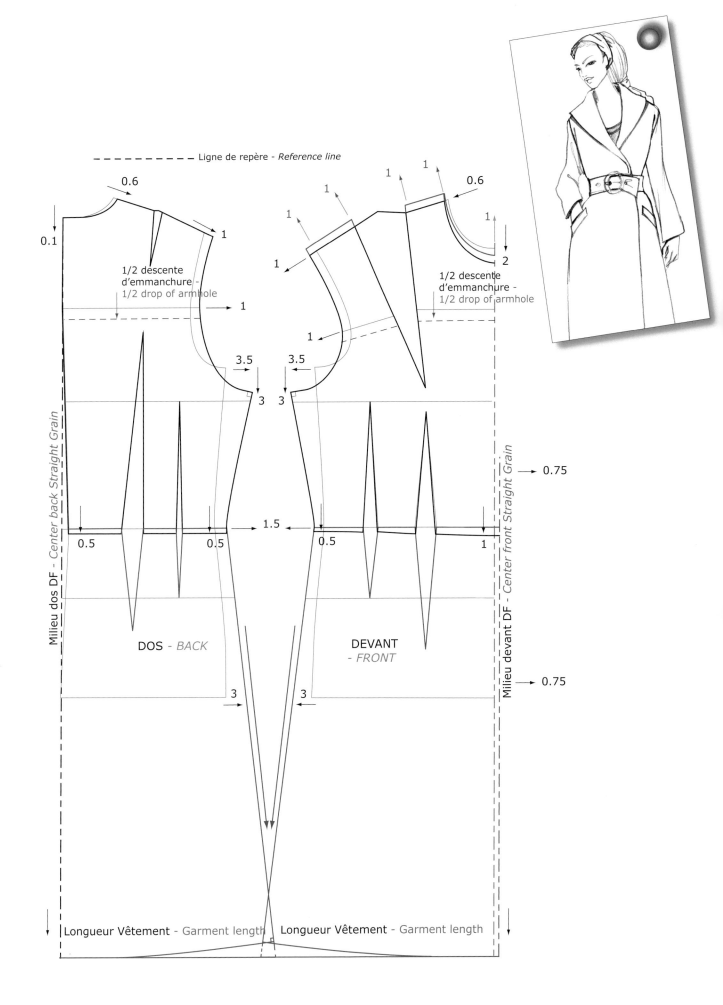

Ligne de repère - *Reference line*

0.6

0.1

1

1/2 descente
d'emmanchure -
1/2 drop of armhole

1

3.5

3

Milieu dos DF - *Center back Straight Grain*

0.5   1.5   0.5

DOS - *BACK*

3

Longueur Vêtement - *Garment length*

1   1   1

1

1

0.6

2

1/2 descente
d'emmanchure -
1/2 drop of armhole

1

3.5

3

Milieu devant DF - *Center front Straight Grain*

→ 0.75

0.5   1

DEVANT
- FRONT

→ 0.75

3

Longueur Vêtement - *Garment length*

This tracing proposes a basic block with a waist seam and a skirt volume at bottom of garment that can serve as a block for "redingote" styles, for example.

- **ENLARGEMENT POINTS.**
  1. **Neckline.**
     - Front :   . Center front, drop 2 cm.
                 . On shoulder, open 0.6 cm.
     - Back :   . Center back, drop 0.1 cm. (avoid scooping out back neckline too much).
                 . On shoulder, open 0.6 cm.
  2. **Front and back shoulder length (same principle).**
     - From end point of shoulder, extend shoulder line.
     - Close dart and transfer it, on a straight line, the length of shoulder, extended by 1 cm.
     - Trace new shoulder line.
  3. **Shoulder width.**
     - Front : Enlarge by 1 cm.
     - Back : Enlarge by 1 cm.

In order to trace the armhole without deforming the block armhole used as a reference, we place a reference line simulating the shoulder width proportion at the halfway point of the armhole height, so the armhole tracing reference line is ½ of the armhole drop. Here, the armhole is dropped 3 cm = so the reference line for tracing the dropped armhole is one half of that, or 1.5 cm (dotted lines).

  4. **Front and back underarm.**
     - Enlarge by 3.5 cm parallel to bust line.
     - From this point, drop 3 cm, perpendicular to bust line.
  5. **Waist.**
     - Enlarge by 1.5 cm front and back.
  6. **Hips.**
     - Enlarge by 2 cm front and back.
  7. **Length.**
     - Lengthen the block in parallel to the hipline depending on the model (see sketch).
  8. **Continue the side line** along its axis the entire length of the model, symmetrically for front and back.

     The coat's fitted waist obliges us to add a small amount to the waistline peplum and raise the front shoulder to maintain a proper drape.

  9. **Waistline seam.**
     - Center front : Drop bodice waistline by 1 cm.
     - Side front and back : Drop bodice waistline by 0.5 cm.
     Note : Waistline of skirt part of coat remains at original pattern block waistline.
  10. **Front shoulder.**
     - Raise shoulder line 1 cm, parallel to that of block.
     - Raise bodice block by also sliding it 1 cm upwards.
     - Retrace neckline curve, from center front to shoulder.

- **ENLARGEMENT.**
  - Retrace new enlarged neckline and verify curves by putting front and back shoulders together.
  - Retrace armholes in passing by new enlargement points.
  - Draw new waistlines for bodice.
  - Draw side lines in slight curves for bodice and in a straight line for skirt.
  - Verify armhole lines by putting together front and back shoulders, and then by putting together two side lines.
  - In putting together side lines, make sure to maintain a right angle under arm.
  - Put together front and back side seams of skirt and retrace bottom of garment in a curve while maintaing right angles at side bottoms.
  - At center front, we can add a tiny enlargement for the model's comfort (to accomodate the thickness of a trouser or skirt belt with buckle) : extend center front 0.75 cm and retrace a new center front line.

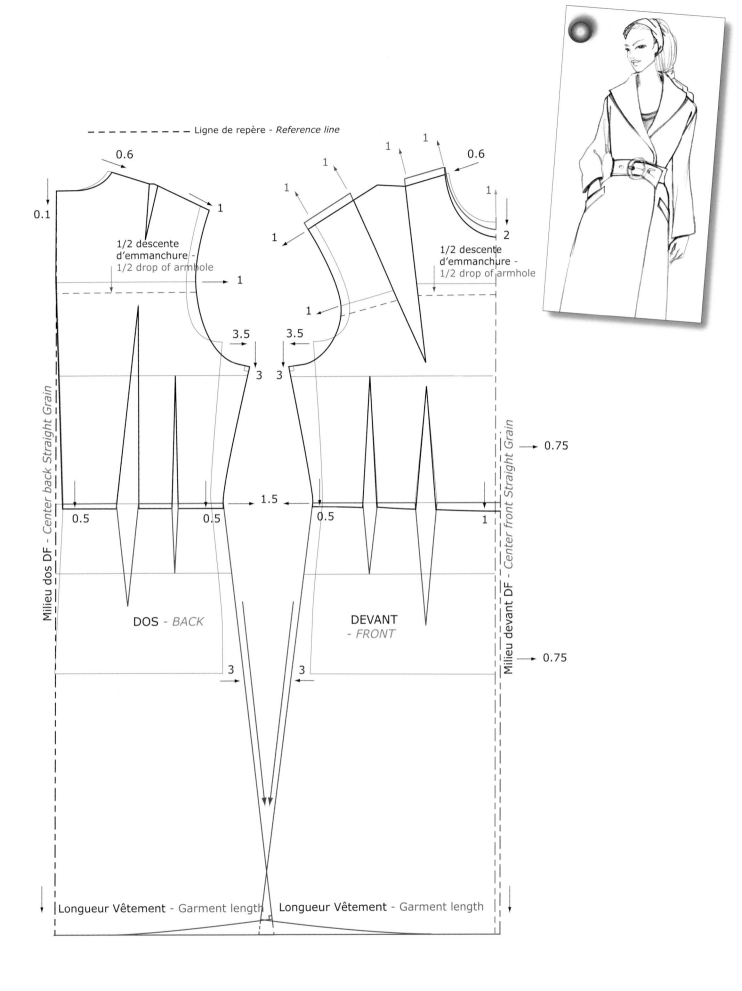

Ligne de repère - *Reference line*

0.6

0.1

1/2 descente
d'emmanchure -
1/2 drop of armhole

1

3.5

3

Milieu dos DF - *Center back Straight Grain*

0.5   0.5

1.5

DOS - *BACK*

3

Longueur Vêtement - *Garment length*

1   1   1

0.6

1/2 descente
d'emmanchure -
1/2 drop of armhole

2

3.5

3

0.75

Milieu devant DF - *Center front Straight Grain*

0.5   1

0.75

DEVANT
- *FRONT*

3

Longueur Vêtement - *Garment length*

89

PASSAGES de PINCES - Estomper la pince de poitrine

Dans le milieu devant.

Figure 1.

- Fendre le milieu devant sur la ligne de poitrine jusqu'au point P.
- Pivoter sur P et fermer la pince de poitrine de la base élargie sur une valeur de 1 cm = AB. AB = 1 cm. Jamais davantage.

Figure 2.

Cette valeur de pince se retrouve après pivotement sur le milieu devant. A'B' = 1 cm.
Le Df ne change pas. Seule la ligne de milieu devant se trouve légèrement courbée.

- Retracer la ligne d'encolure devant.
- Reporter la valeur de croisure en parallèle à la nouvelle ligne de milieu devant.

Attention : Ne pas utiliser dans le cas d'un tissu rayé ou à carreaux, si le vêtement est fermé jusqu'à la base du cou.
S'il y a un col à revers, pas de problème.

Sous le revers du col tailleur.

Figure 1.

- Tracer un axe en deux segments partant de l'encolure du col tailleur et arrivant au point de poitrine P = PP'.
- Pivoter sur P et fermer la pince de poitrine de la base élargie sur une valeur de 2 cm = AB.

Figure 2.

- Une pince se forme sur l'axe PP' ; dessiner la valeur de pince $P'P^2P^3$.
- Fermer la pince et redessiner la ligne d'anglaise du col en ligne droite.

DART MANIPULATION - Erasing bust dart

At center front.

Diagram 1.

- Slash center front on bust line all the way to point P.
- Pivot at P and close enlarged block bust dart by 1 cm = AB. AB = 1 cm. Never more.

Diagram 2.

This dart amount is found after pivoting at center front. A'B' = 1 cm.
The straight grain does not change. Only center front line is slightly curved.

- Retrace front neck line.
- Bring amount of overlap parallel to new center front line.

Note : Do not use for a striped or plaid fabric if garment is closed all the way to base of neck.
It there is a lapel, this is not a problem.

Under lapel of suit collar.

Diagram 1.

- Trace an axis in two segments beginning at neckline of suit collar and arriving at bust point P = PP'.
- Pivot on P and close enlarged block bust dart 2 cm = AB.

Diagram 2.

- A dart will form on the PP' axis ; draw amount of dart $P'P^2P^3$.
- Close dart and redraw lapel line of collar in a straight line.

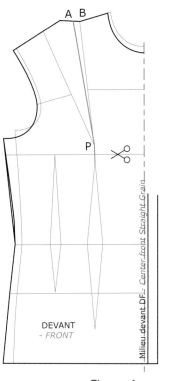

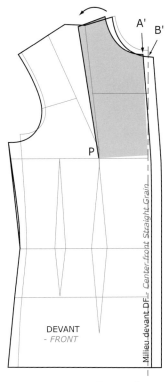

Figure 1
Diagram 1

Figure 2
Diagram 2

Dans le milieu devant.
At center front.

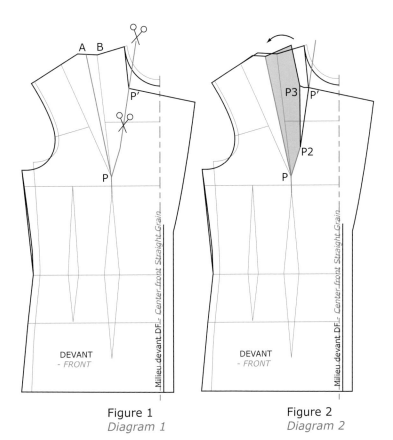

Figure 1
Diagram 1

Figure 2
Diagram 2

**Sous le revers
du col tailleur.**

**Under lapel
of suit collar.**

Erasing bust dart depth softens the garment's line.

Dans l'emmanchure.

Cette façon d'estomper la pince ne se fait pas dans un tailleur près du corps, dont le bien-aller doit être rigoureux. Il peut être utile dans un vêtement plus ample et souple avec une manche kimono, par exemple. Toutefois, une rectification de cet ordre doit être exécutée sur le devant et sur le dos afin de sauvegarder l'équilibrage des deux pièces.

- Sur le devant, tracer un axe partant du point P jusqu'à la ligne de carrure sur l'élargissement de l'emmanchure devant.
- Sur le dos, tracer un axe parallèle à la carrure partant du point O jusqu'à l'élargissement de l'emmanchure dos.

Dos.
- Ouvrir l'axe du dos et fermer la pince d'omoplate. La valeur de pince d'omoplate passe dans l'emmanchure dos = AB.
- Retracer la ligne d'épaule et l'emmanchure du dos.

Devant.
- Ouvrir l'axe du devant et fermer de la valeur ouverte sur le passage de pince du dos. A'B' = AB.

La valeur de pince de poitrine se trouve estompée et les deux emmanchures ont subi le même agrandissement sauvegardant ainsi leur équilibre de base.

- Retracer la ligne d'épaule et l'emmanchure du devant.

In armhole.

This way of erasing the dart is not done in a fitted suit where ease is stricter.
It can be useful in a wider, suppler garment with a kimono sleeve, for example.
In any case, this type of correction must be done on both the front and back to preserve the balance of the two pieces.

- On front, trace an axis from point P to shoulder width line point on front armhole enlargement line.
- On back, trace an axis parallel to shoulder width line starting at point O all the way to back armhole enlargement line.

Back.
- Open back axis and close shoulder blade dart. The shoulder blade dart's amount is manipulated into back armhole = AB.
- Retrace shoulder line and back armhole.

Front.
- Open front axis and close amount opened when manipulating dart to back. A'B' = AB.

The bust dart value is erased and the two armholes have undergone the same enlargement, thus maintaining their basic balance.

- Retrace shoulder line and front armhole.

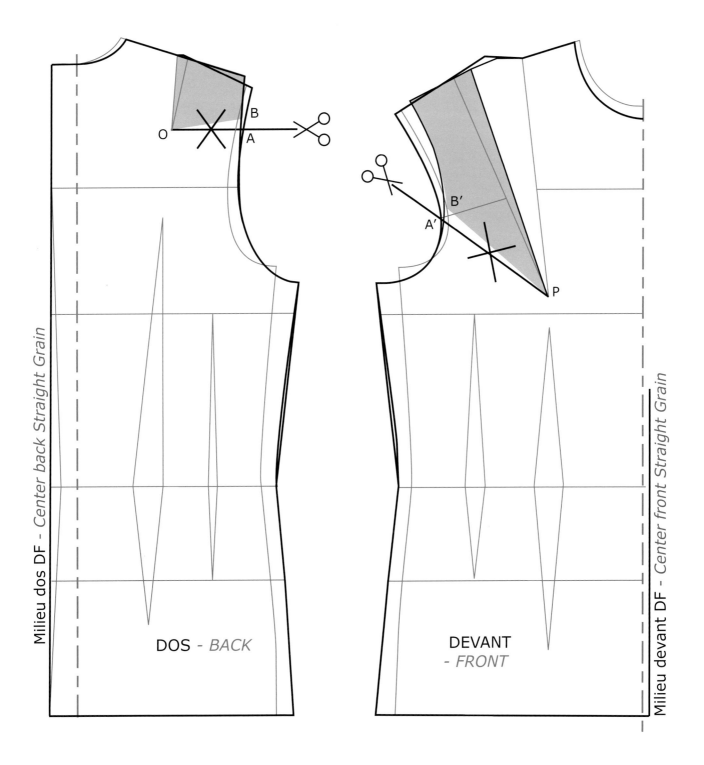

Milieu dos DF - *Center back Straight Grain*

O   B   A

DOS - *BACK*

B'   A'   P

DEVANT
- *FRONT*

Milieu devant DF - *Center front Straight Grain*

PASSAGES de PINCES - Dans une découpe bretelle

Ici sur un tracé de tailleur.

Figure 1.

- Relever le devant de base élargie (ici élargissement tailleur) selon le modèle.
- Déplacer la pince de poitrine sur le milieu de la longueur d'épaule élargie.
- Dessiner la découpe suivant le modèle à réaliser, en dessinant d'abord la ligne de découpe interne (celle qui est visible sur la figurine à réaliser) (ligne rouge).

La découpe ne passe pas toujours par le point de poitrine (P).

- Pour estomper la forme de la poitrine, il sera préférable de déplacer le point de poitrine vers le côté.
- Ce déplacement pourra aller, selon le modèle, jusqu'à 3 cm du point P.

Attention : Plus, on s'éloigne du point de poitrine ; plus, on accentue la différence de longueur entre les deux lignes de montage de la découpe.

- Déplacer la valeur de la pince de taille par delà la découpe et redessiner la nouvelle pince déplacée.

Pour aider le montage de la découpe, placer des crans de montage de part et d'autre du nouveau point de poitrine sur chacune des lignes, de façon à localiser la valeur d'embu sur la poitrine, tel que aa' = cc' et bb' = dd'.

Figure 2. Facultatif.

Afin d'estomper encore la poitrine , on pourra adoucir la courbe de poitrine de la partie Devant Côté (ligne rouge).

Attention : Cette correction enlève de la valeur d'aisance sur le tour de poitrine. Il faudra donc considérer cette valeur retirée en accentuant les valeurs d'élargissements du modèle, par exemple.

On pourra également ajouter un peu d'aisance au bas du modèle en croisant les lignes de découpe.

Figure 3. Facultatif.

Pour "nettoyer" au mieux la partie du Devant Côté, on pourra dessiner dans l'emmanchure une pince de 0,75 cm venant mourir sur P'.

- Fermer cette pince définitivement en pince dite "morte", c'est à dire qu'elle n'existe pas dans le montage.

Figure 4.

- Recreuser en leur milieu de 0,5 cm les deux lignes de pince poitrine.
- Adoucir en légères courbes les angles formés par le dessin de la découpe sur la partie externe.
- Relever les deux parties du corsage séparément.

Ce principe de passage de pince peut être appliqué de la même façon sur la découpe bretelle du dos.

DART MANIPULATION - Shift bust dart in a strap cut

Here shown on a suit jacket tracing.

Diagram 1.

- Trace enlarged front block (here a suit enlargement) depending on model.
- Move bust dart to center of the length of enlarged shoulder.
- Draw seam following model to be made by first drawing inner seam line (the one visible on silhouette to be realized) (red line).

The seam does not have to pass over the bust point (P).

- To reduce the shape of bust, it is preferable to move bust point towards side.
- Depending on model, this shift can be up to 3 cm away from point P.

Attention : The farther we move the seam away from the bust point, the more we accentuate the difference in length between the seam's two construction lines.

- Shift amount of waist dart beyond seam and redraw the new shifted dart.

To help in constructing seam, place construction notches on both sides of new bust point on each line, so as to concentrate ease amount on bust, so aa' = cc' and bb' = dd'.

Diagram 2. Optional

In order to diminish the bust even more, we can soften the bust curve on the Side Front piece (red line).

Attention : This correction removes the amount of ease in the bust measurement. Because of this, it is necessary to accentuate enlargements elsewhere on the model.

We can also add a bit of ease at the bottom of model by crossing the seam lines.

Diagram 3. Optional

To best "clean up" the Side Front piece, we can draw a 0.75 cm dart in the armhole that tapers to nothing at point P'.

- We then close this dart permanently, it is "dead" which means it does not exist in construction.

Diagram 4.

- Scoop out the two bust dart lines 0.5 cm at their mid-point.
- In slight curves, soften the angles formed by drawing the seam on the side front.
- Trace the two pieces of the bodice separately.

This principle of dart manipulation can be used the same way on a back strap cut.

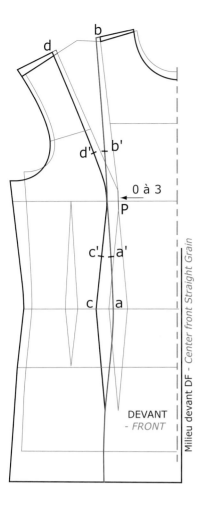

Figure 1
Diagram 1

Figure 2
Diagram 2

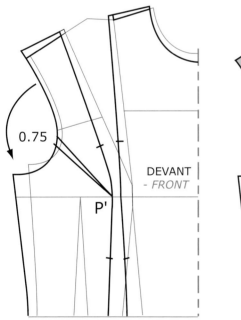

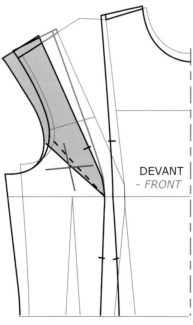

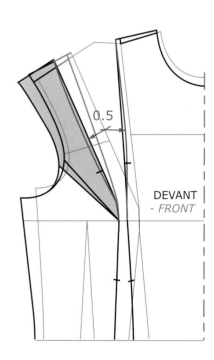

Figure 3
Diagram 3

Figure 4
Diagram 4

95

PASSAGES de PINCES - Dans une découpe princesse

Ici sur un tracé de tailleur.

Figure 1.

- Relever le devant de base élargie (ici élargissement tailleur) selon le modèle.
- Dessiner la découpe suivant le modèle à réaliser, en dessinant d'abord la ligne de découpe interne (celle qui est visible sur la figurine à réaliser) (ligne rouge).

La découpe ne passe pas toujours par le point de poitrine (P).

- Pour estomper la forme de la poitrine, il sera préférable de déplacer le point de poitrine vers le côté.
- Ce déplacement pourra aller, selon le modèle, jusqu'à 3 cm du point P.

Attention : Plus, on s'éloigne du point de poitrine ; plus, on accentue la différence de longueur entre les deux lignes de montage de la découpe.

- Déplacer la valeur de la pince de taille par delà la découpe et redessiner la nouvelle pince déplacée.

Figure 2.

- Fendre sur la découpe à partir de l'emmanchure en passant par la ligne de poitrine jusqu'au point P et remonter jusqu'à P'.
- Fermer la pince de poitrine (partie rouge).
- Le passage de la pince ouvrira une valeur AB sur la ligne de poitrine qui s'ajoutera à l'embu de la courbe de découpe (voir loupe).

On pourra également ajouter un peu d'aisance au bas du modèle en croisant les lignes de découpe.

Pour aider le montage de la découpe, placer des crans de montage de part et d'autre du nouveau point de poitrine sur chacune des lignes, de façon à localiser la valeur d'embu sur la poitrine, tel que aa' = cc' et bb' = dd'.

Figure 3. Facultatif.

Afin de diminuer cette valeur d'embu qui peut être difficile à rentrer en embu selon le tissu ou pour estomper la forme de la poitrine, glisser vers le bas, parallèlement au milieu devant, la partie rouge de la Figure 2 , tel que CD = 1/2 AB.

- Retracer la ligne d'épaule en joignant les points d'extrémité par une légère courbe épousant l'épaulette.
- Adoucir en légères courbes les angles formés par le dessin de la découpe.
- Relever les deux parties du corsage séparément.

DART MANIPULATION - in a princess cut

Here shown on a suit jacket tracing.

Diagram 1.

- Trace enlarged front block (here a suit enlargement) depending on model.
- Draw seam following model to be made by first drawing inner seam line (the one visible on silhouette to be realized) (red line).

The seam does not have to pass over bust point (P).

- To reduce the shape of bust, it is preferable to move bust point towards the side.
- Depending on the model, this shift can be up to 3 cm away from point P.

Attention : The further we move the seam away from the bust point, the more we accentuate the length difference between the seam's two construction lines.

- Shift amount of waist dart beyond seam and redraw new shifted dart.

Diagram 2.

- Slash on seam from armhole in passing by bust line all the way to point P and going up to P'.
- Close bust dart (red part).
- Shifting the dart will open up amount AB in bust line, which will then be added to the ease in seam curve (see close-up).

We can also add a bit of ease at the bottom of model by crossing the seam lines.

To help in constructing seam, place construction notches on both sides of new bust point on each line, so as to concentrate ease amount on bust, so aa' = cc' and bb' = dd'.

Diagram 3. Optional.

In order to diminish this amount which can be difficult to ease in depending on the fabric used or else to tone down the bust shape, slide red part in Figure 2 parallel to center front, so that CD = ½ AB.

- Redraw shoulder line by joining end points in a slight curve that hugs the shoulder pad.
- Soften the angles formed by drawing the seam.
- Trace the two parts of the bodice separately.

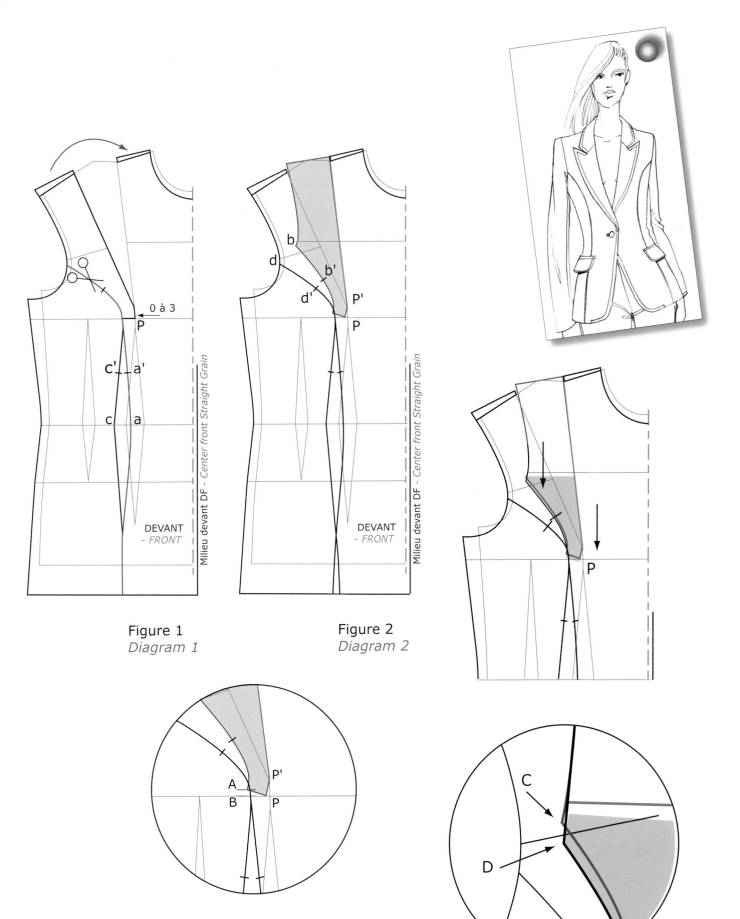

Figure 1
Diagram 1

Figure 2
Diagram 2

0 à 3

P

c' a'

c a

DEVANT
- FRONT

Milieu devant DF - *Center front Straight Grain*

b

d

b'

d'

P'

P

DEVANT
- FRONT

Milieu devant DF - *Center front Straight Grain*

P

A

B

P'

P

C

D

Figure 3
Diagram 3

Le petit côté est une pièce du tailleur ou du manteau qui se situe sous le bras et habille l'épaisseur du corps. La couture de côté entre devant et dos se trouve alors supprimée. Le petit côté permet d'affiner les lignes d'un vêtement (galbes de cintrage,…) et d'améliorer le confort de la coupe.

Avant de tracer un petit côté :
1. Dessiner l'élargissement selon le modèle.
2. Ajouter, si besoin, la valeur d'épaulette.
3. Placer les découpes selon le modèle (ici découpe bretelle).

Figure 1.
- Associer devant et dos milieux en parallèle en plaçant la ligne de poitrine devant et dos en continu (point 0) ; les lignes de côté vont s'entrecroiser.

Figure 2.
Recherche des points de positionnement des axes du petit côté.
Dos.
- A partir du DF milieu dos, tracer une ligne parallèle à la ligne de carrure dos, telle que Y = ½ carrure dos + 1 cm. Cette valeur ajoutée permet de créer un angle entre la ligne de petit côté et l'emmanchure pour délimiter l'une de l'autre (Y = intersection entre l'emmanchure et le petit côté).
- De Y, tracer une ligne parallèle au Df du milieu dos jusqu'à la ligne de grandes hanches = Y^1.
- YY^1 = axe postérieur (partie dos) de la découpe du petit côté.

Devant.
- Prolonger l'axe Y jusqu'à l'emmanchure du devant (Y^2).
- Joindre Y^2 à A en ligne droite (voir loupe).
- Au tiers de Y^2A, descendre en perpendiculaire un segment sur l'emmanchure devant = X.
- De X, tracer une ligne parallèle au Df du milieu devant jusqu'à la ligne de grandes hanches = X^1.
- XX^1 = axe antérieur (partie devant) de la découpe du petit côté.
- Mesurer l'entrecroisement de ligne de côté AB au dessous de bras et reporter cette valeur sur l'axe Y en A^1B^1 et sur l'axe X en A^2B^2 (voir loupe).

Tracé du petit côté et passages de pinces :
Les grandes pinces devant et dos se trouveront prises dans les découpes bretelles de la base.
- Sur la construction de base, tracer un axe à partir du point 0 jusqu'à la ligne de grandes hanches = séparation entre les valeurs de pinces devant et dos.
- Mesurer les valeurs de pinces de cintrage (ligne de taille) devant et dos.
  - Devant : Valeur de pince (C) + ½ cintrage de lignes de côté (D).
  - Dos : Valeur de pince (F) + ½ cintrage de lignes de côté (E).
- Mesurer la valeur de croisement des lignes de côtés (ligne de grandes hanches) devant et dos.
  - Devant : Valeur H.
  - Dos : Valeur G.

Devant :
- Ligne de taille : A partir de la ligne XX^1, porter la valeur C en C^1 sur la pièce du devant côté.
- Puis, porter la valeur D en D^1 sur la pièce du petit côté devant.

Dos :
- Ligne de taille : A partir de la ligne YY^1, porter la valeur F en F^1 sur la pièce du dos côté.
- Puis, porter la valeur E en E^1 sur la pièce du petit côté dos.

Valeur d'estompage de pince poitrine :
Dans le cas où la valeur de pince poitrine a été estompée (partie hachurée) sur la pièce du devant côté, on replacera cette valeur au-delà de A^1B^1 sur la ligne Y en A^1A^3. Cette valeur ôtée au tour de poitrine sera ainsi redonnée par la découpe dos et accompagnera le confort de la manche.

Figure 3.
Ligne de grandes hanches :
Devant : Porter la valeur H de chaque côté de la ligne X^1 (une valeur H en aisance rajoutée).
Dos : Porter la valeur G de chaque côté de la ligne Y^1 (une valeur G en aisance rajoutée).
- On pourra redonner la même valeur d'aisance sur les découpes devant et dos pour équilibrer les lignes.
- Dessiner les galbes de découpes de petit côté en courbes harmonieuses.
  Dos = YF^1G^1.
  Petit côté (tracé rouge) = A^3 (ou A^1) E^1G^2 (partie dos).
  $\qquad\qquad\qquad A^2D^1H^2$ (partie devant).
  Devant = $B^2C^1H^1$.
- Retracer l'emmanchure du petit côté A^1AA^2 ou A^3AA^2 selon le modèle.
- Placer le cran de dessous de bras en A.
  - Placer des crans sur la ligne de taille.

Figure 4.
- Relever les cinq pièces composant le vêtement (devant, devant côté, petit côté, dos côté, dos).

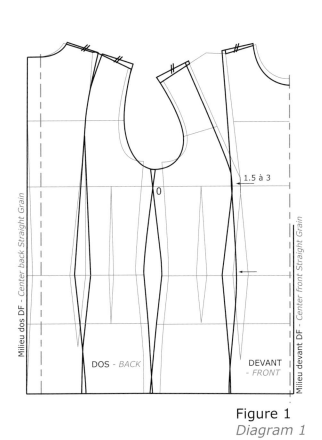

Figure 1
Diagram 1

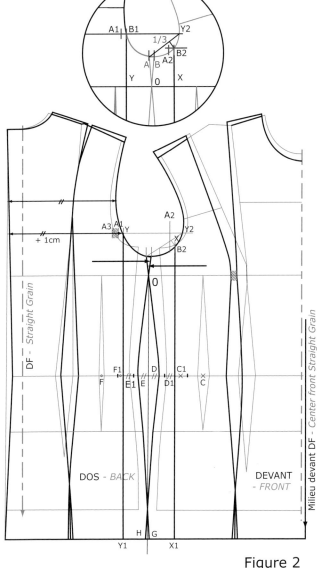

Figure 2
Diagram 2

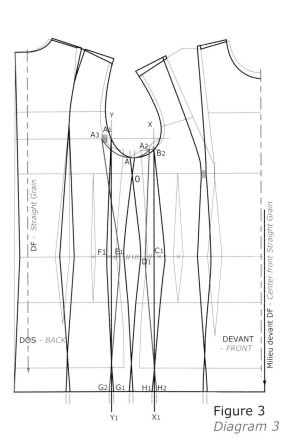

Figure 3
Diagram 3

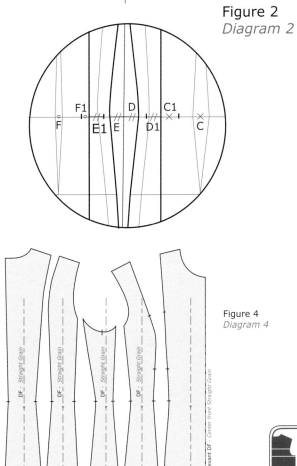

Figure 4
Diagram 4

The small side is a piece of the suit jacket or coat body located under the arm which builds up the body's volume. The side seam between the front and back is thus eliminated. The small side helps refine a garment's lines (waist curves,...) and improve the comfort of the cut.

Before tracing a small side :
1. Draw enlargement depending on the model.
2. Add, if necessary, the shoulder pad amount.
3. Place seams according to the model (here, a strap cut).

Diagram 1.
- Associate center front and back parallel by placing front and back bust line next to each other (point 0) ; side lines will cross each other.

Diagram 2. Locate positioning points for small side axes.
Back.
- From straight grain at center back, trace a line parallel to back width line, like Y = ½ back width + 1 cm. This added amount will create an angle between the small side line and armhole to define each piece (Y = intersection between armhole and small side).
- From Y, trace a line parallel to straight grain of center back all the way to wide hip line = Y^1.
- YY^1 = back axis (back part) of small side.

Front.
- Prolong Y axis all the way to front armhole line (Y^2).
- Join Y^2 to A in a straight line (see close-up).
- At one-third of Y^2A, drop a perpendicular line until it meets front armhole = X.
- From X, trace a parallel line to center straight grain all the way to wide hip line = X^1.
- XX^1 = front axis (front part) of small side.
- Measure the criss-cross distance of side line AB under arm and carry this amount to axis Y in A^1B^1 and on axis X as A^2B^2 (see close-up).

Tracing small side and dart manipulations :
Big front and back darts are caught in strap seams of block.
- For construction of block, trace an axis from point 0 all the way to wide hip line = separation between amounts of front and back darts.
- Measure amounts of front and back waist darts (waist line).
  - Front : Amount of dart (C) + ½ measurement between side lines (D).
  - Back : Amount of dart (F) + ½ measurement between side lines (E).
- Measure amount of intersection of front and back side lines (wide hip line).
  - Front : Amount H.
  - Back : Amount G.

Front :
- Waist line : From line XX^1, bring amount C to C^1 on side of front piece.
- Then, bring amount D to D^1 on front side of small side.

Back :
- Waist line : From line YY^1, bring amount F to F^1 on side of back piece.
- Then, bring amount E to E^1 on back side of small side.

Erased amount of bust dart :
In the case where amount of bust dart was erased (pink slashes on sketch) on side of front piece, we will replace this value beyond A^1B^1 on line Y in A^1A^3. This amount removed from the bust measurement will be returned in the back seam to add comfort to the sleeve.

Diagram 3.
Wide hip line :
Front : Bring amount H to each side of line X^1 (amount H is added for ease).
Back : Bring amount G to each side of line Y^1 (amount G is added for ease).
- We can give the same value of ease to front and back seams to balance the lines.
- Draw seams of small side in harmonious curves.
  Back = YF^1G^1.
  Small side (red line) = A^3 (or A^1)E^1G^2 (back part).
  $\qquad\qquad\qquad A^2D^1H^2$ (front part).
  Front = $B^2C^1H^1$.
- Retrace armhole of small side A^1AA^2 or A^3AA^2 depending on model.
- Place a notch under arm at A.
- Place notches on waist line.

Diagram 4.
- Trace the five pieces that make up the garment (front, front side, small side, side back, back).

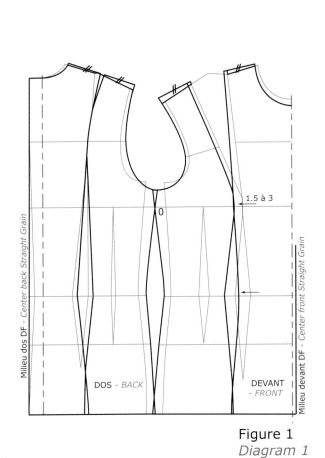

Figure 1
Diagram 1

1.5 à 3

0

Milieu dos DF - *Center back Straight Grain*

Milieu devant DF - *Center front Straight Grain*

DOS - *BACK*

DEVANT - *FRONT*

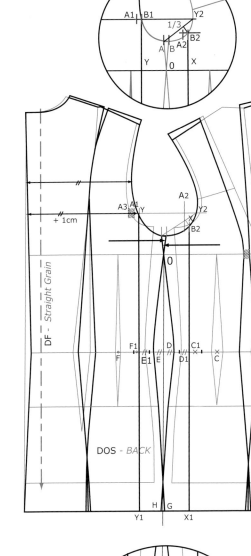

A1 B1 Y2
1/3
A B A2 B2
Y 0 X

+ 1cm

A3 A1 Y A2 Y2
B2
0

DF - *Straight Grain*

Milieu devant DF - *Center front Straight Grain*

F1 D C1
F E1 E D1 C

DOS - *BACK*

DEVANT - *FRONT*

Y1 H G X1

Figure 2
Diagram 2

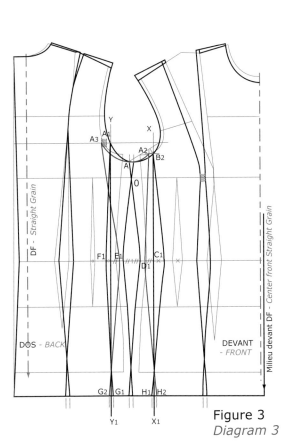

Y X
A3 A1 A2 B2
A
0

F1 E1 C1
D1

DF - *Straight Grain*

Milieu devant DF - *Center front Straight Grain*

DOS - *BACK*

DEVANT - *FRONT*

G2 G1 H1 H2
Y1 X1

Figure 3
Diagram 3

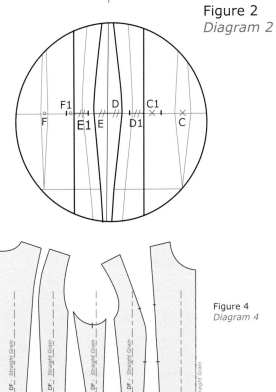

F1 D C1
F E1 E D1 C

Figure 4
Diagram 4

DF - *Straight Grain*

Milieu devant DF - *Center front Straight Grain*

DOS - *BACK*
DOS CÔTÉ - *BACK SIDE*
PETIT CÔTÉ - *SMALL SIDE*
DEVANT CÔTÉ - *FRONT SIDE*
DEVANT - *FRONT*

Ici, sur un tracé de tailleur.
- Relever le devant et le dos de base élargie (ici élargissement tailleur) selon le modèle.
- Tracer le petit côté.

Figure 1.
- Dessiner l'emplacement de la poche ainsi que la hauteur du passepoil.

Celle-ci coupe la pince transversalement.

Afin de ne pas garder la valeur de pince se trouvant sous l'emplacement de la poche, on procédera à un passage de pince.

Avec un petit côté et une découpe bretelle ou princesse.
Figure 2.
- Dessiner la découpe et relever la partie devant côté jusqu'à l'emplacement de la poche.
- Prolonger l'axe du bas de pince et pivoter la **valeur de pince** restant sous l'emplacement de poche, à partir du point 0.

Ce passage de pince donnera un peu d'élargissement en bas de vêtement ; le retracer en légère courbe.
- Relever les pièces séparemment.

Avec un petit côté et sans découpe.
Figure 3.
Dans le cas où le vêtement est sans découpe sur la poitrine, on gardera la pince de taille jusqu'à l'emplacement de poche.
- Prolonger l'axe du bas de pince et pivoter la **moitié de la valeur de pince** restant sous l'emplacement de poche, à partir du point 0.

Ce passage de pince donnera un peu d'élargissement en bas de vêtement ; le retracer en légère courbe.

On ne passera pas toute la valeur de pince, comme dans le cas précédent car le bas de veste chevaucherait sur la partie côté du devant, ce qui empêcherait la coupe du modèle.

Figure 4.
- Oter la valeur de pince restante par la ligne de côté.

Le chevauchement observé Figure 4 n'est possible que si la hauteur du passepoil est suffisamment grande pour le permettre ; sans omettre les valeurs de couturages pour le montage de la poche.

Procéder au passage de pince de poitrine selon le modèle.

MANIPULATING WAIST DART - in jacket with a piped pocket

Here, on a suit jacket tracing.
- Trace front and back of enlarged block (here a suit jacket enlargement) depending on model.
- Trace the small side.

Diagram 1.
- Draw pocket placement as well as location of piping.

This cuts the dart horizontally.

In order not to keep the amount under the pocket placement, we proceed to shift the dart.

With a small side and strap or princess cut.
Diagram 2.
- Draw seam and trace front side part all the way to pocket placement.
- Continue axis of bottom of dart and pivot **amount of dart** remaining under pocket placement, from point 0.

This dart shift will slightly enlarge bottom of garment ; retrace it in a light curve.
- Trace pieces separately.

With a small side and without seam.
Diagram 3.
In a case where the garment has no seam under the bust, we continue the waist dart all the way to pocket placement.
- Continue the axis of bottom of dart and pivot **half the amount of dart** remaining under pocket placement, from point 0.

This dart shift will create a slight enlargement at bottom of garment ; retrace it in a light curve.

We don't shift the whole amount of the dart, as in the preceding case, because the bottom of garment will straddle the side part of front, which will affect the cut of the model.

Diagram 4.
- Remove the remaining dart amount from side line.

  The straddling observed in Figure 4 is possible only if the piping length is long enough to allow it ; remember to include seam allowances to construct pocket.

  Now shift the dart depending on model.

102

Figure 1
Diagram 1

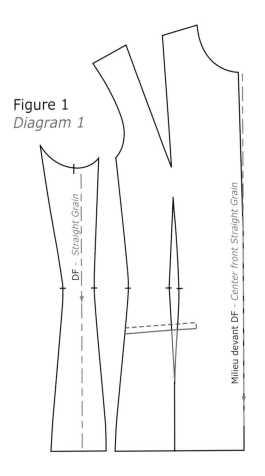

DF – *Straight Grain*

Milieu devant DF - *Center front Straight Grain*

Figure 2
Diagram 2

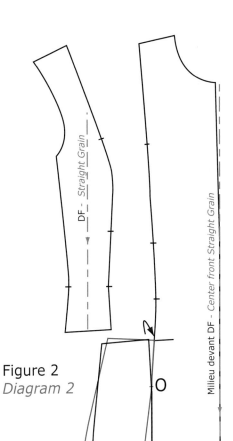

DF – *Straight Grain*

O

Milieu devant DF - *Center front Straight Grain*

Figure 3
Diagram 3

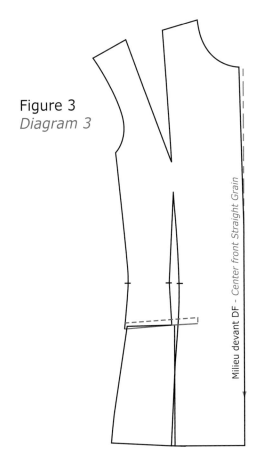

Milieu devant DF - *Center front Straight Grain*

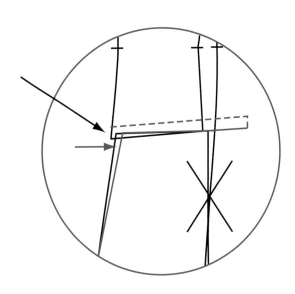

Figure 4
Diagram 4

103

Le premier principe à conserver à l'esprit lorsque l'on doit transformer le fond de base, est d'observer le modèle et de savoir si le volume de celui-ci est équilibré entre le devant et le dos, ce qui n'est pas obligatoire. Si cela est le cas, on équilibrera au maximum ces passages de pinces afin de conserver l'aplomb de notre volume.

Note. Pour une veste droite, on pourra estomper la pince de poitrine au moyen des passages de pinces expliqués plus haut.

Pour obtenir un volume droit au porté du vêtement, on construira un volume légèrement trapèze vers le bas.

- Allonger ou raccourcir le fond de base selon le modèle désiré.
- Evaluer la valeur voulue dans le bas de modèle et faire la différence avec la valeur du fond de base (base élargie). Cette différence sera répartie par moitié entre le devant et le dos.
  Exemple : 1/2 différence divisée par 3 = X.

Figure 1.
- Prolonger les axes de pinces de poitrine sur le devant à partir du point P et d'omoplate sur le dos à partir du point O jusqu'au bas du vêtement.
- Fendre et évaser de la valeur X sur le devant et sur le dos.
- Ajouter un ½ X sur les lignes de côtés.

Dos : On constate que la pince d'omoplate s'est réduite. La valeur restante pourra être résorbé en embu sur la ligne d'épaule afin de préserver le bombé de celle-ci.

Devant : La pince de poitrine s'est, elle aussi, réduite mais la valeur restante devra être "passée" sous l'emmanchure afin de disparaître visuellement sous la manche.

- Dessiner l'emplacement de la nouvelle pince de poitrine jusqu'au point P'.

Figure 2.
- Fendre sur cette ligne et fermer la pince restante.

Figure 3.
- Redessiner la nouvelle pince en la raccourcissant. P'P'' = 4 cm. Cette valeur estompe la poitrine.
- Fermer la pince et redessiner la ligne de côté pour reprendre l'empreinte de la profondeur de pince.
- Retracer toutes les lignes en les adoucissant au perroquet.

The first principle to keep in mind when transforming the basic block is to observe the model and know if its shape is balanced between front and back, which is not obligatory. If this is the case, we balance the dart shifts as much as possible to conserve the drape of the original shape.

Note. For a straight jacket, we can minimize the bust dart by shifting the darts in the way explained above.

To obtain a straight shape for the garment when worn, we will construct a slightly trapeze shape towards the bottom.

- Lengthen or shorten base block depending on desired model.
- Evaluate the amount desired at bottom of model and calculate the difference between this measurement and the base block (enlarged block) measurement. This difference will be divided equally between front and back. Example : ½ difference /3 = X.

Diagram 1.
- Continue axes of front bust dart from point P and back shoulder blade dart at point O, all the way to bottom of garment.
- Slit and spread amount X on front and back.
- Add ½ X at sides.

Back : We note that the shoulder blade dart has been reduced. The remaining amount can be re-absorbed in ease on shoulder line to preserve the curve.

Front : The bust dart is also reduced and the remaining amount must be "shifted" under armhole so it disappears visually under sleeve.

- Draw placement of new bust dart to point P'.

Diagram 2.
- Slit on this line and close remaining dart.

Diagram 3.
- Redraw new dart and make it shorter. P'P'' = 4 cm. This amount will tone down the bust point.
  - Close dart and redraw side line to follow the dart's imprint and depth.
  - Retrace all lines by softening them with a French curve.

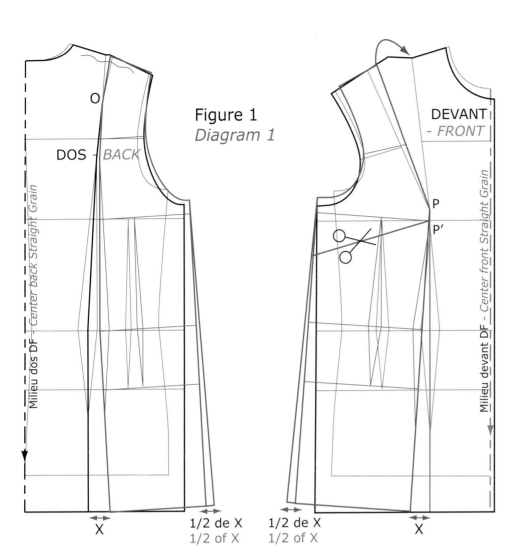

Figure 1
Diagram 1

O

DOS – *BACK*

Milieu dos DF – *Center back Straight Grain*

DEVANT
- FRONT

P
P'

Milieu devant DF – *Center front Straight Grain*

X

1/2 de X
1/2 of X

1/2 de X
1/2 of X

X

Figure 2
Diagram 2

DEVANT
- FRONT

P'

Milieu devant DF – *Center front Straight Grain*

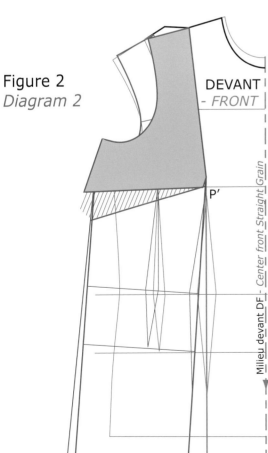

Figure 3
Diagram 3

P''
P'

DEVANT
- FRONT

Milieu devant DF – *Center front Straight Grain*

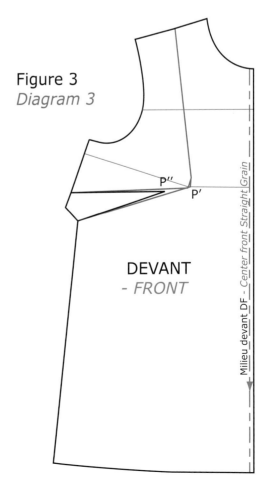

105

Le blouson a la particularité d'avoir un volume élargi sur le bas et rassemblé soit par une ceinture plate, soit par un bord côte. Les passages de pinces permettront d'obtenir ce volume.

Il existe évidemment de nombreuses façons de créer ces volumes selon leur ampleur. Essayer toutefois de sauvegarder l'équilibre entre votre devant et votre dos si le modèle a un visuel équilibré.

Note. Ces passages de pinces peuvent également être utilisés pour des vêtements plus longs, de forme trapèze et finissant avec de l'ampleur en godets en bas de vêtement.

- Allonger ou raccourcir le fond de base selon le modèle désiré.

Volume 1. Le haut du blouson est plat, seul le bas possède du blousant.
Devant.
Figure 1.
- Retracer la pince de poitrine jusqu'à la ligne de poitrine P.
- Prolonger l'axe de pince de poitrine jusqu'au bas du vêtement.

Figure 2.
- Fendre et fermer la pince poitrine. Tout le volume s'ouvre en bas.
- Mesurer la valeur ouverte.

Figure 3.
- Fendre le milieu de la deuxième pince jusqu'au point P.
- Ouvrir CD = ½ de AB.

Dos.
Figure 1.
- Dessiner les milieux des deux pinces dos du bas du vêtement à la ligne de poitrine.

Figure 4.
- Fendre et écarter chaque morceau de la valeur CD en basculant sur O et O'.
- Retracer la ligne de côté en ligne droite.
- Sur le milieu dos, descendre une valeur de blousant de 3 à 5 cm selon le modèle, puis retracer les bas de vêtement devant et dos en conservant des angles droits et des platitudes sur les milieux et les lignes de côtés.
- **N.B.** Les valeurs de blousant des lignes de côté et du milieu devant seront données selon le modèle.

DART MANIPULATION – Blouson

The blouson has the particularity of having a larger shape on the bottom caught in either a flat waistband or a ribbed edge. Shifting darts helps us obtain this shape.

Evidently, there exist numerous ways to create these shapes depending on their fullness. However try to maintain a balance between the front and back of your model for a visual balance.

Note. These dart shifts can also be used for longer, trapeze-shaped garments, ending with full godets at bottom.

- Lengthen or shorten base block depending on desired model.

Volume 1. Top of blouson is flat, only bottom is blousy.
Front.
Diagram 1.
- Retrace bust dart all the way to bust line P.
- Continue axis of bust dart all the way to bottom of garment.

Diagram 2.
- Slit and close bust dart. The entire shape opens at bottom.
- Measure amount of opening.

Diagram 3.
- Slash center of second dart all the way to point P.
- Open CD = ½ of AB.

Back.
Diagram 1.
- Draw center of two back darts from bottom of garment to bust line.

Diagram 4.
- Slit and spread each piece of CD by shifting on O and O'.
- Retrace side line in a straight line.
- At center back, drop an amount for blousing from 3 to 5 cm depending on model, then retrace bottom of garment front and back by conserving the right angles and flat areas at centers and side lines.
- **Note :** Blousing amounts at side lines and center front depend on your model.

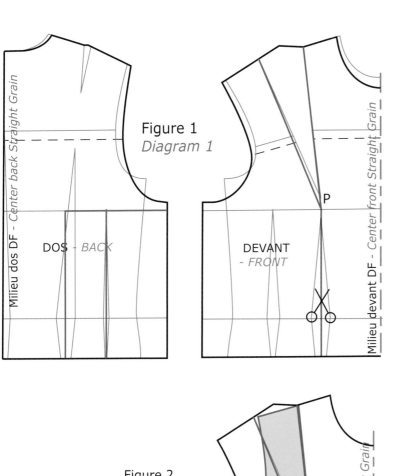

Figure 1
Diagram 1

Milieu dos DF - *Center back Straight Grain*

DOS - *BACK*

DEVANT
- *FRONT*

P

Milieu devant DF - *Center front Straight Grain*

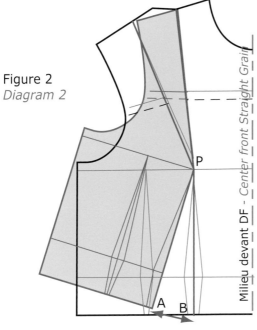

Figure 2
Diagram 2

P

Milieu devant DF - *Center front Straight Grain*

A B

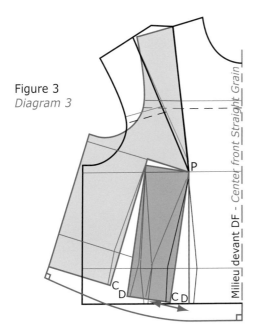

Figure 3
Diagram 3

P

C
D C D

Milieu devant DF - *Center front Straight Grain*

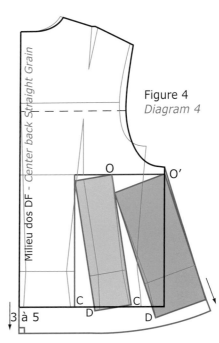

Figure 4
Diagram 4

Milieu dos DF - *Center back Straight Grain*

O O'

3 à 5

C C
D D

107

PASSAGES de PINCES - Volume blousant ou trapèze (Suite 2)

Volume 2. Le blouson est mis en volume depuis l'épaule. Ce passage de pinces peut également construire un volume trapèze.

Devant.
Figure 1.
- Retracer la pince de poitrine jusqu'à la ligne de poitrine P.
- Prolonger l'axe de pince de poitrine jusqu'au bas du vêtement.
- Prolonger l'axe de la deuxième pince, de P' jusqu'au bas du vêtement.
- Dessiner P'P'' en ligne droite. P'' = ½ de la demie-épaule.

Figure 2.
- Fendre et fermer la pince poitrine. Tout le volume s'ouvre en bas.
- Mesurer la valeur ouverte.

Figure 3.
- Fendre sur l'axe de la deuxième pince et ouvrir de la même valeur que sur la Figure 2, en pivotant sur P''.
- Retracer la ligne d'épaule en légère courbe.

Dos.
Figure 4.
- Procéder de la même façon et avec les mêmes valeurs à partir de O et de O'. La pince d'omoplate va disparaître dans l'évasement.
- Retracer la ligne d'épaule en légère courbe.
- Porter sur le milieu dos une valeur de blousant de 3 à 5 cm.

Figures 3 et 4.
- Retracer le bas du vêtement en courbe en conservant des platitudes et des angles sur les milieux et les lignes de côtés.

DART MANIPULATION – Blouson (Part 2)

Volume 2. The blouson is given volume starting at the shoulder. This shifting of darts can also by used to construct a trapeze shape.

Front.
Diagram 1.
- Retrace bust dart all the way to bust line P.
- Continue axis of bust dart all the way to bottom of garment.
- Continue axis of second dart to bottom of garment and up to P'.
- Draw P'P'' in a straight line. P'' = ½ of half-shoulder.

Diagram 2.
- Slash and close bust dart. The entire shape opens at bottom.
- Measure amount of opening.

Diagram 3.
- Slash on axis of second dart and open same amount as on Figure 2 by pivoting at P''.
- Retrace shoulder line in a slight curve.

Back.
Diagram 4.
- Proceed in the same way and with the same amounts from O and O'. The shoulder blade dart will disappear in the flare.
- Retrace shoulder line in a slight curve.
- Continue center back to create a blousing amount of between 3 and 5 cm.

Diagrams 3 and 4.
- Retrace bottom of garment on a curve by conserving flat areas and right angles at centers and side lines.

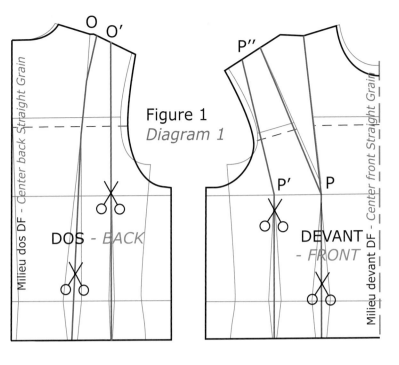

Figure 1
Diagram 1

O O'

Milieu dos DF – *Center back Straight Grain*

DOS – *BACK*

P''

P' P

DEVANT
– *FRONT*

Milieu devant DF – *Center front Straight Grain*

Figure 2
Diagram 2

P

Milieu devant DF – *Center front Straight Grain*

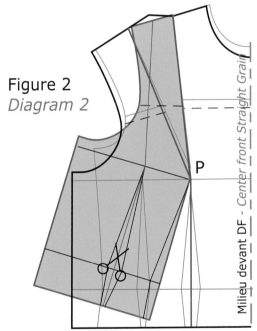

Figure 3
Diagram 3

P''

P

Milieu devant DF – *Center front Straight Grain*

Figure 4
Diagram 4

O O'

Milieu dos DF – *Center back Straight Grain*

3 à 5

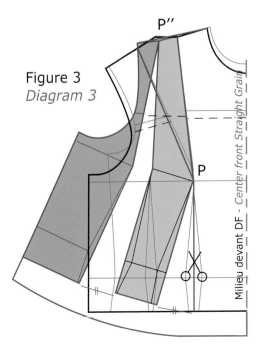

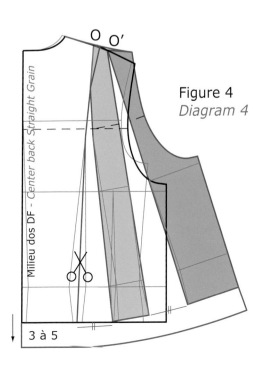

- Allonger ou raccourcir le fond de base selon le modèle désiré.

Ici, nous avons une découpe d'empiècement transversal traversant tout le devant de l'emmanchure au milieu devant. Puis deux découpes longitudinales non parallèles.

- Dessiner les découpes en considérant les découpes finies sur la pièce centrale.

Devant.
- Fermer la pince de poitrine et relever la partie d'empiècement à la roulette afin de reconstituer l'empiècement devant.
- Rouvrir la pince de poitrine et répartir de part et d'autre des deux découpes la valeur de pince poitrine restante.

Note : La ligne étant en oblique par rapport à celle de la découpe, on devra rééquilibrer l'arrivée de la deuxième pince de façon à conserver les mêmes longueurs sur celle-ci.
- Tracer une ligne parallèle au milieu devant passant par l'arrivée de la découpe, puis replacer le passage de pince de part et d'autre (voir loupe).
- Déplacer la première pince de cintrage par moitié en la répartissant de part et d'autre des découpes.
- Adoucir les nouvelles lignes de découpes au perroquet.

La deuxième pince de cintrage restera en valeur d'aisance.

Dos.
- Fermer la pince d'omoplate et relever la partie d'empiècement à la roulette afin de reconstituer l'empiècement dos.
- Déplacer la première pince de cintrage par moitié en la répartissant de part et d'autre des découpes.
- Adoucir les nouvelles lignes de découpes au perroquet.

La deuxième pince de cintrage restera en valeur d'aisance.
- Placer des crans sur les empiècements pour l'arrivée des découpes.

- Lengthen or shorten base block depending on the desired model.

Here, we have a horizontal yoke seam crossing entire front of armhole at center front.
And two vertical seams that are not parallel.

- Draw seams by keeping in mind the finished seams on center piece.

Front.
- Close bust dart and trace yoke piece with a tracing wheel to recreate front yoke.
- Re-open bust dart and distribute the amount of remaining dart on both sides of two seams.

Note : Since the line is diagonal in relation to the seam, we must re-balance the tip of second dart to conserve the same length.
- Trace a parallel line at center front passing by where seam arrives, then replace shifted dart on both sides of it (see close-up).
- Also move first waist dart by half its width in dividing it on both sides of the seam.
- Soften new seam lines with a French curve.

Second waist dart will remain as an amount of ease.

Back.
- Close shoulder blade dart and trace yoke piece with a tracing wheel in order to recreate back yoke.
- Move first waist dart by half its width in dividing it on both sides of the seam.
- Soften new seam lines with a French curve.

Second waist dart will remain as an amount of ease.
- Place notches on yokes where seams arrive.

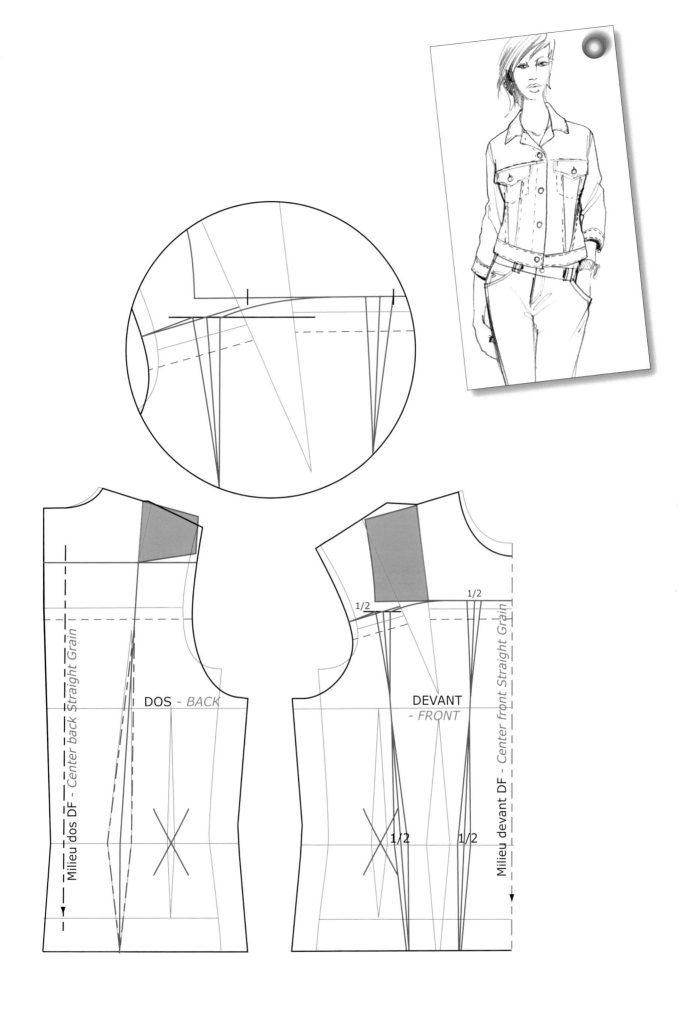

DOS - *BACK*

DEVANT
- *FRONT*

Milieu dos DF - *Center back Straight Grain*

Milieu devant DF - *Center front Straight Grain*

1/2

1/2

1/2

1/2

1/2

Les pinces d'omoplate ne sont jamais éliminées mais déplacées ou résorbées dans la matière.
Leur élimination entraînerait des problèmes de bien-aller et d'aplomb.
Le passage de pince consiste donc à :
  - o Déplacer une pince,
  - o Faire disparaître ou faire "passer" celle-ci dans une découpe.

Les passages de pinces peuvent se faire soit par découpage, soit par pivotement.
Pour simplifier nos explications, nous procéderons ici par découpage.
Important : Les passages de pinces se font après les élargissements du modèle.

Figure 1. Passage de pince d'omoplate dans un empiècement.
- Sur la base élargie selon le modèle, tracer la ligne d'empiècement perpendiculairement au milieu dos selon le modèle.
- Couper sur la ligne d'empiècement de l'emmanchure jusqu'à la fin de la pince d'omoplate (point 0).
- Relever la partie A de l'empiècement et l'associer à la partie B en pivotant la valeur de pince.
- Relever la partie d'empiècement et retracer l'épaule.
- Mesurer la valeur de pince AB = passage de pince d'omoplate dans la découpe de l'empiècement.
- Placer les Df.
  - o Df vertical sur le dos.
  - o Df horizontal sur l'empiècement.

Le droit fil d'un empiècement devra être perpendiculaire au milieu dos (tissu à rayures = rayures perpendiculaires). Afin de conserver la ligne d'empiècement droite, sans rayure coupée, on inversera le passage de pince en le reportant dans la partie dos.
- Reporter AB en A'B' afin de positionner la pince dans la pièce dos.
- Adoucir la ligne d'empiècement de la partie dos en légère courbe.
- Relever les deux morceaux séparément.

Figure 2. Passage de pince d'omoplate dans une découpe bretelle.
- Sur la base élargie selon le modèle, dessiner la découpe suivant le modèle à réaliser, en dessinant d'abord la ligne de découpe interne (celle qui est visible sur la figurine à réaliser).
- Déplacer la valeur de la pince d'omoplate derrière la découpe et redessiner la nouvelle pince déplacée.
- Relever les deux parties du corsage séparément.
- Adoucir en légères courbes les angles formés par le dessin de la découpe sur la partie externe.

Figure 3. Pince d'omoplate résorbée dans la ligne d'épaule.
Dans un vêtement fabriqué dans un lainage souple, on pourra laisser la valeur de pince en embu. La valeur de pince sera rétractée dans le montage.
- Sur la base élargie selon le modèle, redessiner la ligne d'épaule en ligne droite ou en courbe suivant la forme de l'épaulette choisie.
- Dessiner une ligne sinusoïdale à l'emplacement prévue de la résorption d'embu.
- Mettre un cran de départ et d'arrêt à 2,5 cm de chaque extrémité.

Figure 4. Passage de pince d'omoplate dans la couture milieu dos.
Lorsque le vêtement est fabriqué dans un lainage trop nerveux pour résorber la pince d'omoplate en embu dans la ligne d'épaule, on pourra passer une partie de la pince dans la couture milieu dos.

Ce passage de pince offre l'avantage d'une meilleure "accroche" de l'encolure dos et du col.
- Laisser la ½ valeur de pince d'omoplate en embu dans la ligne d'épaule.
- Sur l'encolure élargie, dessiner une ligne perpendiculaire au milieu dos et porter sur le milieu dos et à l'épaule CD = ½ de AB.
- Déplacer le tracé de l'encolure élargie par glissement (la valeur de l'encolure ne doit pas changer).
- A partir du point D sur le milieu dos, redessiner le nouveau milieu dos en rejoignant en courbe le milieu dos de la base élargie au niveau de la carrure dos.
- Dessiner une ligne sinusoïdale à l'emplacement prévue de la résorption d'embu (1/2 valeur de pince d'omoplate).
- Mettre un cran de départ et d'arrêt à 2,5 cm de chaque extrémité.

Figure 5.
Passage de pince d'omoplate dans une ligne d'épaule déportée ou une découpe raglan.
- Dessiner la découpe selon le modèle. Celle-ci ne passe pas obligatoirement par l'extrémité de la pince.
- Couper sur la ligne de découpe de l'encolure jusqu'à la deuxième ligne de la pince d'omoplate (point 0).
- Relever la partie A de la découpe et l'associer à la partie B en refermant la valeur de pince.
- Relever la partie de découpe et retracer l'épaule en ligne droite.
Dans le cas d'une ligne d'épaule déportée, reporter cette découpe sur la ligne d'épaule du devant.
- Dessiner une ligne sinusoïdale à l'emplacement prévue de la résorption d'embu (reste de la valeur de pince d'omoplate selon le modèle).
- Mettre un cran de départ et d'arrêt à 2,5 cm de chaque extrémité.

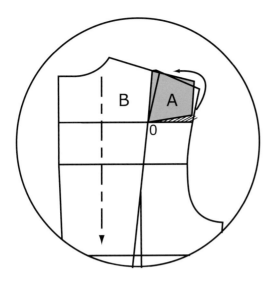
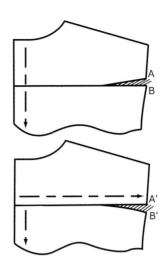

Figure 1
Diagram 1

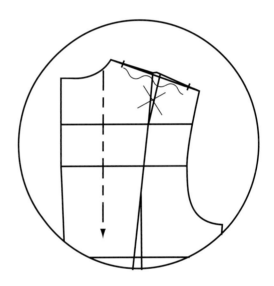

Figure 2
Diagram 2

Figure 3
Diagram 3

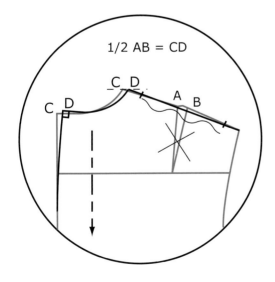

1/2 AB = CD

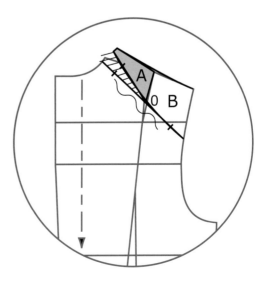

Figure 4
Diagram 4

Figure 5
Diagram 5

Shoulder blade darts are never eliminated but shifted or absorbed in the fabric.
Their elimination would cause problems for ease and drape.

The dart manipulation consists of :
- o Shifting a dart,
- o Making it disappear or "absorbing" it into a seam.

Dart manipulations can be done either by creating seams or by pivoting.
To simplify our explanations, we will procede here by creating seams.
Important : Dart manipulations are done after model is enlarged.

Diagram 1. Manipulating shoulder blade dart into a yoke.
- On an enlarged block depending on model, trace yoke line perpendicular to center back, according to model.
- Cut on armhole yoke line all the way to point of shoulder dart (point 0).
- Trace part A of yoke and associate it with part B by pivoting the dart amount.
- Trace that part of yoke and retrace shoulder.
- Measure amount of dart AB = manipulating shoulder dart into yoke seam.
- Place straight grains.
    - o Vertical straight grain on back.
    - o Horizontal straight grain on yoke.

Straight grain of yoke must be perpendicular to center back (striped fabric = perpendicular stripes). In order to conserve the straight yoke line, without cutting a stripe, we will reverse the dart manipulation by shifting it to back piece.
- Bring AB to A'B' so as to position dart in back piece.
- Soften yoke line on back part in a slight curve.
- Outline two pieces separately.

Diagram 2. Manipulating shoulder blade dart into a strap seam.
- On an enlarged block depending on model, draw seam following the model to realize, by first drawing internal seam line (the visible one).
- Shift amount of shoulder blade dart behind seam and redraw the new, shifted dart.
- Outline the two parts of bodice separately.
- Using light curves, soften the angles formed by drawing seam on external part.

Diagram 3. Absorbing shoulder blade dart in shoulder line.
In a garment made in a supple woolen, we can leave the dart amount in excess. It will be absorbed when the garment is assembled.
- On an enlarged block, depending on model, redraw shoulder line in a straight line or a curve following shape of shoulder pad used.
- Draw a wavy line along area which will absorb excess.
- Put a start and stop notch 2.5 cm from each edge.

Diagram 4. Manipulating shoulder blade dart into center back seam.
When garment is made in a woolen too springy to absorb the shoulder blade dart excess into the shoulder line, we can manipulate part of the dart into the center back seam.
This dart manipulation offers the advantage of a better "fit" at back neckline and collar.
- Leave ½ the amount of shoulder blade dart in excess on shoulder line.
- On enlarged neckline, draw a perpendicular line at center back and carry it up center back and along shoulder. CD = ½ of AB.
- Shift outline of enlarged neckline by sliding it (neckline amount must not change).
- From point D to center back, redraw new center back by joining, in a slight curve, center back of enlarged block at level of back shoulder width line.
- Draw a wavy line along area which will absorb excess (1/2 amount of shoulder blade dart).
- Put a start and stop notch 2.5 cm from each end.

Diagram 5. Manipulating shoulder blade dart into a shifted shoulder line or raglan seam.
- Draw seam line according to model. It does not necessarily have to pass through point of dart.
- Cut on seamline from neckline to outside line of shoulder blade dart (point 0).
- Trace part A of seam and associate it with part B by closing the amount of dart.
- Outline part of seam and retrace shoulder in a straight line.
In the case of a dropped shoulder line, shift this seam to the front shoulder line.
- Draw a wavy line along area which will absorb excess (this is the remaining part of shoulder blade dart amount depending on model).
- Put a start and stop notch 2.5 cm from each edge.

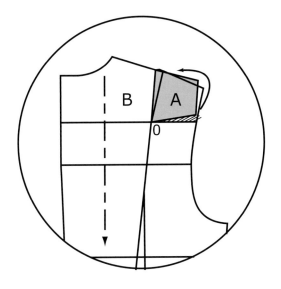
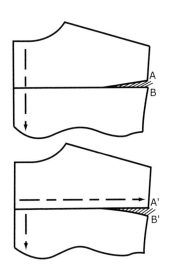

Figure 1
Diagram 1

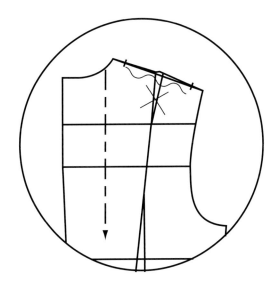

Figure 2
Diagram 2

Figure 3
Diagram 3

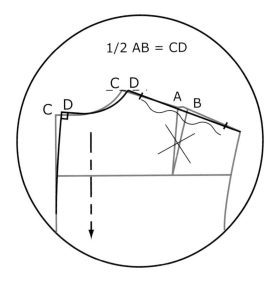

1/2 AB = CD

Figure 4
Diagram 4

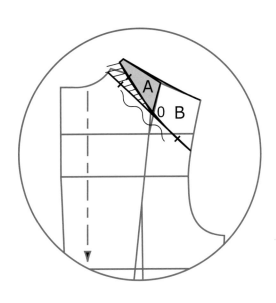

Figure 5
Diagram 5

VALEUR D'ÉPAULETTE sur la manche montée

La pose de l'épaulette n'est pas obligatoire dans le tracé d'un tailleur, d'une veste et d'un manteau. Son choix et sa pose dépendent de la structure du vêtement, de sa forme et de l'allure demandée par le style de celui-ci.

Différentes formes préparées par l'industrie répondent aux différentes formes de manches et d'épaulette (épaulette montée, raglan, pagode,...).

Attention : La valeur d'épaulette est rajoutée après élargissement. Mais il faut TOUJOURS considérer la longueur d'épaule avec l'épaulette qui sera placée au bout du couturage, c'est-à-dire 1 cm après le tracé (voir schéma).

Figure 1.

Après avoir dessiné l'élargissement du vêtement,

- Porter au bout de l'épaule, la hauteur de l'épaulette (tranche de l'épaulette) selon le modèle d'épaulette de 0,75 à 1,25 cm.
- Remonter l'encolure de 0,25 cm pour compenser l'épaisseur de l'épaulette sur celle-ci.
- Retracer la nouvelle pente d'épaule en épousant par une courbe la forme de l'épaulette.

SHOULDER PAD THICKNESS on set-in sleeve

Inserting a shoulder pad is not obligatory when tracing a suit, jacket or coat. Its choice and its placement depend on the garment's structure, shape and look required for the style.

A variety of ready-made shoulder pads offer different shape effects for sleeves and shoulders (raised shoulder, raglan sleeve, pagoda sleeve,...).

Note : The amount added to compensate for shoulder pad thickness is added after enlargement. But it is necessary to ALWAYS consider the shoulder length WITH the pad which will be placed at edge of seam allowance, that is, extending 1 cm beyond pattern line (see sketch).

Diagram 1.

After having drawn garment enlargement,

- Add shoulder pad height to edge of shoulder (pad cross-section) depending on shoulder pad model from 0.75 to 1.25 cm.
- Raise neckline by 0.25 cm to compensate for shoulder pad thickness.
- Retrace new shoulder slope in a slight curve to echo shoulder pad shape.

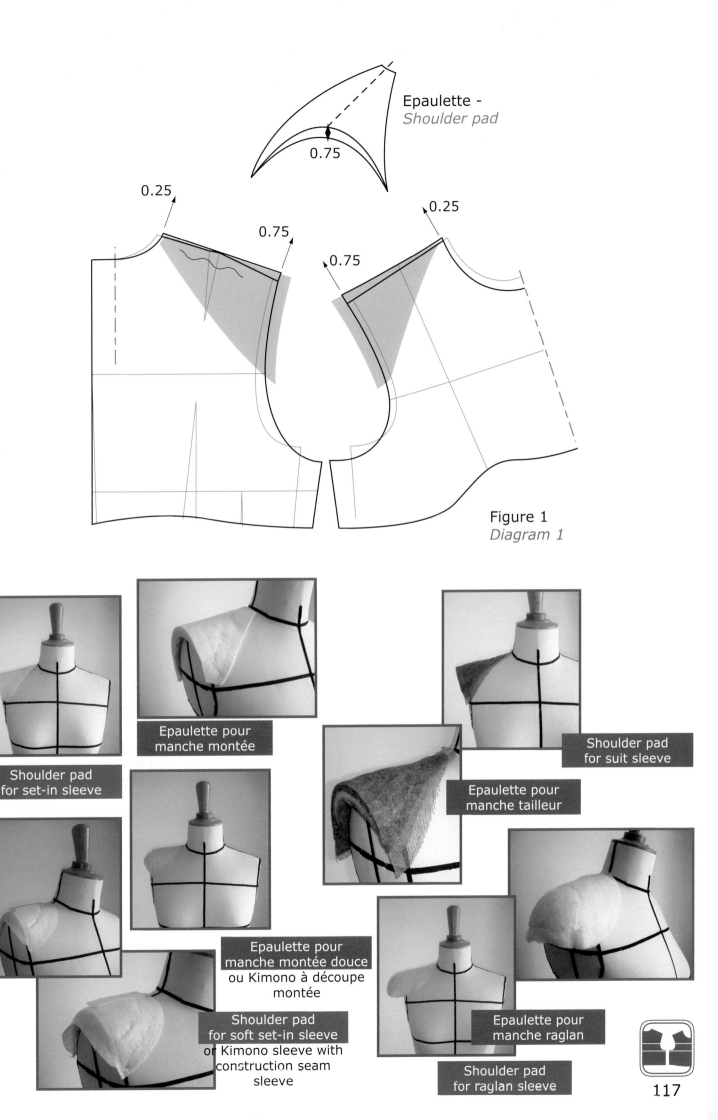

Epaulette -
Shoulder pad

0.75

0.25

0.75

0.75

0.25

Figure 1
Diagram 1

Shoulder pad
for set-in sleeve

Epaulette pour
manche montée

Epaulette pour
manche tailleur

Shoulder pad
for suit sleeve

Epaulette pour
manche montée douce
ou Kimono à découpe
montée

Shoulder pad
for soft set-in sleeve
or Kimono sleeve with
construction seam
sleeve

Epaulette pour
manche raglan

Shoulder pad
for raglan sleeve

117

Le décrochement d'épaule est une valeur ajoutée sur une partie du vêtement (le plus souvent sur le devant) pour compenser un aplomb déficient à la suite de la transformation d'un volume ou bien d'une particularité de la conformation.

Cette valeur est particulièrement difficile à estimer à l'avance.

En réalité, c'est lors du premier essayage du corps avec élargissements, valeur d'épaulette et placement des découpes avec passages de pinces dans une toile d'essai que l'on pourra évaluer l'endroit et la valeur de compensation de l'aplomb.

- Pour contrôler l'aplomb, observer le profil et vérifier la ligne de poitrine et la ligne de bas du vêtement qui doivent être parallèles au sol.
- Ouvrir la pente d'épaule en commençant par l'encolure et descendre le milieu devant jusqu'à la complète mise en place de l'aplomb (**Figure 1**).
- Dans le cas d'un fort manque d'aplomb, on pourra ouvrir complètement la ligne d'épaule et redonner une valeur parallèle (**Figure 2**).

Les valeurs expliquées ci-dessous ont valeur d'exemples.

Tailleur structuré près du corps.
Décrochement d'épaule au devant.
Figure 1.
- Au dessus de la valeur d'épaulette (partie grisée),
    - Remonter sur l'encolure à l'épaule et sur le milieu devant de 1 cm. = glissement de l'encolure.
    - Retracer la nouvelle ligne d'épaule devant.

Figure 2.
- Au dessus de la valeur d'épaulette (partie grisée),
    - Remonter sur l'encolure à l'épaule et sur le milieu devant de 1 cm. = glissement de l'encolure.
    - Remonter le bout de l'épaule élargie de 1 cm.
    - Retracer la nouvelle ligne d'épaule devant.

Dans certains cas (voûtage dos, notamment), le dos devra également être décroché.
Décrochement d'épaule au dos. Facultatif.
Figure 3.
- Au dessus de la valeur d'épaulette (partie grisée),
    - Remonter sur l'encolure à l'épaule de 1 cm.
              sur le milieu dos de 0,5 à 1 cm.
    - Retracer la nouvelle ligne d'épaule dos.

Blouson, manteau, etc.
Figure 4.
Dans un vêtement sans épaulette et plus déstructuré, demandant un peu de souplesse, on décrochera aussi l'épaule devant en parallèle de 1 cm.
- Remonter l'épaule dos également de 0,3 cm pour les épaisseurs de tissu.

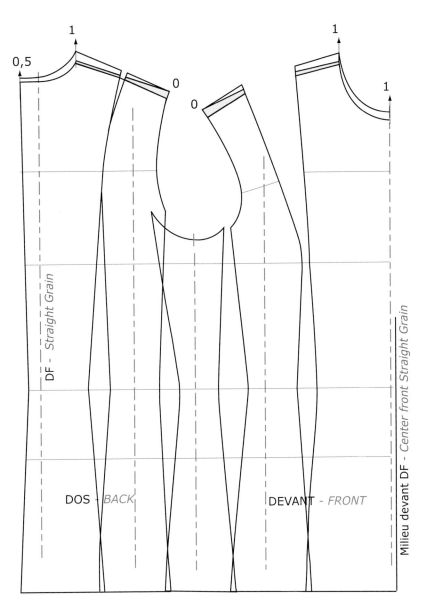

Figure 3
Diagram 3

Figure 1
Diagram 1

DF - *Straight Grain*

DOS - *BACK*

DEVANT - *FRONT*

Milieu devant DF - *Center front Straight Grain*

0,5

1

0

0

1

1

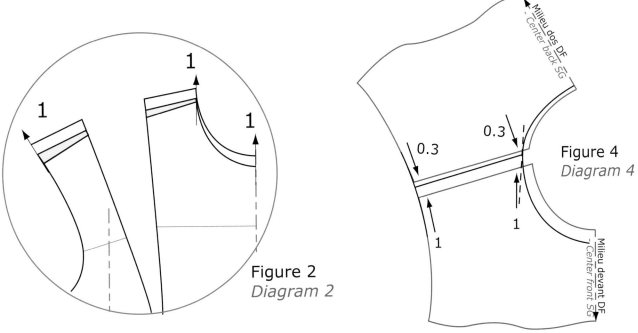

Figure 2
Diagram 2

1

1

1

Figure 4
Diagram 4

0.3

0.3

1

1

Milieu dos DF - *Center back SG*

Milieu devant DF - *Center front SG*

Detaching the shoulder is an added amount on part of the garment (most often in front) to compensate for a deficient balance following the transformation of a shape or else to accomodate a particular body type.

This amount is especially difficult to estimate in advance.

In reality, it is during the first fitting with a muslin, when visualizing enlargements, shoulder pad height and seam placements with dart manipulations that we can evaluate the location and amount to compensate for the balance.

- To control the balance, observe the side view and verify both bust line and bottom line of garment which should be parallel to the ground.
- Slash shoulder block starting at neckline and drop center front far enough to completely rectify the balance (**Diagram 1**).
- In the case of a significant lack of balance, we can completely open the shoulder line and add more in a parallel line (**Diagram 2**).

Structured, fitted suit jacket.
Detaching shoulder in front.
Diagram 1.
- Above the shoulder pad amount (gray part),
    - Raise neckline at shoulder and center front by 1 cm. = slide up from neckline.
    - Trace new front shoulder line.

Diagram 2.
- Above shoulder pad amount (gray part),
    - Raise neckline at shoulder and center front 1 cm. = slide up from neckline.
    - Raise edge of enlarged shoulder by 1 cm.
    - Trace new front shoulder line.

In certain cases (curved back, for example), back must also be detached.

Detaching shoulder in back. Optional.
Diagram 3.
- Above shoulder pad amount (gray part),
    - Raise neckline at shoulder by 1 cm.
            at center back by 0.5 to 1 cm.
    - Trace new back shoulder line.

Blouson, coat, etc.
Diagram 4.
In a more unstructured garment without shoulder pads requiring a bit of suppleness, we can raise the front shoulder in parallel by 1 cm.

- Raise back shoulder also 0.3 cm to accomodate fabric thicknesses.

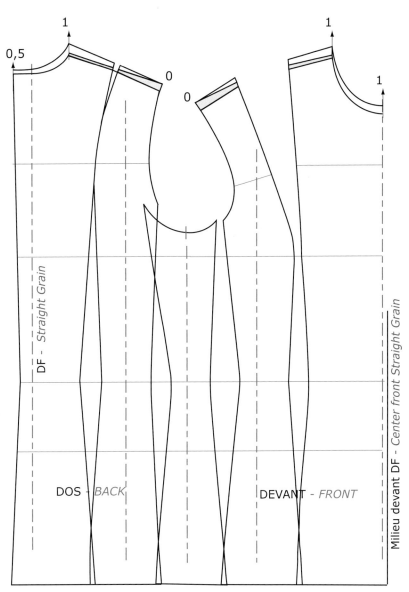

0,5

1

1

0

0

1

1

DF - *Straight Grain*

Milieu devant DF - *Center front Straight Grain*

DOS - *BACK*

DEVANT - *FRONT*

Figure 3
Diagram 3

Figure 1
Diagram 1

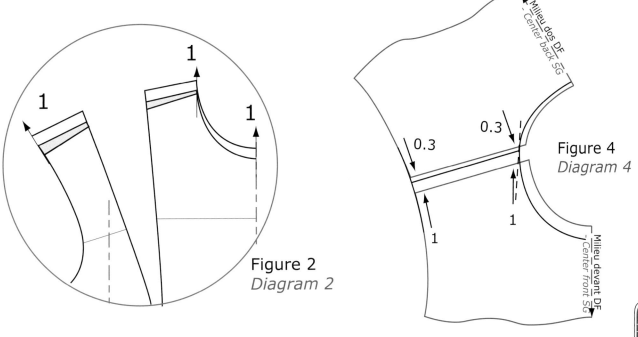

1

1

1

Figure 2
Diagram 2

Milieu dos DF - *Center back SG*

0.3

0.3

Milieu devant DF - *Center front SG*

1

1

Figure 4
Diagram 4

Cet équilibrage nous sera utile pour la construction de certaines manches comme la manche kimono chauve-souris.

Lors de la construction de la base du mannequin, nous avons déplacé la couture de côté de 1 cm vers le dos.

Pour rétablir l'équilibre :

- Relever le dos et le devant du corsage de base.
- **Devant :**
  Retirer 1 cm sur les lignes de poitrine, de taille et de hanches. Retracer le côté et le départ de l'emmanchure.
- **Dos :**
  Ajouter 1 cm sur les lignes de poitrine, de taille et de hanches. Retracer le côté et le départ de l'emmanchure.
- Procéder aux élargissements après équilibrage.

BALANCING the SIDE SEAM LINES

Balancing the side seam lines is necessary for the construction of certain sleeves.
For example; the dolman sleeve.

When the basic bodice was constructed, the side seam lines were shifted 1 cm towards the back.

To re-establish balanced side seam lines :

- Outline the front and back of a basic pattern block.
- **Front :**
  Take off 1 cm at bust line, waistline and at hipline. Retrace side line and the starting point of front armhole.
- **Back :**
  Add 1 cm at bust line, waistline and at hipline. Retrace side line and the starting point of back armhole.
- Make necessary enlargements according to desired style.

122

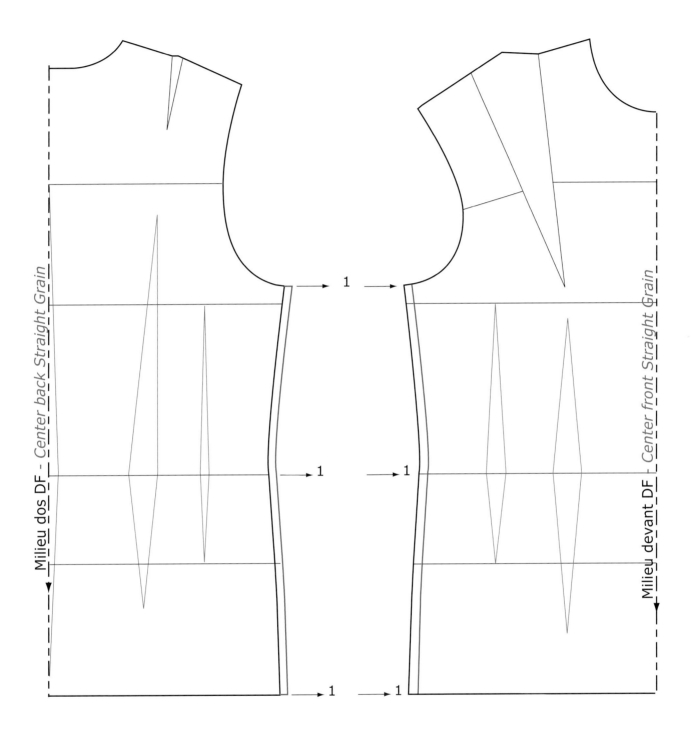

Milieu dos DF - Center back Straight Grain

Milieu devant DF - Center front Straight Grain

ÉQUILIBRAGE des HAUTEURS d'ÉPAULES

Assembler le devant et le dos par les points de dessous de bras, milieux en parallèle.

- Tracer une perpendiculaire au milieu dos passant par l'extrémité de l'épaule dos : Ligne A.
- Tracer une perpendiculaire au milieu devant passant par l'extrémité de l'épaule devant : Ligne B.
- A moitié entre les lignes A et B, tracer une parallèle à celles-ci : Ligne C.
- A partir du point D, pince d'omoplate fermée, reporter la longueur d'épaule sur la ligne C.
- A partir du point E, pince poitrine fermée, reporter la longueur d'épaule sur la ligne C.
- Sur le devant et sur le dos, rectifier le départ de l'emmanchure.
- Faire les élargissements nécessaires au modèle à réaliser.

BALANCING the SHOULDER LINE

Assemble front and back together at underarm, maintaining center front and center back parallel.

- Draw a line perpendicular to center back line passing through end point of shoulder line : Line A.
- Draw a line perpendicular to center front line passing through end point of shoulder line : Line B.
- At the half-way point between these two lines, draw a parallel line : Line C.
- From point D, with shoulder blade dart closed, place shoulder length measurement to line C.
- From point E, with bust dart closed, place shoulder length measurement to line C.
- Verify the starting point of front and back armholes.
- Make necessary enlargements according to desired style.

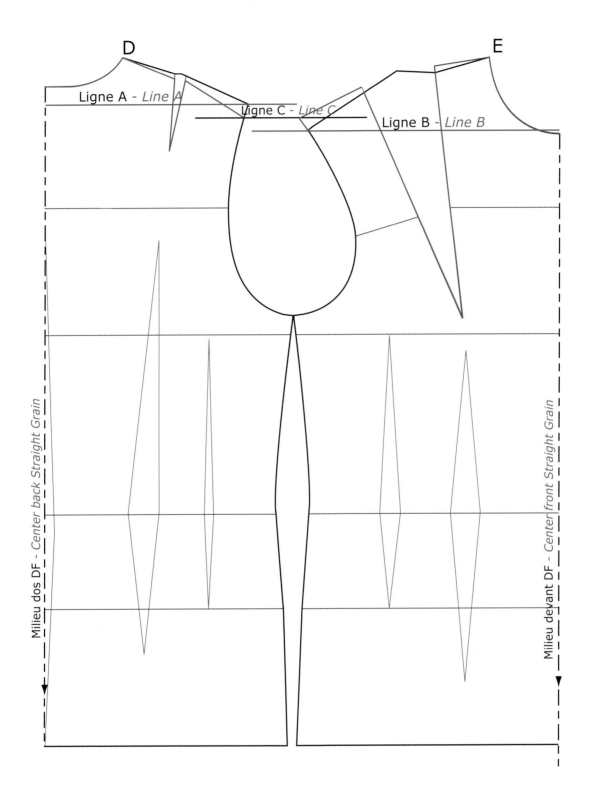

D

E

Ligne A - *Line A*

Ligne C - *Line C*

Ligne B - *Line B*

Milieu dos DF - *Center back Straight Grain*

Milieu devant DF - *Center front Straight Grain*

RECHERCHE du POINT CHARNIÈRE

Le point charnière est un point de repère placé sur l'emmanchure dos et devant du vêtement.

Il correspond au point d'où le bras se détache du corps.

Nous procéderons à cette recherche pour certaines découpes sur manches raglan, kimono, bateau.

Afin d'obtenir des découpes raglan équilibrées, ce point sera placé sur un même plan au niveau des emmanchures dos et devant.

Dans un modèle donné, le départ de l'empiècement ne passera pas obligatoirement par le point charnière mais à égale distance, au dessous ou bien au dessus de ce point de repère.

- Relever le corsage de base devant et dos (sans élargissement).
- Les épingler par les dessous de bras, pinces ouvertes, milieux en parallèle.
- Joindre les points d'épaule A et B.
- C = 1/2 AB.
- Joindre CD.
- DE = 5/12 de CD.
- Tracer une perpendiculaire aux milieux passant par le point E.
- On obtient les points charnières :
    - F sur l'emmanchure dos.
    - G sur l'emmanchure devant.

Ces deux points sont les points charnières.

POSITION of the HINGE POINT

The hinge point is a reference point placed on the garment's back and front armhole.

The hinge point corresponds to the detachment point between the arm and the body.

The hinge point is necessary for the construction of certains sleeves; for example: the raglan, kimono, capped sleeve.

In order to obtain balanced raglan seams, this point will be placed at the same level on back and front armholes.

In a given model, the beginning of the piecing will not necessarily pass by the hinge point but at an equal distance below or well above this reference point.

- Outline the front and back of a basic bodice block (without enlargments).
- Maintain center front and back lines parallel; pin together at underarm. Darts remain open.
- Join shoulder points A and B together by a straight line.
- C = 1/2 AB.
- Joind CD by a straight line.
- DE = 5/12 of CD.
- Draw a perpendicular to center lines, passing through point E.
- The hinge points are obtained on this perpendicular :
    - F along back armhole.
    - G along front armhole.

These two points are the hinge points.

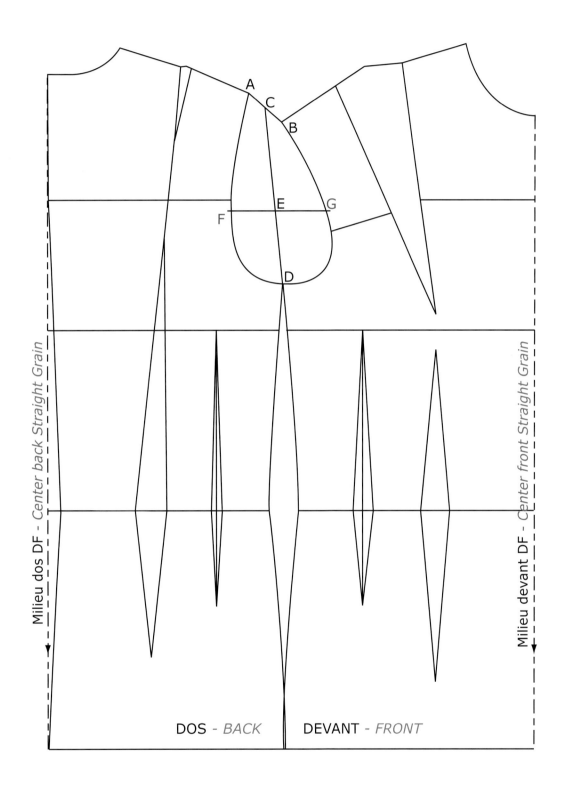

Milieu dos DF - *Center back Straight Grain*

Milieu devant DF - *Center front Straight Grain*

DOS - *BACK*   DEVANT - *FRONT*

Les types de manches sont multiples. Cependant, on peut les organiser techniquement en deux grandes familles :

- La manche kimono malgré son nom oriental, trouve son origine dans le vêtement traditionnel de toutes les contrées du monde. C'est une manche plate (2D) et large, s'adaptant particulièrement aux vêtements larges et vendus pliés (chemises, coupe-vent, maille,...).

  Dans le vêtement traditionnel, elle se place dans le prolongement de l'épaule ; son orientation a cependant évolué en même temps que la mode ; selon le modèle, le confort désiré mais également le tissu employé.

- La manche montée suit la forme du bras. C'est une manche en 3D. Sa forme ne s'aplatit pas ; elle doit être posée sur un cintre pour conserver son bien-aller.

Sur ces deux bases de manche s'adapteront toutes les découpes possibles :
  - Celles, se plaçant sur la manche : découpe de saignée ou de coude, pinces, fronces, plis,...
  - Celles, se situant sur la tête de manche ou en extension de celle-ci : découpe basse, raglan, marteau, montée, dans un empiècement,...

On pourra donc réaliser une manche raglan avec une base de manche montée ou avec une base de manche kimono, selon l'allure voulue dans le modèle à réaliser.

There are multiple types of sleeves. Technically however, we can organize them into two major families :

- The kimono sleeve, despite its oriental name, originated in the traditional garment of many of the world's countries. This is a flat, (2-D) wide sleeve which particularly adapts to wide garments that are sold folded (shirts, windbreakers, knits,...)

  In the traditional garment, it is placed in the continuation of the shoulder ; though its direction has evolved along with fashion depending on the model, comfort desired and also the fabric used.

- The set-in sleeve follows the shape of the arm. This is a 3-D sleeve. Its shape does not flatten, it must be placed on a hangar to conserve its correct look.

Using these two sleeve slopers, all possible cuts can be adapted :
  - Seams placed on the sleeve: seam in crook of arm or at elbow, darts, gathers, folds,...
  - Variations on the sleeve cap or an extension of it : low seam, raglan, hammer, set-in, in a yoke,...

We can thus create a raglan sleeve by using either a set-in sleeve or kimono sleeve sloper, depending on the desired look for the final model.

Les manches

Sleeves

Types de manches
Types of sleeves

Les manches montées :
- droite
- couture talon
- toit
- raglan
- bateau
- montée à soufflet "danseuse"
- tailleur

Set-in sleeves :
- straight
- back-seamed
- 3-dart cap
- raglan
- dropped shoulder
- set-in with "dancer" gusset
- suit

Les manches kimono :
- gousset à même
- coudée
- pivot

Kimono sleeves :
- with self-gusset
- with seam
- pivoted

Comme on a déjà pu le constater dans l'élargissement corsage (emmanchure pour manche montée) et dans l'élargissement chemisier (emmanchure pour manche kimono), les tracés d'emmanchure sont très différents de façon à s'adapter à l'allure, au confort et au bien-aller de chacune de ces manches.

Figure 1. Manche montée :
- L'emmanchure près du corps ou souple suit la forme du dessous de bras avec une platitude au niveau du dessous ; elle doit ressembler à un "oeuf" tombant vers le dos.

Dans l'élargissement : Plus d'ouverture que de descente d'emmanchure.
- La manche a une largeur permettant un confort relatif avec une tête de manche assez haute pour permettre à la manche de tomber le long du corps naturellement. Une valeur d'embu sur la tête de manche accompagne la rondeur de l'épaule.

La manche montée est particulièrement adaptée aux volumes conçus pour des manches qui suivent le bras (3D), avec des découpes ergonomiques.

Manche kimono :
- L'emmanchure, éloignée du corps, n'a plus à suivre la forme du bras. De ce fait, la platitude du dessous de bras n'est plus utile. Sa forme est plate ; le devant et le dos sont équilibrés, la forme du gousset d'emmanchure (dessous de bras) est égale entre devant et dos.

Dans l'élargissement : Plus de descente que d'ouverture d'emmanchure.
- La manche kimono peut avoir beaucoup plus de largeur que la manche montée MAIS automatiquement avec une hauteur de tête de manche plus basse.
  Pas d'embu sur la tête de manche.

Attention : Trop de largeur de manche permet de se sentir à l'aise à l'intérieur du vêtement MAIS empêche l'amplitude du mouvement lorsque l'élargissement du corps de vêtement ne lui est pas adapté.

Figure 2. L'observation du dessous de manche (dans un dessin ou sur une photo) détermine le plus souvent le choix de la technique à employer.

Manche montée : Dessous de manche net avec une rondeur de ligne continue sur l'emmanchure du vêtement.

Manche kimono : Dessous de manche avec un pli d'aisance plus ou moins large selon l'orientation de celle-ci. La technique de construction d'un kimono (à même de l'emmanchure du vêtement) permet de multiples orientations selon la largeur de manche désirée dans le modèle.

As we already noted in enlarging a bodice (set-in sleeve armhole) and enlarging a shirt (kimono sleeve armhole), the two armhole lines are very different in how they adapt to the look, comfort and ease of each sleeve.

Diagram 1. Set-in sleeve :
- The fitted or supple armhole follows the shape under the arm with a flatness at underarm ; it must resemble an "egg" falling backwards.

In the enlargement : Armhole is more open than dropped.
- The sleeve width allows for relative comfort with a fairly high sleeve cap that lets the sleeve fall naturally alongside the body. An amount of ease on the sleeve cap helps maintain the shoulder's roundness.

The set-in sleeve is particularly adapted to volumes created for sleeves which follow the arm (3-D) with ergonomic cuts.

Kimono sleeve :
- The armhole, set farther from the body, no longer follows the shape of the arm. For this reason, the flatness of the underarm is no longer necessary. It is flat, front and back are balanced, the armhole gusset shape (under the arm) is equal at front and back.

In the enlargement : More of a drop than an opening of the armhole.
- The kimono sleeve can have a lot more width than the set-in sleeve BUT needs a much lower sleeve cap height (see sketches).
  No ease on sleeve cap.

Attention : Too much width in the sleeve allows for comfort when wearing the garment BUT prevents full movement if the garment body is not enlarged accordingly at the same time.

Diagram 2. Observation of the under sleeve (in a drawing or photo) most often determines the choice of the technique to use.

Set-in sleeve : Under sleeve is clean with a curved line continuing to garment armhole.

Kimono sleeve : Underside of the sleeve has a fairly wide pleat for ease depending on its orientation.
Constructing a kimono sleeve (even as part of the garment) allows for multiple directions depending on the model's desired sleeve width.

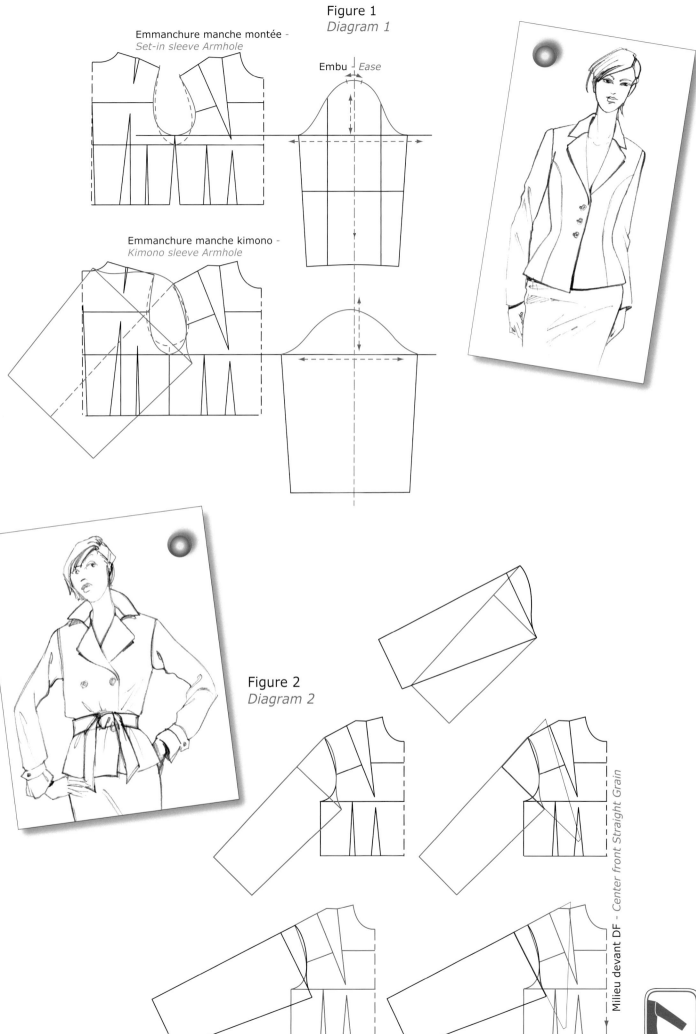

Figure 1
Diagram 1

Emmanchure manche montée -
Set-in sleeve Armhole

Embu | *Ease*

Emmanchure manche kimono -
Kimono sleeve Armhole

Figure 2
Diagram 2

Milieu devant DF - *Center front Straight Grain*

RECHERCHE de la PROFONDEUR d'EMMANCHURE
CONTRÔLE de l'ÉCART d'EMMANCHURE

Recherche de la pofondeur d'emmanchure.

- Effectuer les élargissements nécessaires au modèle à réaliser.
- Assembler le devant et le dos par les dessous de bras en prenant soin de placer milieu dos et milieu devant en parallèle.
- Joindre les 2 points d'épaule A et B.
    - . C = ½ AB.
    - . CD = profondeur d'emmanchure.

Contrôle de l'écart d'emmanchure.

Il est indispensable de vérifier la mesure d'écart d'emmanchure après élargissements du modèle ; ceci afin d'obtenir une bonne adéquation manche / emmanchure.

Note : Ce contrôle est primordial pour une manche montée ; il perd de son importance dans le cas d'une manche kimono dont le dessous d'emmanchure est loin du corps.

Cette mesure permet de vérifier si le tracé d'emmanchure est confortable.

- Placer EE' perpendiculairement aux milieux devant et dos dans la partie la plus creuse de l'emmanchure.
- Joindre EE', points de carrure du dos et du devant élargis.
- EE' = écart d'emmanchure.
- Mesurer cet écart.

Sur la base du mannequin, cette mesure est de 10,5 cm.
Selon le type de vêtement, cette valeur évolue de 1 cm.

Exemple à titre indicatif :
Robe / Chemisier : 10,5 cm + 1 cm = 11,5 cm.
        Tailleur : 11,5 cm + 1 cm = 12,5 cm.
        Manteau : 12,5 cm + 1 cm = 13,5 cm.

Ces valeurs ne sont pas constantes et peuvent évoluer selon modèle et tissu.

Autres exemples :
Robe / Chemisier : entre 11,5 cm et 12,5 cm.
        Tailleur : entre 12,5 cm et 13,5 cm.
        Manteau : entre 13,5 cm et 14,5 cm.

ARMHOLE DEPTH
CONTROLLING ARMHOLE FLARE

Armhole depth.

- Make necessary enlargements for desired model.
- Maintain the centre front and back lines parallel, pin together at underarm.
- Join shoulder end points A and B, by a straight line.
    - . C = 1/2 AB.
    - . CD = armhole depth.

Controlling armhole flare.

It is essential to verify the armhole flare measurement after enlarging a model. This will give the right balance to the armhole seam.

This measurement allows for verifying if the armhole line is comfortable.

- Place EE' perpendicularly at center front and back in the most scooped out part of armhole.
- Join EE' - back and front width points, on enlarged back and front.
- EE' = armhole flare.
- Measure this flare.

Based on the dummy, this measurement is 10.5 cm.
Depending on the type of garment, this amount can evolve 1 cm.

Example - for information only :
Dress / Shirt : 10.5 cm + 1 cm = 11.5 cm.
        Suit : 11.5 cm + 1 cm = 12.5 cm.
        Coat : 12.5 cm + 1 cm = 13.5 cm.
        These amounts are not constant and can evolve depending on the model and fabric.

Examples :
Dress / Shirt : between 11.5 cm and 12.5 cm.
        Suit : between 12.5 cm and 13.5 cm.
        Coat : between 13.5 cm and 14.5 cm.

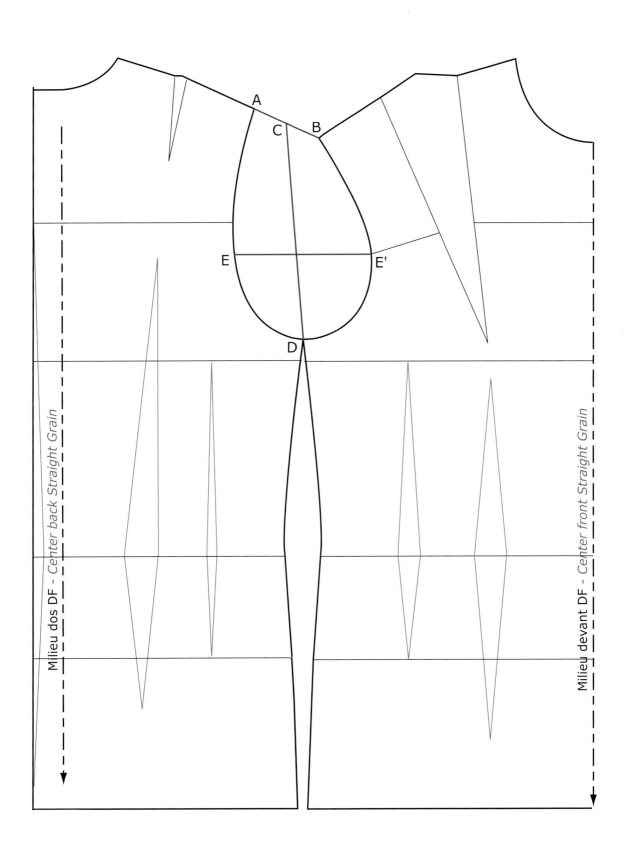

Milieu dos DF - *Center back Straight Grain*

Milieu devant DF - *Center front Straight Grain*

Mesures nécessaires à la construction :
- Profondeur d'emmanchure.
- Tour d'emmanchure (devant + dos).

Construction du cadre.
- ABC = largeur de la manche.
- **AB = 7/10ème du tour d'emmanchure dos.**
- **BC = 7/10ème du tour d'emmanchure devant.**
- AE = longueur de la manche.

Tracer le rectangle ABCDE.

Tracer le milieu de manche BF.
- **AI = profondeur d'emmanchure – son 1/8ème.** AI correspond à la hauteur de tête de manche.

Tracer II'//AC.

AJ = hauteur du coude = 35 cm.

Tracer JJ'//AC.
- G = 1/2 AB – Tracer GG' et prolonger cette ligne jusqu'au bas de la manche = ligne de coude.
- H = 1/2 BC – Tracer HH' et prolonger cette ligne jusqu'au bas de la manche = ligne de saignée.

Construction de la tête de manche.
- GG'' = 1/3 GG', à partir de G.

Joindre G''I en ligne droite. A la moitié de G''I, tracer une perpendiculaire sur 1 cm.
- HH'' = 2/5 HH', à partir de H.

Joindre H''I' en ligne droite. A la moitié de H''I', tracer une perpendiculaire sur 2 cm.

Tracer la tête de manche en joignant les points IG''BH''I'.

Respecter une platitude de 1,5 cm à partir de I', 0,75 cm à partir de I et de 1cm de part et d'autre de B.

On pourra diminuer la valeur du bas de manche et pour conserver les angles droits, retracer le bas de manche en courbe.

Contrôle de valeur d'embu.
La valeur d'embu, indispensable au montage d'une manche montée, correspond à la valeur à soutenir dans le montage entre le vêtement et la manche.

Suivant le type de tissu, cette valeur variera.

Exemple :   Tissu sec, popeline, cuir : 2 cm.
              Lainage souple : 3,5 cm (industrie).

Après chaque construction, mesurer la tête de manche et faire la différence entre cette valeur et celle du tour d'emmanchure.

Contrôler que la valeur d'embu corresponde bien à la qualité du tissu. Puis placer les crans ou points d'accord pour aider à résorber cette valeur au montage.

Measurements necessary to construct sleeve frame :
- Armhole depth.
- Armhole measurement (front and back).

Frame construction.
- ABC = Sleeve width.
- **AB = 7/10th of back armhole measurement.**
- **BC = 7/10th of front armhole measurement.**
- AE = Sleeve length.

Draw rectangle ABCDE.

Draw centre sleeve line BF.
- **AI = armhole depth – its 1/8th.** AI corresponds to the sleeve crown length.

Draw II' //AC.

AJ = elbow line length = 35 cm.

Draw JJ'//AC.
- G = 1/2 AB – Draw GG' and extend this line all the way to bottom of sleeve = vertical elbow line.
- H = 1/2 BC – Tracer HH' and extend this line all the way to bottom of sleeve = bend of the arm line.

Construction of the sleeve crown.

- GG'' = 1/3 of GG'. Join G''I by a straight line.

At the half-way point along line G''I, draw a perpendicular line 1 cm long towards sleeve interior.
- HH'' = 2/5 HH' , starting with H. Join H''I' by a straight line.

At the half-way point along line H''I', draw a perpendicular line 2 cm long towards sleeve interior.

Draw sleeve crown by joining IG''BH''I'.

Remain flat for 1.5 cm beginning at I', 0.75 cm à partir de I and 1 cm on either side of B.
We can decrease the sleeve bottom amount and, to maintain the right angles, retrace the sleeve bottom in a curve.

To verify the excess value.

There is an excess value for a set-in sleeve which is necessary for the fall of the sleeve.
According to the type of fabric used, this value will vary.
Example : Tight-woven fabric, poplin, leather : 2 cm.
          Loose-weave wool: 3.5 cm.

After sleeve construction, measure sleeve crown.
Measure armhole. Calculate difference between these measurements.
Verify that the excess value corresponds with the quality of fabric used.
Then place notches or matching points to aid in absorbing this amount during construction.

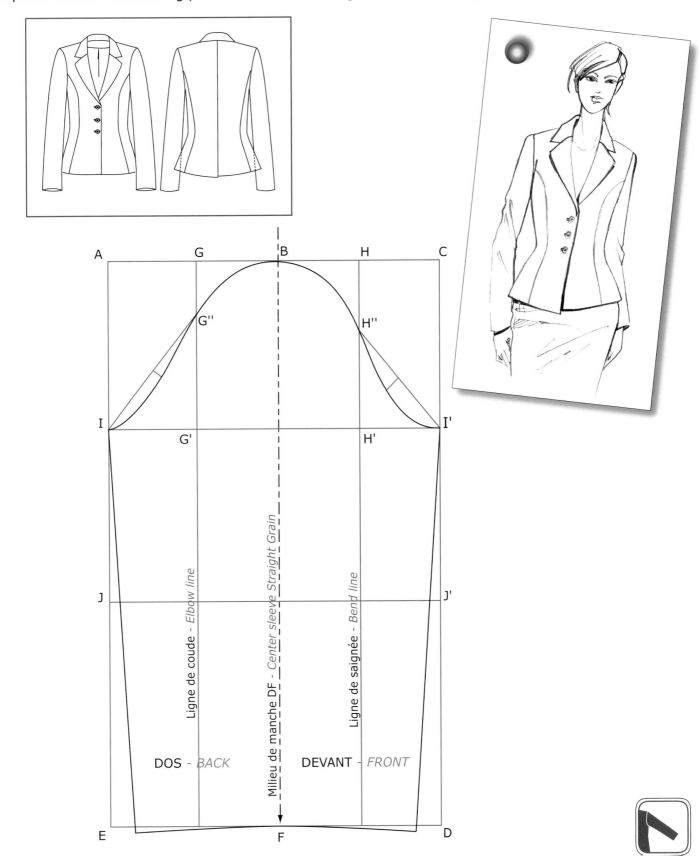

Les crans de montage facilitent le montage et préparent le roulé de la manche accompagnant l'épaisseur du bras.

Figure 1. Sur l'emmanchure du vêtement, à partir de la ligne de côté :
* 1er cran / sur le dos **à 7 cm** du point A = B.
* 2ème cran / sur le devant **à 8 cm** du point A = C, + un deuxième cran 2 cm plus haut (soit 2 crans devant qui permettront de repérer le devant du dos de la manche dans le tissu).

Figure 2. Pour une manche n'ayant pas plus de 2 cm d'embu :
* 1er cran / sur le dos **à 7 cm** du point A' = B'.
* 2ème cran / sur le devant **à 8 cm** du point A' = C', + un deuxième cran 2 cm plus haut (soit 2 crans devant qui permettront de repérer le devant du dos de la manche dans le tissu).
* 3ème cran / sur le milieu de manche.

Ce 3ème cran correspond à la couture d'épaule sur le vêtement. Vérifier que la valeur d'embu soit répartie devant et dos. Au besoin, placer un point d'accord décalé par rapport au milieu de manche.

Figure 3. Pour une manche ayant plus de 2 cm d'embu :
* 1er cran / sur le dos **à 7,5 cm** du point A' = B'.
* 2ème cran / sur le devant **à 8,5 cm** du point A' = C', + un deuxième cran 2 cm plus haut (soit 2 crans devant qui permettront de repérer le devant du dos de la manche dans le tissu).
* 3ème cran / sur le milieu de manche.

Ce 3ème cran correspond à la couture d'épaule sur le vêtement. Vérifier que la valeur d'embu soit répartie devant et dos. Au besoin, placer un point d'accord décalé par rapport au milieu de manche.

Figure 3. Pour une manche tailleur : Il est important d'ajouter les crans d'embu de tête de manche.
* Commencer par placer les crans d'accord comme précédemment dans une manche ayant plus de 2 cm d'embu.

Vêtement (Figure 1) :
* Ajouter un cran E à la moitié entre B et l'épaule sur le dos.
* Ajouter un cran F à la moitié entre C et l'épaule sur le devant.

Manche :
* Ajouter un cran E' à la moitié entre B' et le milieu de manche sur le dos.
* Ajouter un cran F' à la moitié entre C' et le milieu de manche sur le devant.

Les crans de montage sont dessinés perpendiculairement au tracé.

The contruction notches facilitate assembling the garment and prepare the sleeve roll which will accompany the width of the arm.

Diagram 1. On garment armhole, starting at side line :
* 1st notch : on back, **7 cm** from point A = B.
* 2nd notch / on front, **8 cm** from point A = C, + a second notch 2 cm higher (the 2 front notches help tell the front and back sleeve apart in the fabric).

Diagram 2. For a sleeve with less than 2 cm of ease :
* 1st notch / on back, **7 cm** from point A' = B'.
* 2nd notch / on front, **8 cm** from point A' = C', + a second notch 2 cm higher (the 2 front notches help tell the front and back sleeve apart in the fabric).
* 3rd notch / at center of sleeve.

This 3rd notch corresponds to the garment's shoulder seam. Verify that the amount of ease is distributed between front and back. If necessary, shift the notch point in relation to center of sleeve.

Diagram 3. For a sleeve with more than 2 cm of ease :
* 1st notch / on back, **7.5 cm** from point A' = B'.
* 2nd notch / on front, **8.5 cm** from point A' = C', + a second notch 2 cm higher (the 2 front notches help tell the front and back sleeve apart in the fabric).
* 3rd notch / at center of sleeve.

This 3rd notch corresponds to the garment's shoulder seam. Verify that the amount of ease is distributed between front and back. If necessary, shift the notch point in relation to center of sleeve.

Diagram 3. For a suit sleeve : It is necessary to add notches for ease at the sleeve cap.
* Begin by placing the matching notches as above in a sleeve with more than 2 cm of ease.

Garment (Diagram 1) :
* Add a notch E halfway between B and back shoulder.
* Add a notch F halfway between C and front shoulder.

Sleeve :
- Add a notch E' halfway between B' and center of sleeve in back.
- Add a notch F' halfway between C' and center of sleeve in front.

Construction notches are traced perpendicularly to pattern line.

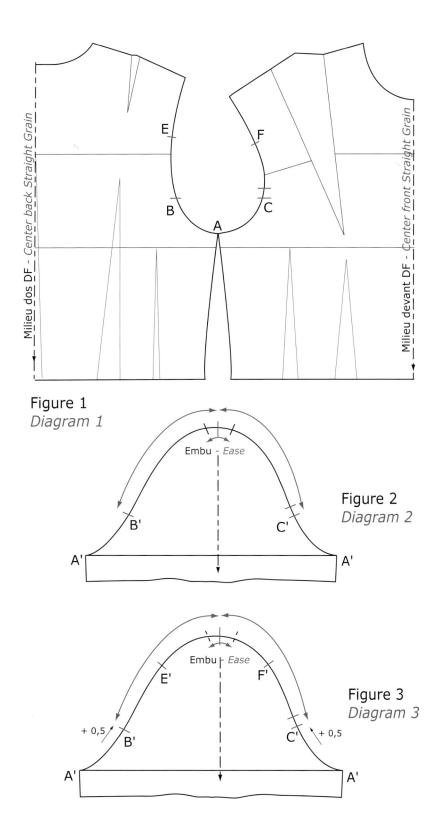

Figure 1
Diagram 1

Figure 2
Diagram 2

Figure 3
Diagram 3

La manche à toit est une manche montée. Sa tête de manche rehaussée et structurée par des pinces fait penser au toit d'une maison, d'où son nom.

Remarque :
Il est possible de travailler cette manche sur une base de manche coudée, mais aussi sur une manche tailleur ou gigot.

La valeur de tête de manche est nettement supérieure à l'emmanchure. C'est cet excédent que l'on répartit en plusieurs pinces.

Figures 1 et 2.
- Tracer une manche montée de base.
- Placer les points d'accord A et B sur la manche (voir Manche montée de base).
- CD = hauteur du toit. Exemple : 4 cm.
- Retracer la tête de manche passant par D, entre les points d'accord A et B.
- Mesurer cette nouvelle ligne et faire la différence avec l'emmanchure entre les points d'accord A' et B' (**Figure 1**).
- Répartir cet excédent en 3 ou 4 pinces symétriquement sur la manche dos et devant.
- Fermer les pinces. Retracer correctement la tête de manche. Pointer sur cette nouvelle ligne au niveau des pinces.
- Retracer les têtes de pinces.
- Placer les crans d'accord correspondant aux pinces sur l'emmanchure du vêtement.

3-DART CAP SLEEVE

The 3-dart cap sleeve is a set-in sleeve. It's cap, raised and structured by darts, recalls the roof of a house, thus its French name (ROOF SLEEVE).

Note :
It is possible to develop this sleeve from a fitted sleeve sloper, it can also be worked from a suit sleeve or leg-of-mutton sleeve.

The sleeve crown measurement is much greater than the armhole measurement.
The excess value shall be divided into several darts.

Diagrams 1 and 2.
- Draw a basic sleeve block.
- Place, notches A and B along sleeve crown (see basic sleeve block).
- CD = height of sleeve crown is raised. Example: 4 cm.
- Retrace sleeve crown passing through D, between points A and B.
- Measure new sleeve crown. Calculate difference between this measurement and the garment armhole measurement between notches A' and B' (**Diagram 1**).
- Divide excess value into 3 or 4 darts placed symmetrically along front and back of sleeve crown.
- Close darts. Retrace sleeve crown.
- Using a tracing wheel, outline dart tops.
- Retrace dart tops.
- Place notches on armhole garment corresponding to darts.

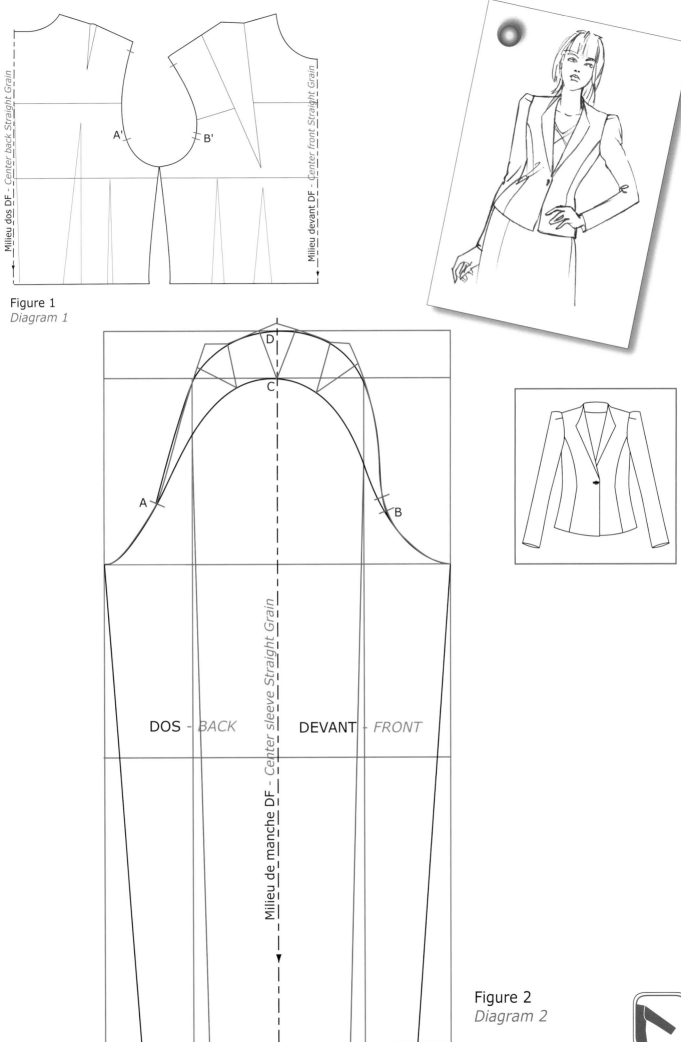

Figure 1
Diagram 1

Milieu dos DF - *Center back Straight Grain*

Milieu devant DF - *Center front Straight Grain*

A'   B'

A   B

C

D

DOS - *BACK*   DEVANT - *FRONT*

Milieu de manche DF - *Center sleeve Straight Grain*

Figure 2
Diagram 2

MANCHE MONTÉE avec SOUFFLET "DANSEUSE"

Tout vêtement, quels que soient son volume et son aisance, doit permettre au corps d'évoluer dans l'espace. La manche qu'elle soit montée ou kimono, présente une certaine capacité de mouvement.
Afin d'accentuer l'envergure de celui-ci, la pose d'un soufflet ou gousset est souvent nécessaire.
Nous considérerons dans cette étude, la construction d'un soufflet de forme ogivale, construit sur un axe horizontal et sur une manche montée.
Cette théorie pourra également être mise en place sur une manche kimono selon l'envergure du mouvement et le confort désirés.

Figure 1.
- Relever un devant et un dos de base à pinces et faire les élargissements nécessaires au modèle désiré.
- Procéder aux passages de pinces.
- Assembler dos et devant, milieux parallèles, par les points de dessous de bras. Il se forme une valeur de pince entre les deux lignes de côtés au niveau de la ligne de taille BC.
- Tracer un axe vertical, parallèle aux milieux à partir de A = AD.
- Projeter cet axe dans l'emmanchure et porter la hauteur du gousset demandé par le modèle en E.
- Projeter E de part et d'autre sur l'emmanchure en perpendiculaire et placer F, sur l'emmanchure dos et G, sur l'emmanchure devant.

Note : La recherche du point charnière peut permettre de localiser la hauteur maximum pouvant être placée en AE. Cette hauteur ne pourra être supérieure.
- Dessiner les découpes du vêtement selon le modèle, en partant de F et de G, jusqu'au bas du vêtement.
- Ces découpes détermineront la forme et les dimensions du petit côté.
- Placer DB en D'B' et DC en D''C'.
- Dessiner les lignes de découpes devant et dos.

Figure 2. Construction du soufflet.
Ce soufflet va permettre l'extension totale du bras.
- Tracer un axe horizontal XY et porter EG + 1,5 cm = E'G' et EF + 1.5 cm = E'F'.
- De E', tracer une perpendiculaire de part et d'autre.
- Placer E'A' = EA = hauteur du soufflet (côté vêtement).
- Puis porter E'H = E'A' ou E'H = ½ de E'A', selon la valeur d'extension voulue dans le modèle. E'H = hauteur du soufflet (côté manche).
- Dessiner les contours du soufflet, tel que F'A'G' = partie vêtement et F'HG' = partie manche. Respecter une platitude en A' et H ainsi qu'en F' et G'.
- Afin de permettre un meilleur emboîtement du soufflet, fendre HA', ouvrir de 1 cm en H et retracer le contour supérieur du soufflet.

Figure 3. Manche.
- Dessiner une manche montée de base correspondant aux élargissements du modèle en décalant H'' et G'' de 1 cm, afin d'ajouter de l'aisance sur l'épaisseur du bras.
- Mesurer AG et reporter cette valeur + 0,5 cm sur la manche en AG^1.
- Mesurer AF et reporter cette valeur + 0,5 cm sur la manche en AF^1.
- CC' = hauteur du soufflet-partie manche = E'H.
- De C', tracer une perpendiculaire au milieu de manche.
- Mesurer AG^1 et AF^1 sur la manche et retracer les dessous de manche en reportant AG^1 en G^{1}A' et AF^1 en F^{1}A''.
- HG' (soufflet) = G^{1}A' (manche).
- HF' (soufflet) = F^{1}A' (manche).
- Retracer les lignes de dessous de bras.

Crans de montage.
- Mesurer sur le soufflet HG' et reporter cette valeur sur la manche + 0,5 cm, à partir de A'.
- Mesurer sur le soufflet HF' et reporter cette valeur sur la manche + 0,5 cm, à partir de A''.

SET-IN SLEEVE with "dancer" gusset

All garments, whatever their volume and ease, need to allow the body to move through space. The sleeve, whether a set-in or kimono style, has a certain amount of movement. In order to accentuate its range, the creation of a gusset is often necessary.
In this study, we create the gusset in an arched shape constructed along a horizontal axis for a set-in sleeve. The theory can also be used for a kimono sleeve depending on the freedom of movement and comfort desired.

Diagram 1.
- Trace a darted front and back bodice block and make necessary enlargements to the desired model.
- Proceed to shift the darts.
- Put together back and front, keeping centers parallel, at underarm points. A dart amount forms between the two side lines at waist level BC.
- Trace a vertical axis, parallel to centers, from A = AD.
- Continue this axis up into armhole area, bringing height of required gusset for model to E.
    - Continue E perpendicularly on both sides of armhole, place F on back armhole and G on front armhole.
    Note : The search for a hinge point will help define the maximum height of AE. Height can not be greater than this.
    - Draw garment seams depending on model, beginning with F and G all the way to bottom of garment.
    - These seams will determine the shape and dimensions of small side.
    - Place DB on D'B' and DC on D''C'.

- Draw front and back seam lines.

140

Diagram 2. Construction of gusset. This gusset will allow for the total extension of arm.

Trace a horizontal axis XY and draw EG + 1.5 cm = E'G' and EF + 1.5 cm = E'F'.

From E', trace a perpendicular line in both directions.

Place E'A' = EA = height of gusset (garment side).

Then draw EH = E'A' or E'H = ½ of E'A', depending on amount of desired extension in model. E'H = height of gusset (sleeve side).

Draw contours of gusset, so F'A'G' = garment side and F'HG' = sleeve side.

Respect a flatness at A' and H as well as at F' and G'.

In order to allow for better inset of gusset, slit HA', open 1 cm at H and retrace upper contour of gusset.

Diagram 3. Sleeve.

Draw a block corresponding to the model's enlargements in shifting H'' and G'' 1 cm in order to add ease on arm thickness.

Measure AG and bring this amount + 0.5 cm on sleeve at AG^1.

Measure AF and bring this amount + 0,5 cm on sleeve at AF^1.

CC' = height of gusset-part of sleeve = E'H.

From C', trace a perpendicular line along center of sleeve.

Measure AG^1 and AF^1 on sleeve and retrace under-sleeve in bringing AG^1 to G^1A' and AF^1 to F^1A''.

HG' (gusset) = G^1A' (sleeve).

HF' (gusset) = F^1A' (sleeve).

Retrace lines under arm.

Construction notches.

- Measure HG' on gusset and add this amount to sleeve + 0.5 cm beginning at A'.
- Measure HF' on gusset and add this amount to sleeve + 0.5 cm beginning at A''.

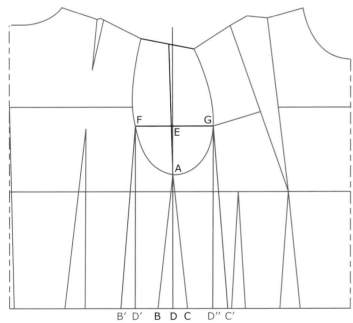

Figure 1
Diagram 1

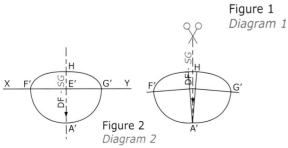

Figure 2
Diagram 2

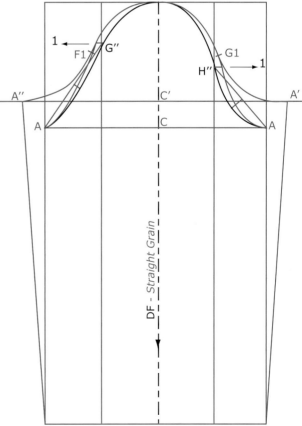

Figure 3
Diagram 3

141

La tête de manche forme l'épaule et se prolonge jusqu'à l'encolure.
La manche empiète sur le vêtement.

Figure 1.

- Relever un corsage de base devant et dos. Rechercher les points charnières.
- Donner les valeurs d'élargissements nécessaires au modèle à réaliser.
- Fermer la pince de poitrine.
- Replacer les points charnière sur la forme élargie.
- Dessiner les raglans.

Ils se dessinent en fonction du modèle, de l'emmanchure jusqu'à l'encolure.
Le départ du raglan sera déterminé par le point charnière, quelles que soient les valeurs d'élargissements.
Il peut se situer au dessus ou légèrement au dessous (pas plus de 4 cm) mais sur un même plan devant et dos.
Remarques : si GK = 1,5 cm, FD = 1,5 cm.

- o Raglan dos : ABCD.
- o Raglan devant : HIJK. Raccourcir ou allonger la pince d'omoplate jusqu'à la ligne de raglan.

Ici, la pince d'omoplate est passée dans la pince de taille dos.

- Placer les points d'accord. Placer deux points d'accord rapprochés sur le devant pour reconnaître la pièce du devant dans le tissu.

Figure 2. Construction de la manche.

- Construire une manche montée de base correspondant à l'emmanchure de vêtement.

Sur cette manche, porter ces valeurs (qui définissent le départ du raglan) :

- o M'D' = MD + 0,5 cm.
- o N'K' = NK + 0,5 cm.

- Relever le raglan devant et le raglan dos, pince d'omoplate fermée = K sur K' (devant) et D sur D' (dos).

Au besoin, on peut décoller D et D' et K de K' de quelques millimètres.
Les points C et J devront se trouver sur un même plan perpendiculaire au milieu.

- Conserver un écart de 1 à 1,5 cm entre les points C et J, et la tête de manche.
- Prolonger le milieu de manche et vérifier que celui-ci se trouve bien à moitié entre les points C et J.
- Au besoin, décaler la ligne de milieu de manche de quelques millimètres (jusqu'à 0,5 cm).
- Au delà de 0,5 cm de décalage, rééquilibrer les découpes raglans, comme sur le schéma à égale distance du milieu de manche.
- Sur ce nouveau milieu, placer le point X selon les courbes entre 6 et 9 cm de la tête de manche. X : extrémité de la pince.
- Tracer JX et CX au perroquet.
- Retracer HK'N' et AD'M' au perroquet, sans cassure.

Les axes M'N' ; D'K' et CJ doivent être parallèles entre eux, afin que la manche ne "visse" pas.

- Placer les crans d'accord sur la manche :
  - o les crans de départ de raglan : K'D'.
  - o les crans de découpes devant et dos.
  - o les crans d'épaule : CJ.

Vérifications.

- BCX = IJX.
- AD'M' = ADM + 0,5 cm.
- HK'N' = HKN + 0,5 cm.

La manche raglan est souvent utilisée avec une couture sur la ligne de milieu de manche.

- Relever la manche devant et dos séparément, ainsi que le devant et le dos du vêtement.
- Dessiner un axe sur chaque partie de manche commençant au bout de l'épaule et finissant en D' et K'. Couper et ajouter un écart de 0,75 cm afin de faciliter l'emboîtement de l'épaule.
- Sur la ligne de dessus de bras, donner au-delà du milieu une valeur de 0,5 cm minimum : points O et P.

Cette valeur augmentera suivant le volume et la ligne de la manche.

- Retracer le dessus de manche à partir de X, en passant par le nouveau point, jusqu'au bas de manche.
- Porter de part et d'autre du milieu de manche la largeur de bas de manche et retracer les lignes de dessous de manche.

142

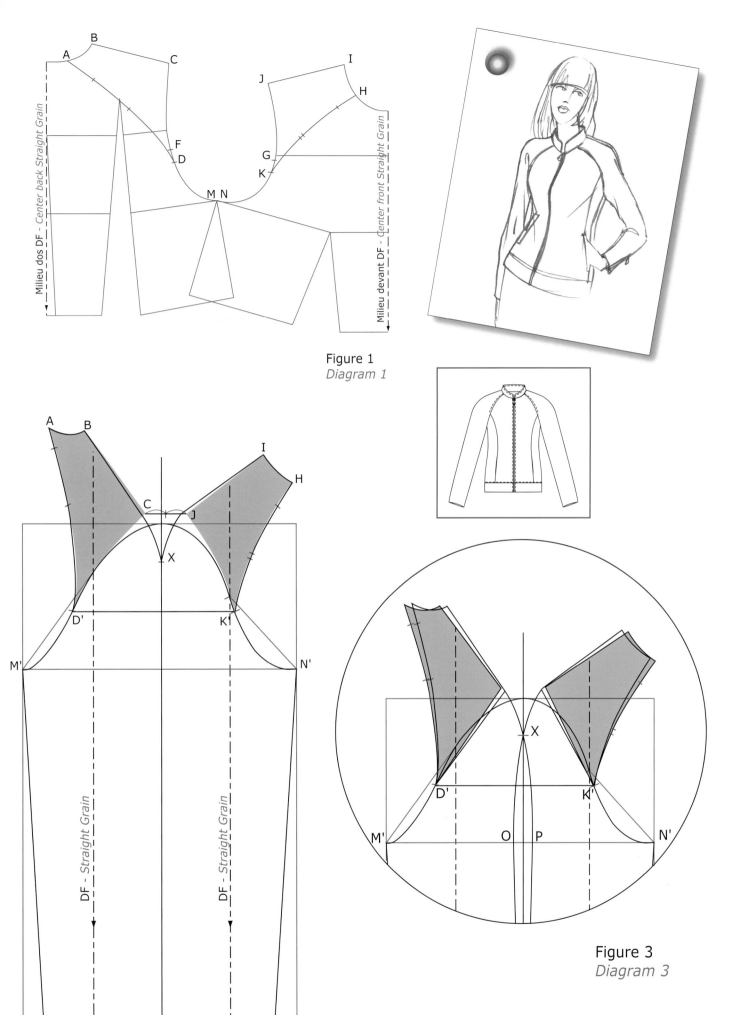

Figure 1
Diagram 1

Figure 2
Diagram 2

Figure 3
Diagram 3

Milieu dos DF - *Center back Straight Grain*

Milieu devant DF - *Center front Straight Grain*

DF - *Straight Grain*

DF - *Straight Grain*

The raglan sleeve crown forms the shoulder seam of the garment and extends to the neckline ; as well as forming the upper part of garment at shoulder.

Diagram 1.

- Outline front and back of a basic pattern block. Determine hinge points.
- Make enlargement according to desired model.
- Close bust dart.
- Replace hinge point on enlarged base.

To outline raglan :
- According to desired model, outline raglan from armhole to neckline.

The raglan shall start at the hinge point no matter what the enlargement value.
It can be located above or slightly below (not more than 4 cm) but must be at the same level for front and back.
Note: if KG = 1.5 cm, DF = 1.5 cm.

- o Back raglan: ABCD.
- o Front raglan: HIJK.

- Shorten or lengthen shoulder blade dart to raglan line. Here,the shoulder blade dart value has been shifted into the back waist dart value.
- Place notches. Place two very close notch points on front to recognize that pattern piece when cut in fabric.

Diagram 2. Sleeve construction.

- Construct a sleeve frame corresponding to armhole measurement of desired garment.
- On this sleeve, place (to define starting point of raglan) :
  - o M'D' = MD + 0.5 cm.
  - o N'K' = NK + 0.5 cm.
- Outline front raglan and back raglan, with shoulder blade dart closed.
  - o Front : K on K' and Back : D on D'.

If needed, K and K' and D and D' may be spaced by several millimetres.
Points C and J should be on the same perpendicular line in relation to center sleeve line.
- Maintain a 1 cm to 1.5 cm distance between points C and J and sleeve crown.
- Extend center sleeve line upward. Verify that this line is in the middle of points C and J.
- If needed, shift center sleeve line several millimetres (up to 0.5 cm).
- Otherwise, shift raglans again like on diagram at the middle of the center sleeve.
- On this new center sleeve line, place X at 6 to 9 cm from top sleeve crown.
  X : the end point of dart.
- Draw JX and CX using a French curve.
- Retrace HK'N' and AD'M' using a French curve, without distorting the line.

Axes points M'N', D'K' and CJ must be parallel to each other so that sleeve does not "twist".
- Place notches on sleeve :
  - o Raglan starting point notches: K'D'.
  - o Front and back seam notches.
  - o Shoulder notches: CJ.

Verifications.

- BCX = IJX.
- AD'M' = ADM + 0.5 cm.
- HK'N' = HKN + 0.5 cm.

The raglan sleeve often has an upper outside seam, along center sleeve line.
- Outline sleeve front and back separately, as well as front and back of garment.
- Trace an axis on each part of sleeve beginning from tip of shoulder to points D' and K'. Cut and add a 0.75 cm flare to make it easier to set it in at shoulder.
- Along upper outside line, add a minimal value of 0.5 cm beyond center sleeve line : points O and P.

This value will increase according to sleeve volume and sleeve line.
- Retrace center sleeve seam line from X, passing through the new point, to sleeve bottom.
- Bring width of sleeve bottom to each side of center sleeve and retrace lines underthe sleeve.

144

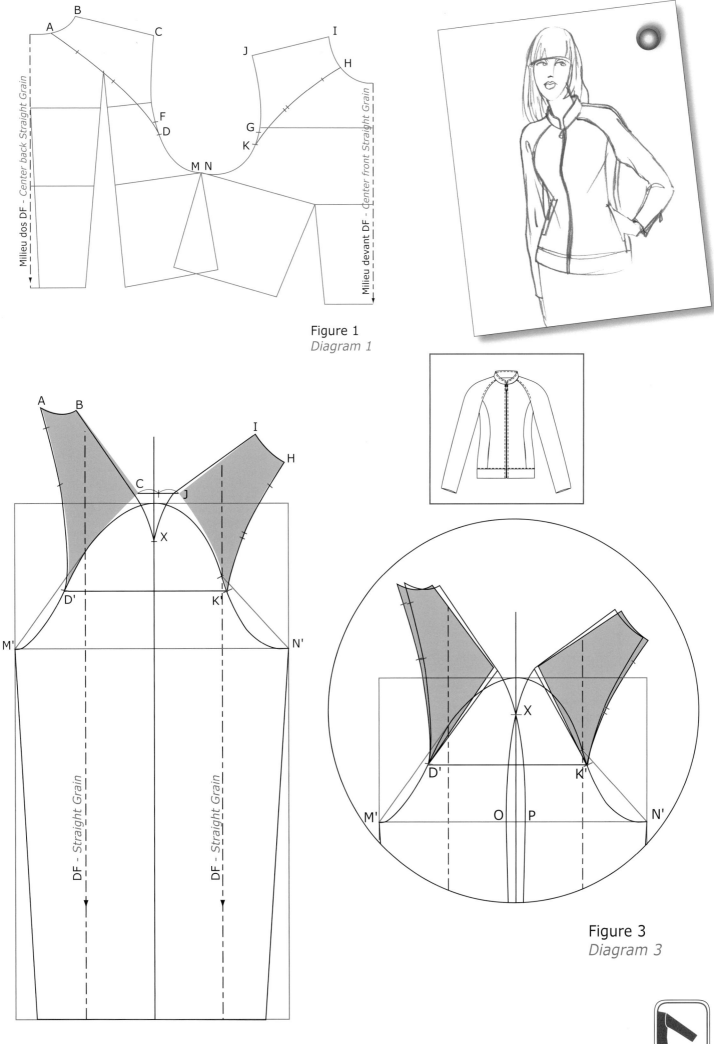

Figure 1
Diagram 1

Milieu dos DF - *Center back Straight Grain*

Milieu devant DF - *Center front Straight Grain*

DF - *Straight Grain*

Figure 2
Diagram 2

Figure 3
Diagram 3

- Relever le corsage de base et donner les élargissements correspondants au modèle.
- Afin de sauvegarder l'aplomb dû à l'élargissement, décrocher l'épaule devant en la remontant de 1 cm en parallèle.
- Construire une manche montée comme suit :
  - Tracer l'axe du milieu de manche.
  - Placer perpendiculairement la ligne de dessous de manche, tel que AB = ¾ de l'emmanchure dos et BC = ¾ de l'emmanchure devant.
  - BD = Hauteur de tête de manche = Profondeur d'emmanchure – son 1/8ème.
  - Puis continuer le tracé de la manche montée de base pour dessiner la longueur de la manche et les courbes de la tête de manche.

Tracé de la découpe bateau :
Sur le vêtement devant.
- Déterminer la hauteur du bateau depuis le bout de l'épaule = EF = 10 cm, par exemple.
- Mesurer FG et reporter cette valeur + 0,5 cm sur la manche, tel que CH = GF + 0,5 cm.
- Projeter H en I sur la courbe de l'emmanchure. I = hauteur de la découpe bateau sur le dos.
- Mesurer AI et reporter cette valeur – 0,5 cm sur l'emmanchure dos du vêtement = JK.

Sur la manche.
Pour mieux imbriquer l'angle de la découpe bateau, sans tension lors du montage, on donnera de part et d'autre de la découpe une valeur de 0,5 cm.
- HH' = II' = 0,5 cm.
- Retracer les courbes de dessous de manche H'C et I'A.
- LL' = 0,5 cm. Retracer la découpe bateau I'L'H' et placer M à la moitié de cette courbe.

Sur le vêtement.
- Prolonger les lignes d'épaule devant et dos, tel que EN = EF, sur le devant et OP = EN sur le dos.
- Tracer FN et PK en courbe en respectant un angle droit en F et en K.
- Mesurer la découpe devant H'M sur la manche et reporter cette valeur en FQ.
- Dessiner en courbe EQ = EN + 0,5 cm. Retracer la courbe QF.
- Mesurer la découpe dos I'M sur la manche et reporter cette valeur en KR.
- Dessiner en courbe OR = OP + 0,5 cm. Retracer la courbe RK.
- Mesurer les courbes de découpe devant et dos.
- S'il y a une différence de longueur, la placer en embu sur la courbe d'épaule dos pour aider à l'emboîtement de celle-ci.

- Trace the bodice block and enlarge it based on the model.
- In order to conserve the drape from the enlargement, detach the front shoulder by raising it 1 cm, in parallel.
- Construct a set-in sleeve in the following way :
  - Trace center axis of sleeve.
  - Perpendicularly place a line under sleeve, so AB = ¾ of back armhole and BC = ¾ of front armhole.
  - BD : Height of sleeve cap = Depth of armhole – 1/8th of it.
  - Continue tracing set-in sleeve block to obtain sleeve length and sleeve cap curves.

Tracing dropped shoulder seam :
On front of garment.
- Determine height of dropped sleeve from tip of shoulder = EF = 10 cm, for example.
- Measure FG and add this amount + 0.5 cm on sleeve, so CH = FG + 0.5 cm.
- Connect H to I on armhole curve. I = height of dropped shoulder seam on back.
- Measure AI and bring this amount – 0.5 cm on back armhole of garment = JK.

On sleeve.
To better inset the angle of dropped shoulder seam, without having tension during construction, we will add 0.5 cm to both sides of seam.
- HH' = II' = 0.5 cm.
- Retrace curves under sleeve H'C and I'A.
- LL' = 0.5 cm. Retrace dropped shoulder seam I'L'H' and place M halfway along this curve.

On garment.
- Continue front and back shoulder lines so EF = EN on front and EN = OP on back.
- Trace FN and PK in a curve, maintaining a right angle at F and at K.
- Measure front seam H'M on sleeve and trace this amount as FQ.
  - Draw in a curve EQ = EN + 0.5 cm. Retrace curve QF.
  - Measure back seam I'M on sleeve and trace this amount as KR.
  - Draw in a curve OR = OP + 0.5 cm. Retrace curve RK.
  - Measure curves of front and back seams.
  - If there is a difference in length, place it as ease on back shoulder curve to aid in interlocking pieces.

146

Contrairement à la manche raglan qui empiète sur le vêtement ; dans la manche bateau, c'est le vêtement qui empiète sur la manche.

In contrast with the raglan sleeve which cuts into the garment, for the dropped shoulder sleeve, the garment cuts into the sleeve.

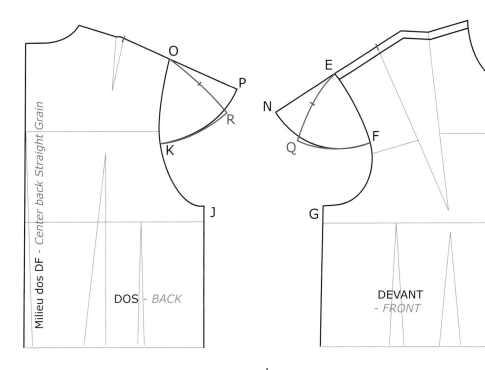

Milieu dos DF - *Center back Straight Grain*

DOS - *BACK*

Milieu devant DF - *Center front Straight Grain*

DEVANT - *FRONT*

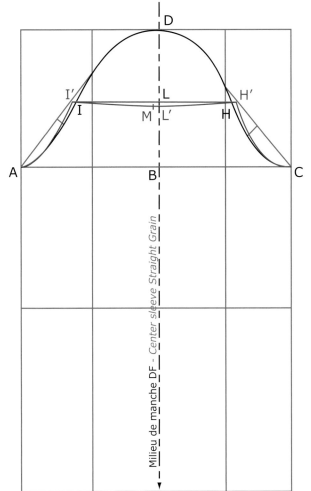

Milieu de manche DF - *Center sleeve Straight Grain*

147

Construction du cadre.
Tracer une ligne de droit fil figurant le milieu du cadre de manche.
Porter AB = à la hauteur de tête de manche soit hauteur d'emmanchure – son 1/8ème.
AC = longueur au coude.
AD = longueur de manche.
Tracer une ligne perpendiculaire à A et porter EF, tel que : $EF = \dfrac{7/10 \text{ de l'emmanchure}}{2}$

Tracer le cadre de manche en portant AE = DE' et AF = DF'.

Tracé de la tête de manche.
* Tracer une ligne perpendiculaire à B et placer G sur EE'.
* Tracer une ligne perpendiculaire à C et placer H sur EE'.
* Sur EE', placer I tel que EI = 1/3 de EG.
* Sur FF', placer J tel que FJ = ½ de FK.
* BB' = 1,5 cm et BB'' = 1 cm.
* II' = 2 cm.
* Dessiner la tête de manche IAJB'BB''I' en courbe.

Tracé de la couture talon.
* HH' = 1 cm.
* E'L = 5 cm.
* Tracer un angle droit partant de la ligne de coude H et passant par L et D, on obtient L' = angle droit.
* Prolonger L'D en M, tel que L'M = ½ largeur de manche selon le modèle. Le point M peut être se placer dans le cadre de manche ou en dehors.
* Joindre MJ en ligne droite.
* Rentrer H en H' de 1 cm.
* Rentrer G en G' de 1 cm.
* Ressortir G en G'' de 1 cm.
* Dessiner la couture talon du dessus de manche IG''H en courbe et HL' en ligne droite.
* Dessiner la couture talon du dessous de manche I'G'H' en courbe et H'L' en ligne droite.
* Vérifier les longueurs entre les deux lignes de couture talon.

Développement.
* Plier sur la ligne de saignée JM et relever JB'BB''I'G'H'L'M ainsi que la ligne de coude NH'.
* Retracer le bas de manche L'M en adoucissant l'angle formé au perroquet.
* Placer les crans de montage sur la tête de manche et au niveau du coude.

Construct the frame.
Draw a straight grain line at center of sleeve block.
Draw AB = from top of sleeve cap (top of armhole – 1/8th of this measurement).
AC = length to elbow.
AD = length of sleeve.
From A, draw a perpendicular line EF, so that : $EF = \dfrac{7/10 \text{ of armhole}}{2}$

Draw sleeve frame by drawing parallel lines to AD : AE = DE' and AF = DF'.

Draw sleeve cap.
* Draw a perpendicular line at B and place G on EE'.
* Draw a perpendicular line at C and place H on EE'.
* On EE', place I so EI = 1/3 of EG.
* On FF', place J so FJ = ½ of FK.
* BB' = 1.5 cm and BB'' = 1 cm.
* II' = 2 cm.
* Draw sleeve cap IAJB'BB''I' in a curve.

Draw back seam.
* HH' = 1 cm.
* E'L = 5 cm.
* Draw a straight angle beginning from elbow line H and passing by L and D, to obtain point L' = a straight angle.
* Continue L'D to M, so L'M = ½ width of sleeve, depending on model. Point M can be placed in sleeve frame or outside of it.
* Join MJ in a straight line.
* Bring H in to H' by 1 cm.
* Bring G in to G' by 1 cm.
* Extend G out to G'' by 1 cm.
* Draw upper back seam for sleeve IG''H in a curve and HL' in a straight line.
* Draw under back seam for sleeve I'G'H' in a curve and H'L' in a straight line.
* Verify that length of two seam lines are equal.

Development.
* Fold on line indicating crook of the arm – JM – and trace JB'BB''I'G'H'L'M as well as elbow line NH'.
* Redraw sleeve bottom L'M by softening angle formed with a French curve.
* Place construction notches on sleeve cap and at elbow.

La manche couture talon est une manche sportswear, issu du "casual" pour homme, d'où son nom, la ligne de talon étant la ligne de coude dans le vocabulaire du vêtement masculin. Elle est articulée et coudée grâce à une couture sur la ligne de coude.

The back-seamed sleeve is a sportswear sleeve derived from men's casual clothing. In French it is called a *manche couture talon* referring to the "heel", or elbow line in menswear terminology. It is articulated and fitted thanks to an elbow line seam.

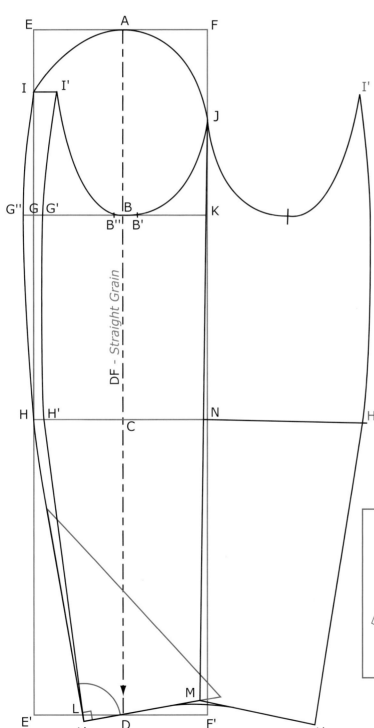

149

- Tracer une ligne de droit fil pour le milieu de manche.
- Porter AB = Longueur de manche + hauteur d'épaulette.
- AC = Hauteur de tête de manche = hauteur d'emmanchure – son $1/8^{ème}$.
- AD = Hauteur de coude (35 cm + hauteur d'épaulette).
- Tracer des lignes perpendiculaires à AB en A, B, C, D.
- AE = $7/10^{ème}$ de l'emmanchure dos : 2.
- AF = $7/10^{ème}$ de l'emmanchure devant : 2.
- BE' = AE.   BF' = AF.
- Joindre E à E' et F à F' en lignes droites.
- G = intersection du segment C sur EE'.
- H = intersection du segment C sur FF'.
- EI = (½ de EG) + 1 cm.
- FI' = (½ de FH) + 1 cm.

Couture de saignée.
- I'I" = 0,75 cm.
- HJ = HJ' = 2,5 cm.
- JK = J'K' = 0,5 cm (mesure à régler à la vérification de la manche sur le tracé de l'emmanchure).
- HL = 5 cm (mesure à régler à la vérification de la manche sur le tracé de l'emmanchure).
- MM' = 5 cm.
- F'O = 2 cm. De part et d'autre de O, tracer une parallèle au bas de manche.

Bas de manche.
- Evaluer la largeur du bas de manche du modèle, ici 24 cm.
- Dessus de manche = (bas de manche : 2) + 2 cm = PQ.
- Dessous de manche = (bas de manche : 2) – 2 cm = PQ'.
- Positionner l'angle droit de l'équerre, de façon que l'équerre passe par R à l'appui du bas de manche et du segment O.
- Tracer PQ en ligne droite en appuyant le point P sur la ligne de bas de manche du cadre = 14 cm.
- Tracer PQ' en ligne droite en appuyant le point P sur la ligne de bas de manche du cadre = 10 cm.
- Joindre en courbes légères KM'Q' et K'MQ en gardant des angles droits en P et en Q.

Couture de coude.
- S = 1/4 de EG.
- Joindre SC en ligne droite.
- IT = 1 à 1,5 cm.
- En perpendiculaire à la ligne de coude, porter TU et TU' = 2,5 cm.
- RR' = 1 cm.
- Joindre UR' et U'R en ligne droite.
- A la moitié de R'U et RU', ressortir de 0,5 cm et dessiner les lignes de coude en légères courbes.

Ligne de coude.
- UR'P = dessus de manche et U'RP = dessous de manche.

Ligne de saignée.
- K'MQ = dessus de manche et KM'Q' = dessous de manche.

Tête de manche.
- Dessiner la tête du dessus de manche K'LI"ASU en courbes harmonieuses.
- V = ½ de CJ = cran de dessous de manche.
- Placer le dessous de manche sur le tracé de l'emmanchure et le point V sur le point de dessous de bras du tracé de l'emmanchure.
- Dessiner le dessous d'emmanchure de manche U'VK en s'appuyant sur la droite U'C, puis finir en légères courbes.
- Mesurer la valeur de l'embu entre la manche et l'emmanchure du vêtement.
- Associer les lignes de montage de lignes de coude et de saignée dessus et dessous pour vérifier la forme de l'emmanchure de manche.
- Placer le cran de tête de manche en répartissant l'embu devant et dos (Ce cran correspond en général à l'arrivée de la ligne d'épaule sur le vêtement et dépend donc des valeurs d'emmanchure devant et dos ; il n'est pas obligatoirement sur le droit fil milieu de manche).
- Placer un cran sur le dos et deux crans sur le devant (Ces trois crans sont plus faciles à positionner après épinglage d'une toile de vérification de la manche).

Crans d'accord de ligne de coude et de saignée:
- Mesurer environ 20 cm sur PR et PR', idem pour Q'M' et QM ; UR' et U'R.
- Mesurer environ 15 cm sur KM' et K'M.
- Mesurer l'écart entre les crans "coude" extérieurs et intérieurs : on devra "soutenir" l'embu sur la ligne de coude dessus de manche.
  - Mesurer l'écart entre les crans "saignée" extérieurs et intérieurs : on devra "détendre" la couture sur la ligne de saignée dessus de manche.
  - Relever le dessus et le dessous de manche séparément en inversant le dessous afin d'obtenir la manche droite.

Patte de boutonnage. Hauteur = 12 cm ; Largeur = 3 cm sur le dessus et le dessous de manche.

La manche tailleur classique est une manche montée avec deux découpes transversales coudées. Toutefois, elle possède une aisance développée dans le gousset du dos de manche (c'est-à-dire sur la ligne de coude), qui accompagnera le confort du petit côté du vêtement.

Pour comprendre le principe de la construction d'une manche tailleur à partir de la manche montée, observer les quatre étapes suivantes :

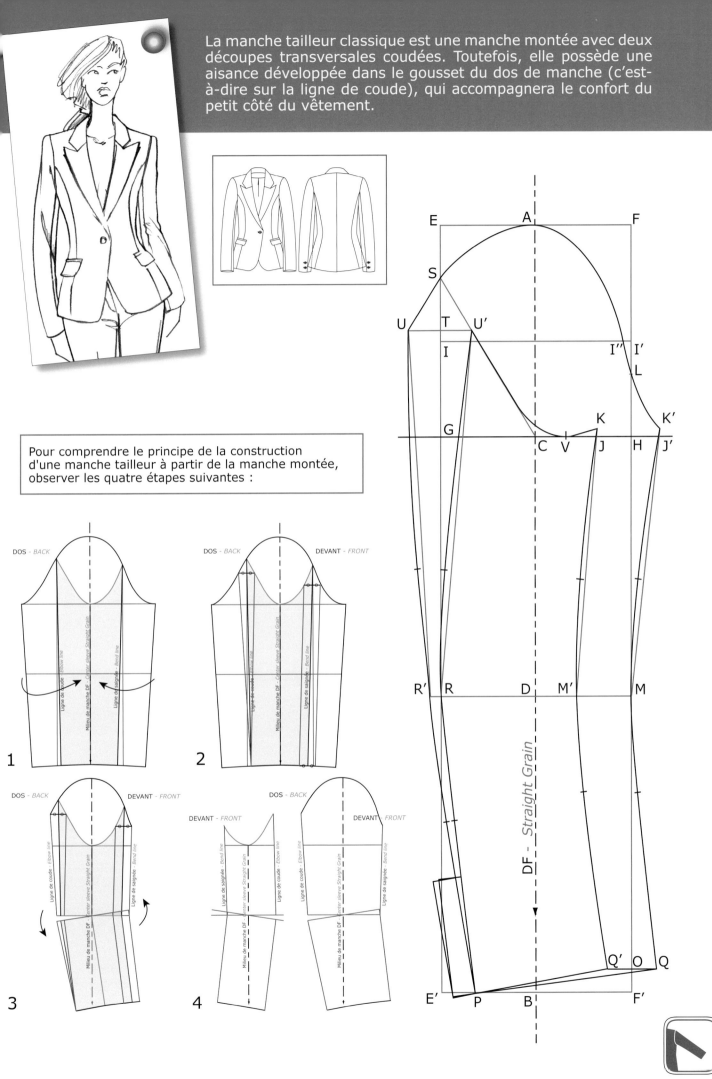

- Trace a straight grain line for center of sleeve.
- Draw AB = Length of sleeve + height of shoulder pad.
- AC = Height of sleeve cap = Height of sleeve – 1/8th its length.
- AD = Height of elbow (35 cm + height of shoulder pad).
- Trace perpendicular lines to AB at A,B,C,D.
- AE = 7/10th of back armhole : 2.
- AF = 7/10th of front armhole : 2.
- BE' = AE.   BF' = AF.
- Join E to E' and F to F' in straight lines.
- G = intersection of segment C on EE'.
- H = intersection of segment C on FF'.
- EI = (½ of EG) + 1 cm.
- FI' = (½ of FH) + 1 cm.

Bent seam.
- I'I" = 0.75 cm.
- HJ = HJ' = 2.5 cm.
- JK = J'K' = 0.5 cm (measurement to adjust verification of sleeve on armhole line).
- HL = 5 cm (measurement to adjust verification of sleeve on armhole line).
- MM' = 5 cm.
- F'O = 2 cm. On both sides of O, trace a parallel line at bottom of sleeve.

Bottom of sleeve.
- Calculate bottom width of sleeve model, here 24 cm.
- Upper sleeve = (bottom of sleeve : 2) + 2 cm = PQ.
- Under sleeve = (bottom of sleeve : 2) – 2 cm = PQ'.
- Using a set square, draw a right angle that passes from R to sleeve bottom and joins with O.
- Trace PQ in a straight line, leaning on point P at bottom sleeve line of frame = 14 cm.
- Trace PQ' in a straight line leaning on point P at bottom sleeve line of frame = 10 cm.
- Join KM'Q' and K'MQ in light curves, keeping right angles at P and Q.
- Inner seam :
- S = 1/4 of EG.
- Join SC in a straight line.
- IT = 1 to 1.5 cm.
- Perpendicular to elbow line, draw TU and TU' = 2.5 cm.
- RR' = 1 cm.
- Join UR' and U'R in a straight line.
- Extend R'U and RU' 0.5 cm at their halfway points and draw elbow lines in light curves.

Elbow line.
- UR'P = upper sleeve and U'RP = under sleeve.

Curved line.
- K'MQ = upper sleeve and KM'Q' = under sleeve.

Sleeve cap.
- Draw upper sleeve cap K'LI"ASU in harmonious curves.
- V = ½ of CJ = under sleeve notch.
- Place under sleeve on armhole line and point V on underarm point of armhole tracing.
- Draw under armhole of sleeve U'VK in running along straight U'C, then finish in light curves.
- Measure amount of ease between sleeve and garment armhole.
- Put together construction lines, elbow lines and upper and lower curves to verify sleeve's armhole shape.
- Place sleeve cap notch by distributing front and back ease (this notch corresponds with arrival of shoulder seam on garment and depends on amounts of front and back armhole ; it does not have to be on sleeve's center straight grain).
- Place one notch on back and two notches on front (these three notches are easier to position after pinning a muslin to verify sleeve).

Elbow and curved lines notches :
- Measure about 20 cm on PR and PR', idem for Q'M' and QM ; UR' and U'R.
- Measure about 15 cm on KM' and K'M.
- Measure distance between outside and inside elbow "notches" : the seam must be maintained at top sleeve elbow line.
  - Measure distance between outside and inside bend of arm notches.
  - The seam must be "slackened" on under-sleeve bend of arm line.
  - Outline the top sleeve and the under-sleeve separately ; inverting the under-sleeve in order to obtain a straight sleeve.

  Buttoned tab. Height = 12 cm ; width = 3 cm on upper and lower sleeve.

The classic suit sleeve is a set-in sleeve with two vertical seams curved at the elbow. However, the classic suit sleeve's ease is developed in a back sleeve gusset (on elbow line) corresponding with the comfort of the small side piece in a garment.

To understand the construction principal of a suit sleeve using a set-in sleeve, watch these four steps :

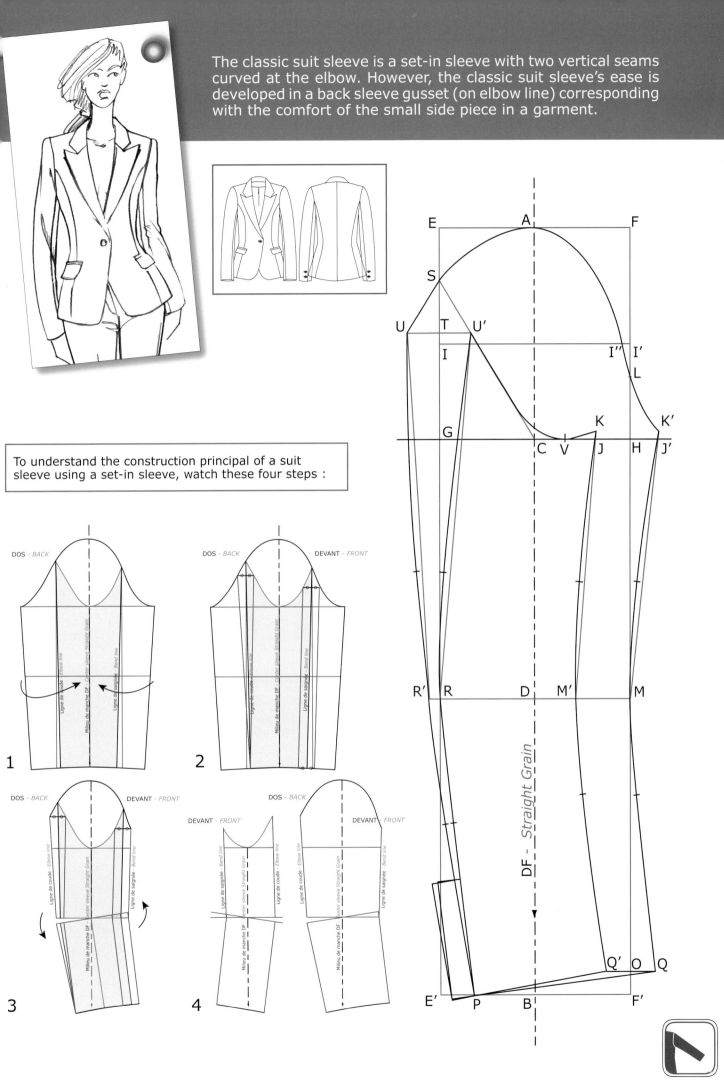

1

2

3

4

Relever le devant et le dos de la base à pinces.
- Donner les valeurs d'élargissement.
- Tracer une emmanchure pour kimono.
- Relever l'emmanchure dos entre la carrure et le dessous de bras et la reporter sur l'emmanchure devant.

Il est important que les deux dessous de manche soient identiques.
- Pour placer les points d'accord A et A' (départ de gousset), assembler devant et dos par les côtés, milieux en parallèle.
- Tracer une ligne parallèle au-dessus de la ligne de dessous de bras (4 cm robe, 4 à 5 cm tailleur classique, 5 à 6 cm tailleur souple ou blouson, 6 à 7 cm manteau).
- On obtient le point A sur l'emmanchure devant, A' sur l'emmanchure dos.

Figure 1. Devant - Figure 2. Dos.
Gousset :
- Joindre AB en ligne droite.
- Reporter cette valeur en BC sur la ligne de côté.
- Joindre AC en ligne droite.
- Plier sur cette ligne et reporter symétriquement la section de courbe AB en AB'.

Procéder de la même façon pour le dos en A' B et en A' C'.
Vérifier que B' et B'' soient bien sur le même niveau (sinon la manche ''visse'').

Devant : Manche.
- A partir de D, extrémité d'épaule, élever une parallèle aux milieux.
- DD' = 1 cm.
- Placer l'équerre passant par les points D' et B' tel que EB' = 1/2 largeur de manche désirée (Schéma d'orientation des kimonos page 131).
- Tracer D'EB'.
- Prolonger D'E tel que :
- D'F = longueur de la manche au coude.
- D'G = longueur totale de la manche.
- GG' (ligne de bas de manche perpendiculaire à GD') = 1/2 largeur de bas de manche désirée (exemple 10 cm).
- FF' (ligne de coude horizontale perpendiculaire à GD') = 1/2 largeur de bas de coude désirée (exemple 15 cm).
- Joindre B'F' – F'G'.
- EE' = 0,75 cm (minimum).
- Joindre GE' en ligne droite (couture de dessus de manche) puis en courbe joindre en D' ou quelques millimètres au-dessus de la ligne d'épaule.

Découpe :
- A partir du point A ou au-dessus de ce point, dessiner la découpe selon le modèle.

Figure 2. Dos.
Exécuter simultanément la même construction sur le dos.

Figure 3. Vérifications.
- Relever la manche devant et dos.
- Assembler le dos et le devant de la manche par les lignes dessous de manche en alignant les lignes de coude FF'F.
- Vous remarquerez que les points B' et B'' et les lignes de dessous d'emmanchure sont décalés.
- Rééquilibrer les points B' et B'' ainsi que les lignes de dessous d'emmanchure à la moitié de cet écart, en H et H'.
- Retracer les goussets de dessous de manche (tracé rouge).

Figure 4.
- Vérifier que la courbe de gousset de manche devant est égale à celle de l'emmanchure devant du vêtement. Vérifier de la même façon sur le dos (tracés rouges).
- Séparer les deux parties de la manche.

- La manche kimono a souvent besoin d'être ''décrochée'' à l'épaule : fendre D'A sur le devant et D'A' sur le dos et donner un écart de 0,5 à 1 cm selon le tissu employé.
- Retracer la ligne d'épaule par un léger galbe.

Note : On peut effectuer d'autres types de découpes avec cette même technique.

La manche se trace à partir du vêtement. Une valeur de gousset est ajoutée à la manche ; ainsi, quand le bras se décolle, il n'emporte pas le vêtement. Une couture est obligatoirement nécessaire entre la manche et le vêtement.

Peu importe l'emplacement de cette couture, elle peut être une découpe raglan, un empiècement ou autre.

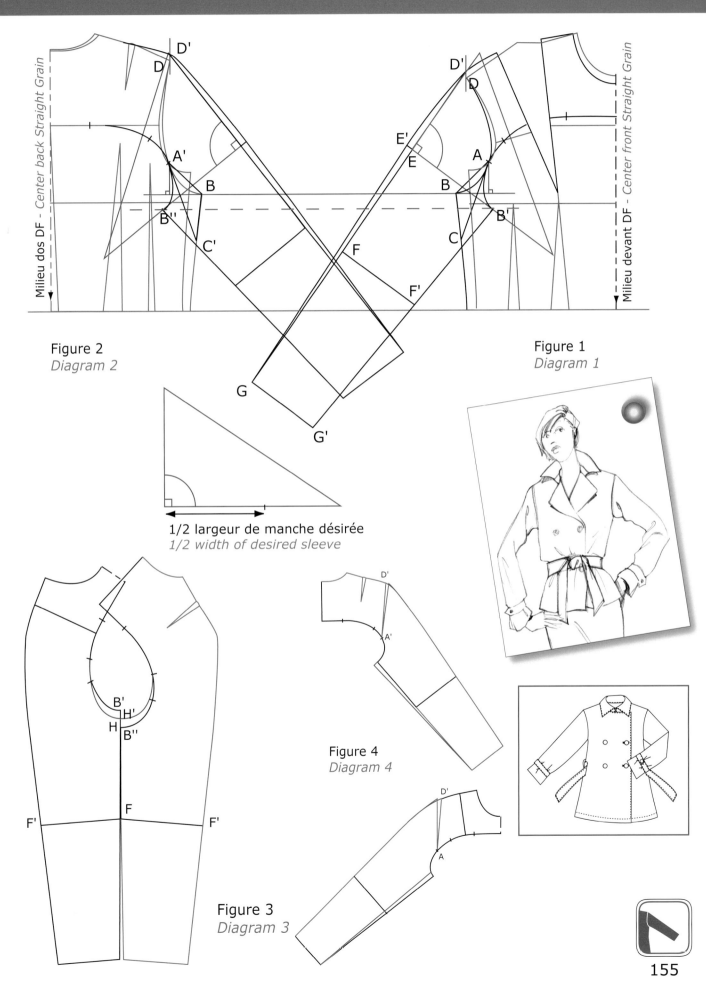

Figure 2
Diagram 2

Figure 1
Diagram 1

1/2 largeur de manche désirée
1/2 width of desired sleeve

Figure 4
Diagram 4

Figure 3
Diagram 3

155

Trace front and back of basic bodice block.
- Choose an amount for enlargement.
- Draw an armhole line for kimono sleeve.
- Trace back armhole between back width line and underarm and continue it to front armhole.

It is important that the two sleeve undersides are identical.
- To place matching points A and A' (beginning of gusset), assemble front and back by the sides, keeping center parallel.
- Trace a parallel line above underarm line (4 cm for a dress, 4 to 5 cm for a classic suit, 5 to 6 cm for a supple suit or blouson, 6 to 7 cm for a coat).
- We thus obtain point A on front armhole and point A' on back armhole.

Diagram 1. Front - Diagram 2. Back.
Gusset :
- Join AB in a straight line.
- Bring this amount as BC to side line.
- Join AC in a straight line.
- Fold on this line and symmetrically copy this section of curve AB as AB'.

Continue in same way for back as A'B and A'C'.
Verify that B' and B'' are at same level (if not, sleeve will "twist").

Front : Sleeve.
- From D, the far point of shoulder, draw a parallel line to center front.
- DD' = 1 cm higher on this line.
- Using an L-square, draw a perpendicular angle through points D' and B' so that EB' = ½ of desired sleeve width.
- Draw D'EB'.
- Extend D'E so :
- D'F = length of sleeve to elbow.
- D'G = total length of sleeve.
- GG' : bottom line of sleeve, perpendicular to GD'.
  = ½ width of desired sleeve bottom (for example, 10 cm).
- FF' : horizontal elbow line perpendicular to GD'.
  = ½ width of desired elbow bottom (for example, 15 cm).
- Join B'F' - F'G'.
- EE' = 0.75 cm (minimum).
- Join GE' in a straight line (sleeve top seam) and then, in a curve, join in D' a few milimeters above shoulder line.

Seam :
- From point A or above this point, draw seam according to the model.

Diagram 2. Back.
Simultaneously do same constrction on back.

Diagram 3. Verifications.
- Trace sleeve front and back.
- Assemble sleeve back and front using lines under sleeve by linking elbow lines FF'F.
- You will note that points B' and B'' and lines underneath armhole are shifted.
- Rebalance points B' and B'' and lines under armhole at the halfway point of this distance, indicated by points H and H'.
- Retrace gussets underneath sleeve (red line).

Diagram 4.
- Verify that curve of front sleeve gusset is equal to front armhole of garment. Verify same thing on back.
- Separate two pieces of sleeve.
- The kimono sleeve often needs to be "disconnected" at the shoulder : slit D'A on front and D'A' on back and add a 0.5 to 1 cm flare depending on fabric used.
- Retrace shoulder line with a slight curve.

Note : We can do other types of seaming with this same technique.

This sleeve is traced off the garment. A gusset amount is added to sleeve ; thus when the arm is raised, it doesn't drag the garment with it. A seam is absolutely necessary between the sleeve and body of garment.

Placement of the seam can very - it can be a raglan sleeve, yoke,...

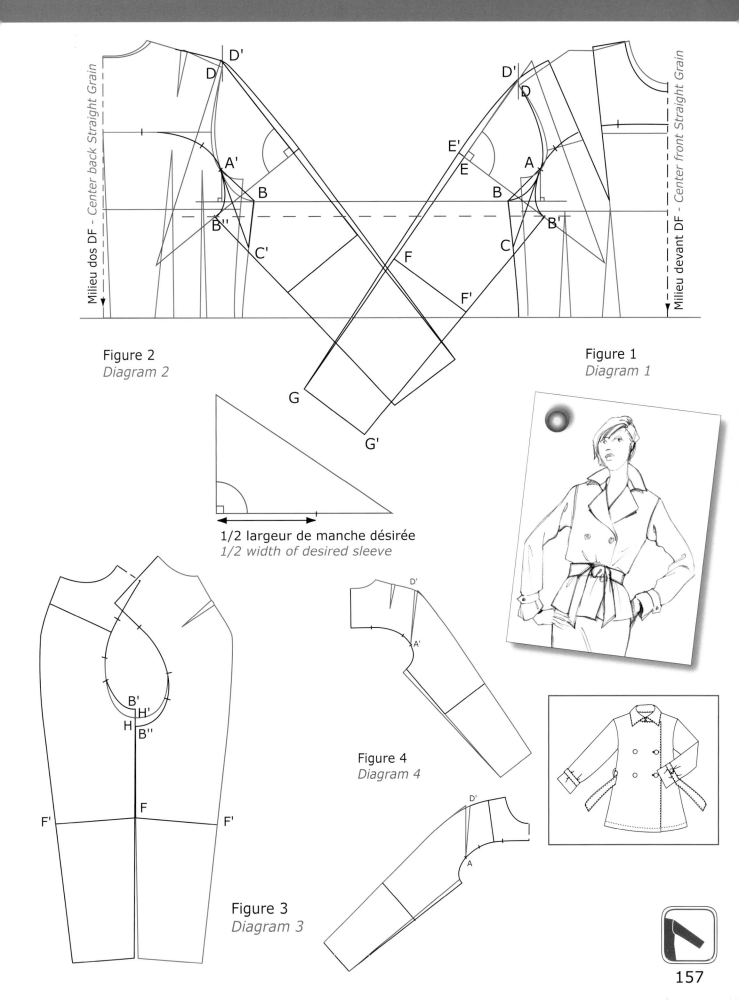

Milieu dos DF - Center back Straight Grain

Milieu devant DF - Center front Straight Grain

Figure 2
Diagram 2

Figure 1
Diagram 1

1/2 largeur de manche désirée
1/2 width of desired sleeve

Figure 4
Diagram 4

Figure 3
Diagram 3

157

Construire une manche kimono gousset à même et la régler avant de commencer la transformation en manche kimono coudée.

Figure 1.
- Tracer un arc de cercle sur le bas de manche en A, en prenant pour rayon AB (courbe pointillée).
- Sur cet arc, porter AA' = 4 cm.
- Dessiner BA' en ligne droite tel que BA' = BA.
- Tracer la ligne de bas de manche en perpendiculaire à BA' et porter la valeur du ½ bas de manche selon le modèle (par exemple, 13 cm) = A'C.
- Joindre C à E en ligne droite.

Tracé de la ligne de couture dos.
- D = ½ de A'C.
- F = ½ de BE.
- I = ½ de GH.
- Dessiner en lignes droites DFI et prolonger I en I' jusqu'à la tête de manche.

Figure 2. Tracé du coudage.
- Reporter BA' en CC' et dessiner la pince de coude C'FE.
- Couper sur la ligne de coude FD et fermer la pince.

Manche devant.
- Reporter AA' en JK.
- Joindre K à N en ligne droite.
- A partir de K, porter KL = CA' = ½ bas de manche.
- Joindre L à M en ligne droite.

Figure 3. Assemblage de la manche.
- Joindre la manche dos à la manche devant en assemblant K sur A' et O sur P.
- Supprimer la couture de milieu de manche.

Figure 4.
- Relever la manche devant et la manche dos avec le coudage.
- Adoucir les angles formés par les passages de pinces.

Construct a kimono sleeve with gusset and adjust it before beginning the transformation into a kimono sleeve with seam.

Diagram 1.
- Trace an arc at bottom of sleeve from A, using AB as radius (dotted line).
- On this arc, place AA' = 4 cm.
- Draw BA' in a straight line so BA' = BA.
- Trace bottom of sleeve line perpendicular to BA', continuing to ½ of bottom of sleeve depending on model (for example, 13 cm) = A'C.
- Join C to E in a straight line.

Trace line of back seam.
- D = ½ of A'C.
- F = ½ of BE.
- I = ½ of GH.
- In straight lines, draw DFI and continue to I' on sleeve cap.

Diagram 2. Trace elbow curve.
- Copy BA' as CC' and draw elbow dart C'FE.
- Cut on elbow line FD and close dart.

Front sleeve.
- Bring AA' to JK.
- Join K to N in a straight line.
- From K, draw KL = CA' = ½ bottom of sleeve.
- Join L to M in a straight line.

Diagram 3. Assembling sleeve.
- Join back sleeve to front sleeve by bringing K to A' and O to P.
- Eliminate seam at center of sleeve.

Diagram 4.
- Trace front sleeve and back sleeve with elbow line.
- Soften angles formed by the shift of darts.

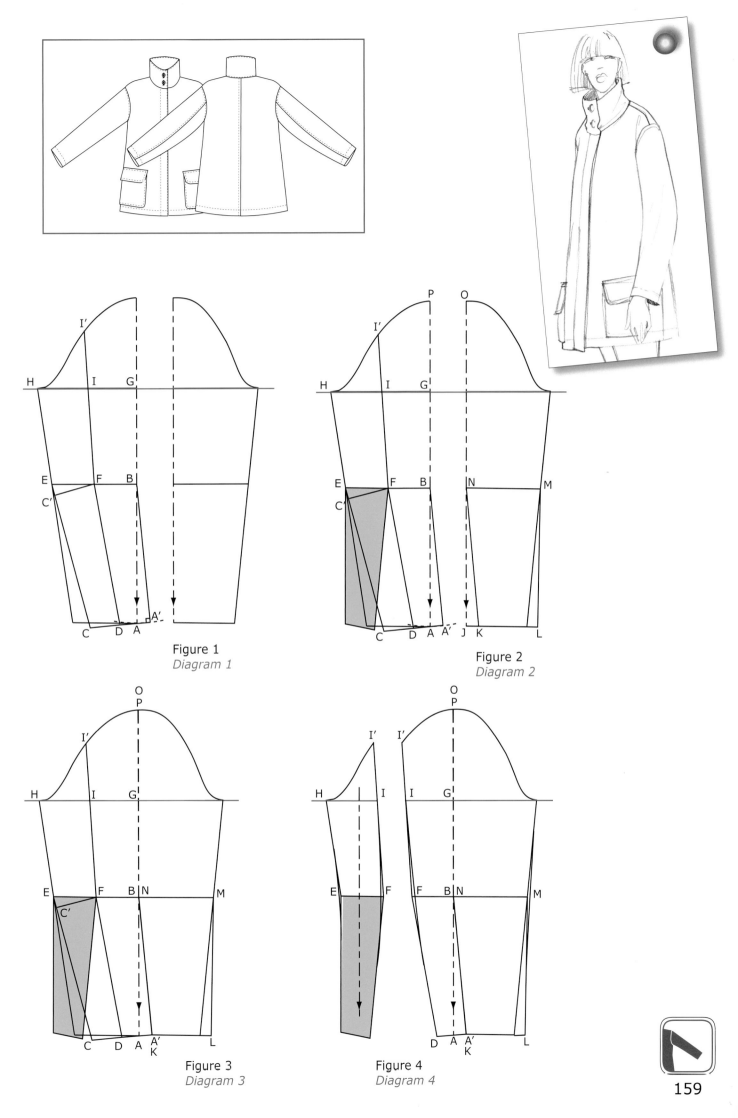

Figure 1
Diagram 1

Figure 2
Diagram 2

Figure 3
Diagram 3

Figure 4
Diagram 4

159

La manche kimono pivot est une manche kimono équilibrée à tracer sur une base sans pince pour des vêtements "casual" comme le sweat-shirt ou le tee-shirt.

Relever le devant et le dos de la base sans pince.

Figure 1.
- Equilibrer les hauteurs d'épaules.
- Donner les valeurs d'élargissement.
- Tracer une emmanchure pour kimono.
- Relever l'emmanchure dos et la reporter sur l'emmanchure devant.

Il est important que les deux dessous de manche soient identiques.

Le tracé de la manche sera dessiné sur le devant (1/2 manche) et relever en entier par pliage du milieu de manche.
- Tracer une ligne parallèle au milieu devant et la placer à l'appui de l'emmanchure au niveau de la carrure.
- A la jonction de cette ligne et de l'emmanchure, placer A.
- Mesurer AB et reporter cette mesure en AC (ligne droite).
- Déterminer la ½ largeur de manche désirée dans le modèle.
- La porter en DC à l'aide d'une équerre passant par E et par C (voir schéma).
- Prolonger ED sur la longueur de manche désirée = EF.
- FG = ½ largeur de bas de manche en perpendiculaire à EF.
- Joindre G à C en légère courbe en conservant une platitude de 10 cm en perpendiculaire en bas de manche.
- Retracer le dessous de manche AC en courbe à l'appui de DC.

Figure 2.
La manche kimono pivot peut être tracée avec différentes orientations donnant plus ou moins de largeur de manche et des allures différentes.
- Toutefois, vérifier que le tracé de l'emmanchure de manche et du vêtement soit à 90° sur le milieu de manche (voir loupe).
- Plier sur le milieu de manche et relever la manche complète.

The pivoted kimono sleeve is a balanced kimono sleeve to trace on a block without darts for more casual garments like a sweatshirt or T-shirt.

Outline front and back of block without darts.

Diagram 1.
- Balance shoulder heights.
- Give amounts to enlargement.
- Trace an armhole for the kimono sleeve.
- Trace back armhole and add it to front armhole.

It is important that the sleeve's two underside seam lines are identical.

The sleeve tracing will be drawn on the front (1/2 sleeve) and outlined entirely by a fold in the middle of sleeve.
- Trace a line parallel to center front and place it to support the armhole at the level of back width line.
- At intersection of this line and the armhole, mark point A.
- Measure AB and mark this measurement as AC (straight line).
- Determine ½ the width of desired sleeve for model.
- Draw this as DC with the help of an L-square passing by E and by C (see sketch).
- Continue ED to length of sleeve desired = EF.
- FG = ½ width of bottom of sleeve, perpendicular to EF.
- Join G to C in a slight curve, conserving a flatness along 10 cm perpendicular to bottom of sleeve.
- Retrace under-sleeve AC in a curve using DC as support.

Diagram 2.
The pivoted kimono sleeve can be traced with different orientations to vary the sleeve width and give different looks.
- However, verify that the lines of sleeve armhole and garment are at a 90° angle to middle of sleeve (see close-up).
- Fold at center of sleeve and trace complete sleeve.

160

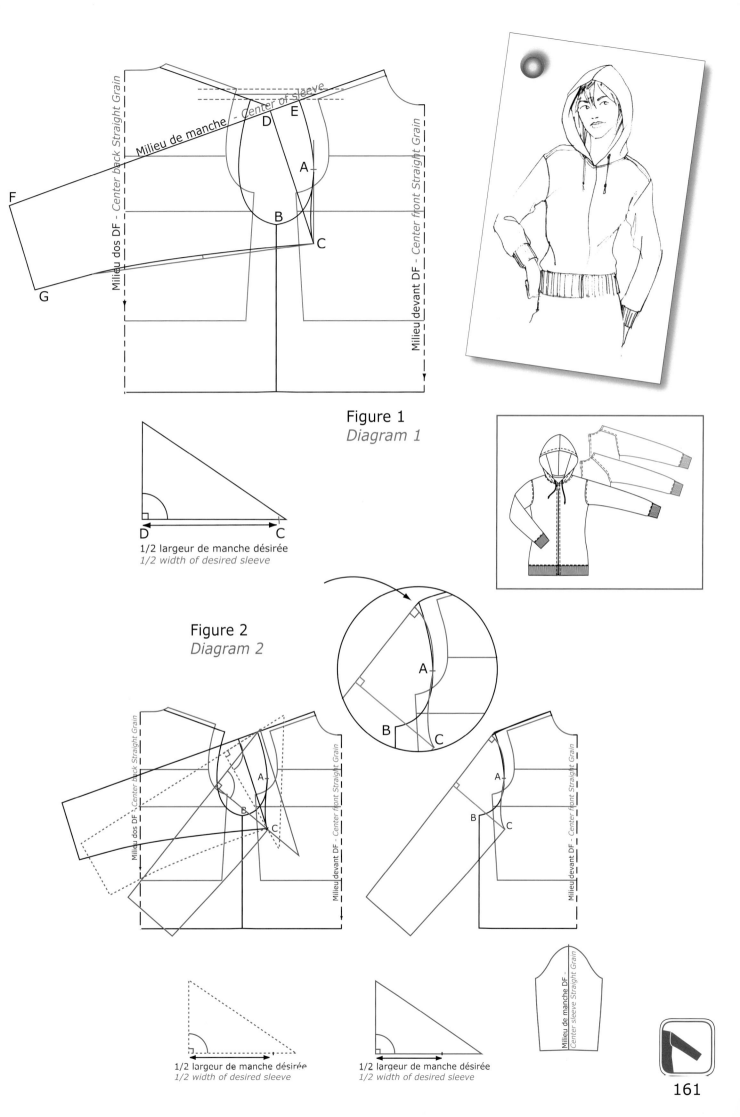

Figure 1
Diagram 1

1/2 largeur de manche désirée
1/2 width of desired sleeve

Figure 2
Diagram 2

1/2 largeur de manche désirée
1/2 width of desired sleeve

1/2 largeur de manche désirée
1/2 width of desired sleeve

161

Description d'un col :

Il comprend :
- Le tombant : partie visible du col.
- Le pied de col : partie qui monte le long du cou, cachée par le tombant.
- La cassure : ligne sur laquelle se plie le col ; jonction entre le pied et le tombant.

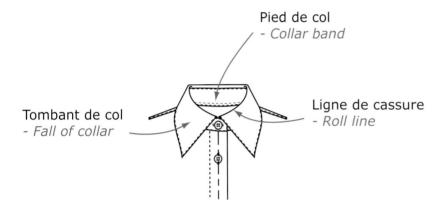

Pied de col
- Collar band

Tombant de col
- Fall of collar

Ligne de cassure
- Roll line

A Collar is made up of :

- Fall of a collar : visible part of a collar.
- Collar stand : sewn on to garment neckline, hidden by the fall of collar.
- Roll line : line along which collar is folded ; the junction between collar stand and fall of collar.

Les cols

Collars

Les différents types de cols

Different types of collars

Les cols droits :
- Officier (cf Tome 1)
- Bord-côte
- Evasé
- Médicis
- Encolure montante à pinces

Straight collars :
- Mandarin collar (see Vol. 1)
- Ribbed-knit collar
- Flared
- Medicis
- Soft neckline with darts

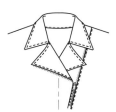

Les cols à pieds de cols à même
(c'est-à-dire pied et tombant en 1 seule pièce) :
- Chemisier simple
- Transformable
- Cavalier
- Cavalier "Perfecto"
- Châle
- Tailleur

Collars with self collar-stands
(fall of collar and collar stand is a single piece) :
- Simple shirt collar
- Convertible collar
- Shirtwaist collar
- "Perfecto" Shirtwaist collar
- Shawl collar
- Soft suit collars

Les cols à pieds rapportés :
- Claudine
- Eton

Collars with separate collar stands :
- Peter Pan
- Eton

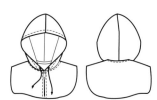

Les capuches :
- Simple en deux pièces
- Cagoule avec bande rapportée
- Anorak
- Duffle-coat

Hoods :
- Simple with two pieces
- with inset band
- for anorak
- for duffle-coat

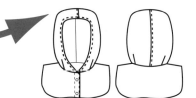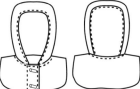

163

Encolure bord-côte. Figure 1.

Cette encolure se réalise uniquement dans une matière extensible. (Exemple : bord-côte). Elle doit être assez élargie pour le passage de la tête car il n'y a pas de boutonnage sur cette encolure.

- Enlever la hauteur du bord-côte à l'encolure élargie.
- AB = 1/2 tour d'encolure – son 1/5ème.

Le 1/5ème enlevé au demi-tour d'encolure est calculé pour une extensibilité moyenne de maille tricotée en côtes. Ceci peut varier entre le 1/5ème et le 1/6ème.

- AC = hauteur de bord-côte fini.
- BD = AC.
- AC' = AC.
- BD' = BD.

La ligne AB sert de pliure à la bande bord-côte.

Col bord-côte. Figure 2.

Ce col se réalise uniquement dans une matière extensible. (Exemple : bord-côte).

- Dans le cas d'un col en bord-côte, redessiner le même cadre de construction que pour l'encolure.
- Toutefois si le col aboutit sur un boutonnage, on pourra moins élargir l'encolure.

Moins l'encolure est élargie, plus le col sera montant.

- On pourra dessiner le col mourant sur le milieu devant ou tout droit.

Ribbed-knit neckline. Diagram 1.

This neckline is to be made in a stretch fabric only (ex : ribbed-knit fabric). As there are no buttons along this neckline, it must be large enough for to pull over the head.

- Remove the ribbed-knit band width from the enlarged neckline.
- AB = ½ neckline measurement – its 1/5.

This calculation allows for average stretch of a ribbed-knit fabric. It can vary between 1/5th and 1/6th the amount.

- AC = finished ribbed-knit band width.
- BD = AC.
- AC' = AC.
- BD' = BD.

Line AB is the fold line.

Ribbed-knit collar. Diagram 2.

This collar is to be made in a stretch fabric only (ex : ribbed-knit fabric).

- When making a ribbed-knit collar, outline the ribbed-knit neckline construction frame.
- However, if the collar is finished with buttons, the neckline requires a smaller enlargement.

A smaller neckline enlargement results in a wider collar.

- At center front, the collar can be outlined by either a curve or a straight line.

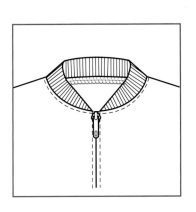

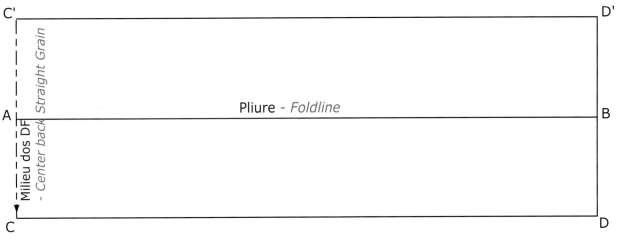

Figure 1
Diagram 1

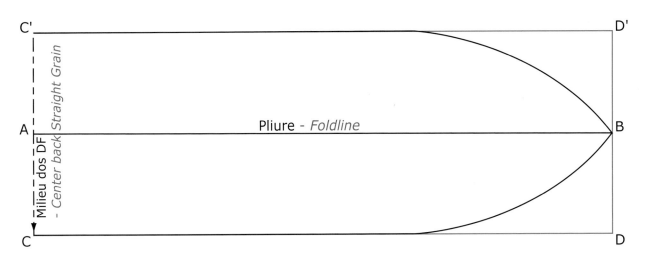

Figure 2
Diagram 2

COL MONTANT avec PINCES

Figure 1.
- Placer A sur l'intersection de l'épaule et de l'encolure du devant et A' sur celle du dos.

Devant.
- De A, tracer une droite jusqu'au point de poitrine P.
- Fendre AP et fermer la pince de poitrine de façon à obtenir un évasement vers l'encolure de 1 cm en A.
- Retracer la nouvelle encolure AE.

Dos.
- Tracer une perpendiculaire au milieu dos passant par l'extrémité de la pince d'omoplate.
- Elever une perpendiculaire à cette ligne passant par A'.
- Fendre cette perpendiculaire jusqu'à l'extrémité de la pince d'omoplate.
- Fermer la pince d'omoplate afin d'obtenir en A' un évasement de 1 cm.
- Retracer la nouvelle encolure AE'.

Figure 2.
Devant.
- A la moitié de AE, tracer une droite jusqu'au point P (ligne rouge).
- Ouvrir sur cette droite en refermant la pince de poitrine de façon à obtenir un évasement de 2,5 cm.
- Dessiner la valeur de croisure sur le milieu devant et placer les boutons.
- A partir de A, sur la ligne d'épaule, porter B, tel que AB = 4 cm.
- A partir de B, tracer une parallèle au milieu devant sur environ 10 cm.
- BC = 5 cm.
- A la moitié de l'angle CBA, tracer un segment, tel que BD = hauteur du col, soit 5 cm.
- Retracer BD en courbe en supprimant l'angle au départ de B avec le perroquet pour adoucir la pente de l'épaule.
- Joindre D au bord de la croisure, en respectant un angle droit à partir de D.

Dos.
- Il restera une petite valeur de pince d'omoplate que l'on fera passer au milieu de l'encolure dos A'E (ligne rouge).
- Retracer la ligne d'épaule tel que A'A'' (dos) = AA'' (devant).
- A'B' = 4 cm.
- Dessiner une parallèle au milieu dos en B'C' = environ 10 cm.
- A la moitié de l'angle C'B'A', tracer un segment, tel que B'D' = BD.
- EE' = hauteur du col sur le milieu dos, soit 5,5 cm.
- Joindre E'D' en conservant une perpendiculaire au milieu dos, puis en courbe jusqu'à D'. Respecter un angle droit en D'.

Le milieu dos ne sera pas en Df et comportera une couture.
- Ouvrir E' en E'' de 1,5 cm et retracer un nouveau milieu dos.
- Si le modèle ne comporte pas de couture sur le milieu dos, décaler le Df sur la nouvelle ligne de milieu dos E''F.

Figure 3.
Devant. Tracé de la pince.
- A 3,5 cm de D, tracer une pince de 1,5 cm perpendiculairement à l'arrondi de l'encolure sur une longueur de 11 cm.
- Fermer la pince et retracer le bord du col.

Dos. Tracé de la pince.
- A 3,5 cm de D', tracer une pince de 1,3 cm perpendiculairement à l'arrondi de l'encolure sur une longueur de 9 cm.
- Fermer la pince et retracer le bord du col.

FUNNEL NECKLINE with DARTS

Diagram 1.
- Place A at intersection of shoulder and front neckline and A' at intersection of shoulder and back neckline.

Front.
- From A, trace a straight line all the way to point P of bust.
- Slit AP and close bust dart to obtain a 1 cm flare on neckline at A.
- Then, redraw the new neckline AE.

Back.
- Trace a perpendicular line at center back, passing by end of shoulder blade dart.
- Draw a perpendicular line up from this line, passing through A'.
- Slit this perpendicular line all the way to tip of shoulder blade dart.
- Close shoulder blade dart to obtain a flare at A'.
- Continue shoulder slope towards center back and bring point A' parallel to center back.
- Then, redraw the new neckline AE'.

Diagram 2.
Front.
- At the halfway point of AE, draw a line to point P (red line).
- Slash on this line and close bust dart to obtain a 2.5 cm flare.
- Draw amount of overlap at center front and place the buttons.
- From A on shoulder line, draw B so AB = 4 cm.
- From B, trace a line parallel to center front going up for approximately 10 cm.
- BC = 5 cm.

- Halfway in the CBA angle, trace a segment, BD = height of collar, or 5 cm.
- Retrace BD in a curve and eliminate the angle, starting at B and using a French curve to soften shoulder slope.
- Join D at edge of overlap, respecting a right angle at D.

Back.
- There will remain a small amount of the shoulder blade dart which we will pass into the back neckline A'E (red line).
- Redraw shoulder line as A'A'' (back) = AA'' (front).
- A'B' = 4 cm.
- Draw a line parallel to center back, B'C' = approximately 10 cm.
- Halfway in the angle C'B'A', trace a segment, so that B'D' = BD.
- EE' = height of collar at center back, or 5.5 cm.
- Join E'D' in conserving a perpendicular line to center back, then in a curve all the way to D'. Maintain a right angle at D'.

The center back will not be on the straight grain and will have a seam.
- Bring E' out to E'' by 1.5 cm and retrace a new center back.
- If the model does not have a center back seam, shift straight grain to new center back line E''F.

Diagram 3.
Front. Trace dart.
- At 3.5 cm from D, trace a 1.5 cm wide, 11 cm long dart perpendicular to neckline curve.
- Close the dart and retrace edge of neckline.

Back. Trace dart.
- At 3.5 cm from D', trace a 1.3 cm wide, 9 cm long dart perpendicular to neckline curve.
- Close the dart and retrace edge of neckline.

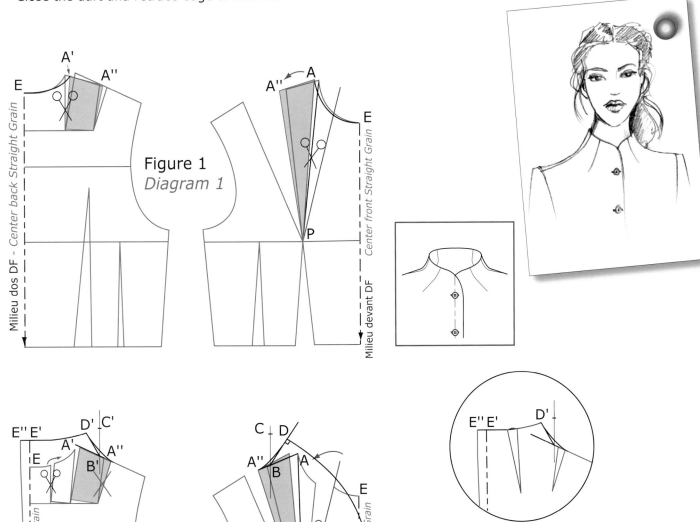

Figure 1
Diagram 1

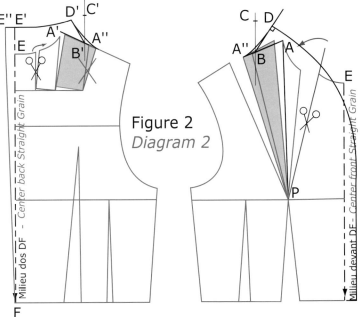

Figure 2
Diagram 2

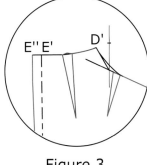

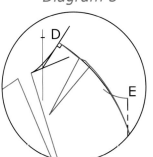

Figure 3
Diagram 3

167

Col évasé.

- Tracer un angle droit. Placer le point A sur l'angle.
- AB = 1/5ème du tour total de l'encolure ou 1/10ème du tour total d'encolure pour un col moins évasé.
- BC = 1/2 tour d'encolure - 0,5 cm.
- D = 1/2 BC.
- DD' = 2 cm.
- Tracer en courbe BD'C en conservant une platitude sur le milieu dos = ligne d'encolure du col.
- BE = Hauteur du col (ici 10 cm).
- Tracer CF en perpendiculaire à D'C, tel que CF = BE.
- Tracer l'arrondi du bord du col EF en respectant la platitude du milieu dos à angle droit en E.
- Dessiner l'angle F en arrondi selon le modèle.

Col évasé "façon Médicis".

- Tracer le col évasé, puis placer 3 pinces pour la transformation "façon Médicis".
- Diviser l'encolure et le bord du col en 3 parties égales (lignes G et H).
- Au 1/3 de BE, placer une ligne parallèle à l'encolure = IJ.
- Dessiner une pince de 1 cm de part et d'autre des lignes G et H, puis une demie pince (0,5 cm) sur le milieu dos (qui sera reconstituée en entier lors du montage en symétrie).
- Adoucir les angles de pinces pour le montage.
- Numéroter les pièces pour faciliter l'assemblage.

Flared collar.

- Draw a right angle. Place point A at the angle.
- AB = 1/5th of full neckline measurement or 1/10th of full neckline measurement for a less flared collar.
- BC = 1/2 of neckline measurement – 0.5 cm.
- D = 1/2 BC.
- DD' = 2 cm.
- Draw curve BD'C = collar neckline. Maintain a straight line at center back.
- BE = Collar width (ex : 10 cm).
- Draw CF maintaining a right angle at D'C, so that CF = BE.
- Draw curved collar edge EF maintaining a straight line and right angle at center back E.
- Outline curve at F according to garment to be made.

"Medicis" collar.

- Outline a flared collar, then place 3 darts for transformation into a "Medicis" Collar.
- Divide neckline and curved collar edge into 3 equal parts and place lines G and H.
- At 1/3 of BE, draw a parallel to neckline = IJ.
- Draw a dart (amount 1 cm) on either side of lines G and H. Then draw half of the dart amount (0.5 cm) on center back line (this dart will be completely reconstructed when collar is fully assembled).
- Smooth angles along darts for construction.
- Number the pieces in order to facilitate the construction.

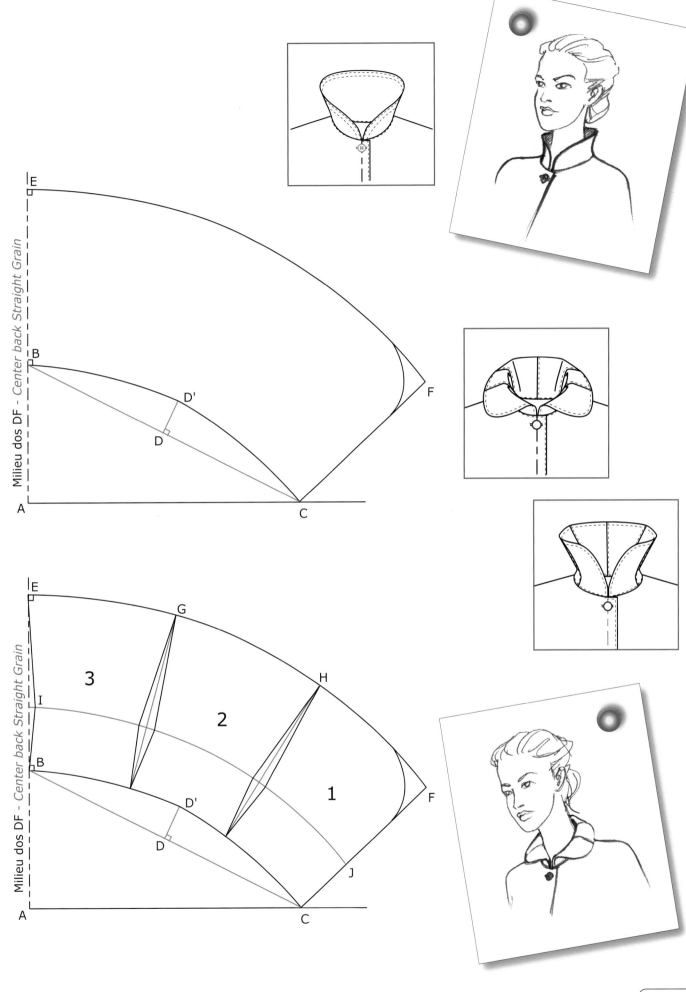

Milieu dos DF - *Center back Straight Grain*

E

B

D'

D

A

C

F

Milieu dos DF - *Center back Straight Grain*

E

G

H

I

3

2

B

1

D'

D

J

A

C

F

169

COL CHEMISIER SIMPLE ou à pied de col à même

- Tracer une ligne verticale (milieu dos).

Figure 1. Cadre de construction et tracé du col.

- En perpendiculaire au milieu dos, porter AB = 1/2 encolure.
- BB′ = 1/10ème de AB.
- C = ½ de AB. Tracer la ligne d'encolure ACB′ en légère courbe à partir de C.
- AD = 2,5 cm (hauteur du pied de col au milieu dos).
- B′E en perpendiculaire à CB′ = 2 cm.

Selon le modèle, prolonger B′ de la valeur de croisure et retracer les bords de croisure (lignes pointillées).

- Tracer la cassure en ligne droite DE.
- AA′ = CC′ = 2 cm.
- DA' = Hauteur du tombant.
- Prolonger EB′ (milieu devant du tombant de col) en EB″ = 8 cm.
- Tracer le bord du col A′C′ en ligne droite et C′B″ en courbe.
- Plier la cassure DE et relever les contours du tombant A′C′B″E.
- Déplier et retracer les bords du tombant en respectant un angle droit à partir du nouveau point A′.
- Retracer le milieu dos du col en ligne droite en supprimant l'angle formé en D = A′A.
- Descendre A en F de façon à retracer une nouvelle encolure à angle droit.

Figure 2. Développement du col.

Afin d'éviter des tensions au niveau du bord de tombant de col, il est nécessaire d'ajouter une valeur à ce niveau. Trois écarts seront nécessaires.

- Tracer 3 écarts à partir et de part et d'autre de C en conservant une platitude sur le milieu dos et sur la partie du devant.
- Ouvrir ou pivoter de 0,6 cm sur chacun de ces écarts au bord du col.
- Retracer la ligne d'encolure FCB′ et le bord de col A′B″ en conservant un angle droit sur le milieu dos.
- Retracer si besoin est.
- Vérifier les mesures d'encolure du col et du vêtement qui doivent être les mêmes et placer un cran d'accord correspondant à la ligne d'épaule.

SIMPLE SHIRT COLLAR (self collar stand)

- Draw a vertical line (center back).

Diagram 1. Construction frame and collar outline.

- Draw AB perpendicular to center back line = 1/2 neckline measurement.
- BB′ = 1/10th of AB.
- C = ½ of AB. Draw the neckline ACB′ with a slight curve from C.
- AD = 2,5 cm (collar band width at center back).
- B′E is perpendicular to CB′ = 2 cm.

According to the garment to be made, extend B′ forming the overlap value.

- Draw the overlap edge (dotted lines).
- Draw a straight line DE = crease line.
- AA′ = CC′ = 2 cm.
- DA' = Collar fall width.
- Extend EB′ (collar fall center front line) to EB″ = 8 cm.
- Draw the collar edge A′C′ with a straight line and join C′B″ by a curve.
- Fold the crease line DE and outline the collar fall A′C′B″E.
- Unfold and re-draw the collar fall edges maintaining a right angle at the new point A′.
- Re-draw the collar center back line A′A suppressing the angle formed at D.
- Drop A to F in order to obtain a right angle on new neckline.

Diagram 2. Collar development.

In order to avoid tension along the edge of the collar fall, it is necessary to add a small value by placing three gaps.

- Draw a first gap line at C and two other gap lines on either side of C. Maintain a straight line at the center back and on the front part.
    - Open 0.6 cm along the collar edge on each of these gap lines.
    - Re-draw the neckline FCB′ and the collar edge A′B″ while maintaining a right angle at the center back.
    - Verify that the collar neckline measurement and the garment neckline measurement are identical.
    - Place a notch that corresponds to the shoulder line.

Ce col chemisier pied de col à même est moins haut au milieu dos que le col chemisier à pied de col rapporté. Il est aussi moins près du cou. La cassure sans couture entre le pied de col et le tombant de col est complètement droite, ce qui permet de supprimer celle-ci.

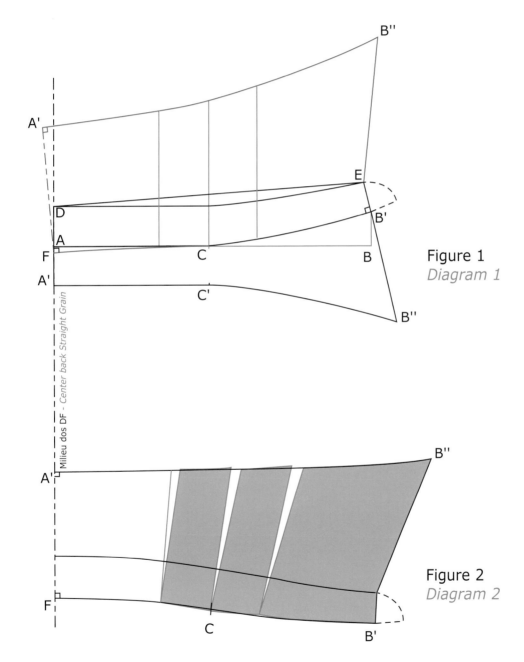

Figure 1
Diagram 1

Milieu dos DF - Center back Straight Grain

Figure 2
Diagram 2

The simple shirt collar with a self collar stand has a narrower width at center back compared to the shirt collar with a separate collar stand. It also has a looser fit around the neck compared to the shirt collar with a separate collar stand.

The crease line between the collar stand and the collar fall is perfectly straight, therefore resulting in a seamless crease line.

Figure 1. Tracé de l'encolure du vêtement.
- Donner les valeurs d'élargissements sur l'encolure du vêtement en descendant de 2 cm le milieu devant.
- Tracer la valeur de croisure et placer les boutons.
- Déterminer le point de cassure A, 1 cm au dessus du bord du premier bouton.

Figure 2. Cadre de construction et tracé du col.
- Tracer une ligne verticale (milieu dos).
- En perpendiculaire au milieu dos, porter AB = 1/2 encolure.
- AC = Milieu dos = Hauteur du col (ici 6,5 cm).
- AE = ½ de AB. Tracer EF parallèle à AC.
- Fermer le rectangle ABDC.
- Descendre A en A' de 1 cm.
- BB' = 1/10ème de la ½ encolure.
- Joindre A'E en ligne droite et EB' en légère courbe.
- Retracer le milieu dos du col en perpendiculaire à A'E tel que A'C' = AC = hauteur du col (ici 6,5 cm).
- Joindre C'F en ligne droite en respectant une platitude à angle droit sur C'.
- Remonter B'D en B'D' tel que DD' = 1,5 cm.
- Prolonger FD en FD'' tel que DD'' = 2 cm. Ces deux dernières valeurs peuvent changer selon le modèle.
- Tracer l'angle du tombant de col FD'D''B' en lignes droites.
- Adoucir les angles formés dans le tracé.
- Vérifier les mesures d'encolure et placer un cran d'accord correspondant à la ligne d'épaule du vêtement.

Figure 3. Développement du col.
L'épaisseur du tissu et la largeur du col tracé pour un tailleur ou un manteau va demander plus de développement que pour une robe ; il faudra donc rajouter deux écarts.
- Placer un axe de part et d'autre du cran d'épaule à 2 cm de celui-ci.
- Ouvrir chaque axe de 0,5 cm sur le bord du col.
- Adoucir les angles formés par le développement sur l'encolure.
- Redonner une valeur de roulé de 0,4 à 0,6 cm sur le bord extérieur du tombant de col pour la partie de dessus de col.

N.B. La croisure peut être parallèle au milieu devant, ou oblique, selon le modèle de revers désiré (ligne pointillée).

Diagram 1. Neckline outline.
- Add the enlargement values to the garment neckline lowering the center front by 2 cm.
- Draw the overlap amount and place the buttons.
- Place the beginning of the crease line, point A, at 1 cm above the first button.
- Draw a vertical line (center back line).

Diagram 2. Construction frame and collar outline.
- Place AB perpendicular to the center back line. AB = ½ neckline measurement.
- AC = Center back = Collar width (ex: 6.5 cm).
- AE = ½ of AB. Draw EF parallel to AC.
- Draw the rectangle ABDC.
- Lower A to A' by 1 cm.
- BB' = 1/10th of the ½ neckline measurement.
- Join A'E by a straight line and EB' by a slight curve.
- Re-draw the center back collar line perpendicular to A'E so that A'C' = AC = collar width (ex: 6.5 cm).
- Join C'F by a straight line maintaining a right angle at C'.
- Raise B'D to B'D' so that DD' = 1.5 cm.
- Extend FD to FD'' so that DD'' = 2 cm. These values can vary according to the garment to be made.
- Draw the collar fall angle FD'D''B' with straight lines.
- Smooth out the angles formed on the outline.
- Verify the neckline measurements and place a notch corresponding to the garment shoulder line.

Diagram 3. Collar development.
The fabric thickness and the collar width for a suit or a coat require more collar development than for a dress. Therefore, it is necessary to add a value by placing two gaps along the collar edge.
- Draw a gap line on either side, and 2 cm from the shoulder notch.
    - Open 0.5 cm along the collar edge on each gap line.
    - Smooth out the angles formed by the collar development on the neckline.
    - Add a value of 0.4 to 0.6 cm to the exterior edge of the collar fall (top collar).

This allows the top collar to "roll" over the under collar, hiding the seam.

Note : The garment cross-over can be parallel to the center front, or diagonal, according to the lapels of the garment to be made (dotted line).

Le col cavalier est une variante du col chemisier avec le pied de
col à même (col chemisier simple) composée également d'une
seule pièce et pouvant se porter fermé ou ouvert.
Ouvert, il rappelle le col tailleur.

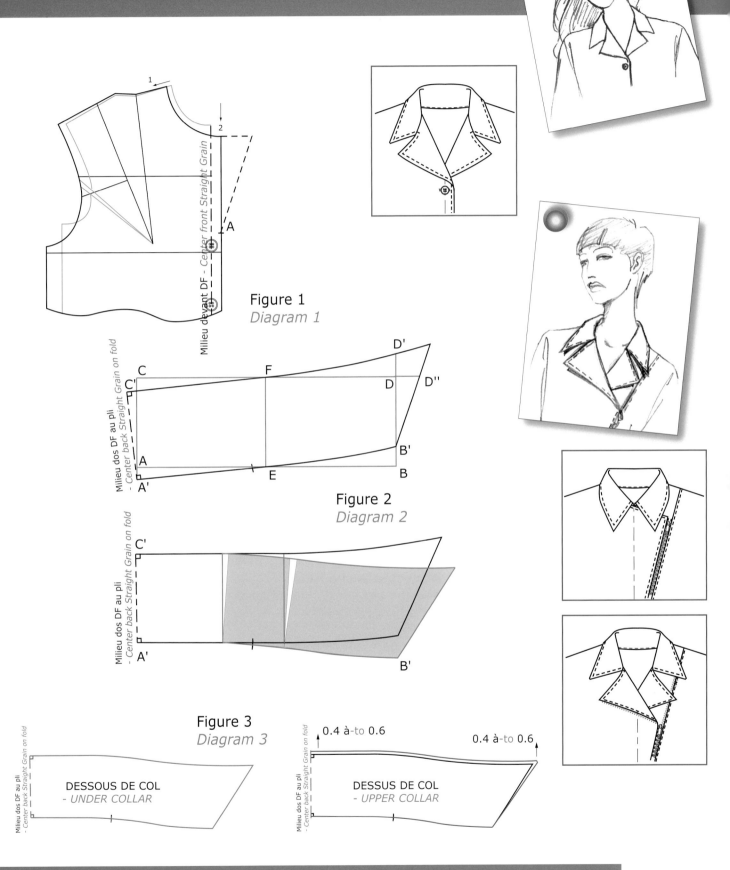

Figure 1
Diagram 1

Milieu devant DF - *Center front Straight Grain*

Milieu dos DF au pli - *Center back Straight Grain on fold*

Figure 2
Diagram 2

Milieu dos DF au pli - *Center back Straight Grain on fold*

Figure 3
Diagram 3

Milieu dos DF au pli - *Center back Straight Grain on fold*

DESSOUS DE COL
- *UNDER COLLAR*

0.4 à-to 0.6   0.4 à-to 0.6

DESSUS DE COL
- *UPPER COLLAR*

The shirtwaist collar is a variation of the simple shirt collar consisting
of one piece.
It can be worn either open or closed.
When it is worn open, the shirtwaist collar resembles a tailored collar.

COL TRANSFORMABLE

Ce col peut se porter ouvert ou fermé et s'adapter sur de nombreuses formes et vêtements (robes, chemisiers, blousons,...).

Sa particularité réside dans un bord de col sans couture.

Fermé, il est proche du col chemisier à pied de col à même.
Ouvert, il forme un étroit revers.

Figure 1.
- Elargir l'encolure selon le modèle.
- Placer les boutons et tracer la valeur de croisure.
- Déterminer le point de cassure A, 1 cm au dessus du bord du premier bouton.
- Sur l'encolure élargie BC, placer CD au ¼ de l'encolure devant.
- Dessiner la ligne de cassure AD.
- Remonter D en D' de 1 cm dans le prolongement de AD et retracer l'encolure BD'C', en décreusant la courbe de l'encolure.

Figure 2.
Cadre de construction.
- Tracer un rectangle ABDC tel que AB = ½ tour de nouvelle encolure – 0,5 cm.
- AC = Hauteur du col = 5 à 7 cm.
- BB' = 1/20ème de AB.
- E = ½ de AB'.

Construction du col.
- Tracer la ligne d'encolure AE en ligne droite et EB' en légère courbe.
- Prolonger l'horizontale CD (bord de col) de 3 à 4 cm = D'.
- Joindre B' à D' en ligne droite.

L'angle DD'B' peut changer selon le modèle. Plus on allonge DD', moins il y a d'écart entre la pointe de col et le revers.

Relever le col en double sur le milieu dos et sur le bord de col (voir schéma).
Pour aider le roulé de la cassure et le montage, redonner 0,3 à 0,5 cm sur le bord d'encolure du dessus de col.

Attention : Mettre deux crans sur le dessous de col pour le distinguer du dessus de col dans le tissu.

CONVERTIBLE COLLAR

This collar can be worn open or closed and is adaptable to many different shapes and garments (dresses, shirts, blouson jackets,...).

Its distinctive feature is that the collar edge is seamless.

Closed, it resembles a simple shirt collar.
Open, it has a narrow lapel.

Diagram 1.
- Make neckline enlargements according to garment to be made.
- Place the buttons and draw the overlap amount.
- Place the beginning of the crease line, point A, at 1 cm above the edge of the first button.
- On the enlarged neckline BC, place CD at ¼ of the front neckline measurement.
- Draw the crease line AD.
- Raise D to D' by 1 cm extending the crease line AD and re-draw the neckline BD'C', filling in the neckline curve.

Diagram 2.
Construction frame.
- Draw rectangle ABDC so that AB = ½ of the new full neckline measurement – 0.5 cm.
- AC = Collar width = 5 to 7 cm.
- BB' = 1/20th of AB.
- E = ½ of AB'.

Collar construction.
- Draw the neckline AE with a straight line and EB' with a slight curve.
- Extend horizontal line CD (collar edge) by 3 to 4 cm = D'.
  - Join B' to D' by a straight line.

The angle DD'B' can change according to the garment to be made. The gap between the collar tip and the lapel decreases when the length of DD' increases.

Trace the collar on the double at center back and edge of collar (see sketch).
To aid the roll of the break and construction, add 0.3 to 0.5 cm on edge of neckline of upper collar.

Attention : Put two notches on undercollar to distinguish it from upper collar in fabric.

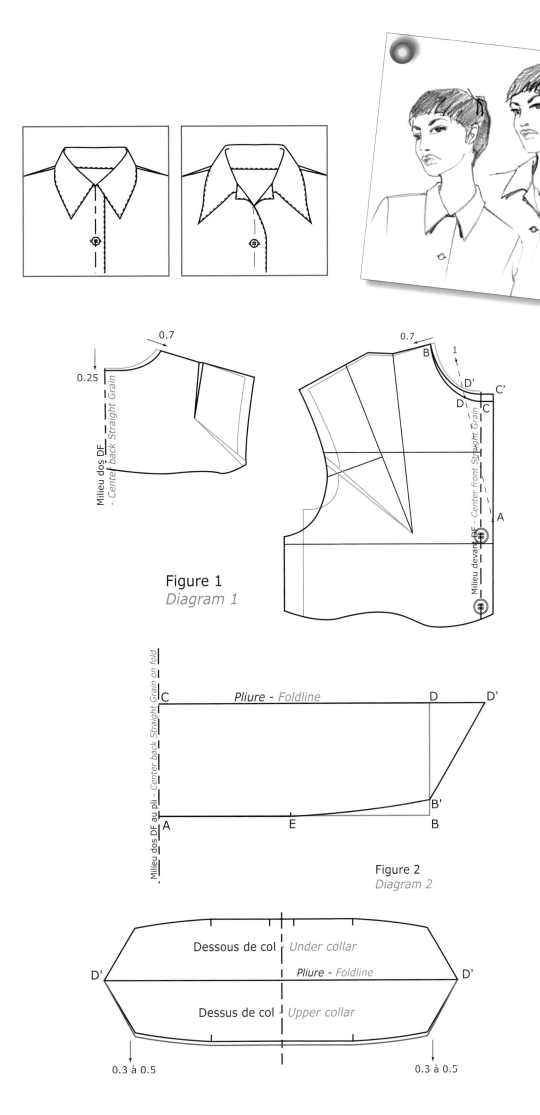

Figure 1
Diagram 1

0.7

0.25

Milieu dos DF - *Center back Straight Grain*

0.7

1

B

D'

D'

C'

C

A

Milieu devant DF - *Center front Straight Grain*

Figure 2
Diagram 2

Milieu dos DF au pli - *Center back Straight Grain on fold*

C

Pliure - Foldline

D

D'

A

E

B

B'

Dessous de col | *Under collar*

Pliure - Foldline

D'

D'

Dessus de col | *Upper collar*

0.3 à 0.5

0.3 à 0.5

- Tracer une ligne verticale (milieu dos).

Figure 1. Cadre de construction et tracé du pied de col.

- En perpendiculaire au milieu dos, porter AB = 1/2 encolure - 1 cm.
- Sur le milieu dos, donner la hauteur du pied de col AC = 2,5 cm.
- Fermer le rectangle ABDC.
- E = 1/4 de AB.
- Porter EF parallèle à AC.
- BB' = 1/4 de AB.
- Dessiner EB' en ligne courbe.
- AEB' = 1/2 encolure.
- Placer un cran E' tel AE' = 1/2 encolure dos.
- B'D' = AC – 0,5 cm en perpendiculaire à EB'.
- Dessiner FD' en ligne courbe.
- Ajouter la valeur de croisure selon le modèle à partir de B' dans le prolongement de EB'.
- Dessiner l'arrondi à partir de D'.

Figure 2. Cadre de construction et tracé du tombant de col.

- Sur le milieu dos, porter GH = 1/2 de AB'.
- En perpendiculaire au milieu dos, tracer un axe.
- A l'appui de cet axe, porter HI = 1/2 tour d'encolure – son 1/10ème.
- J = 1/2 de HI.
- En perpendiculaire, porter JK = 1/4 de GH.
- Dessiner l'encolure du tombant de col HKI en respectant une platitude à angle droit en H.
- Vérifier HKI (encolure du tombant) = CFD' (haut du pied de col). Déplacer, s'il y a lieu, le milieu dos.
- HH' = Hauteur du tombant de col selon le modèle (ici 6,5 cm).
- Dessiner le bord du tombant de col H'I en parallèle à l'encolure en respectant une platitude à angle droit en H'.

- Draw a vertical line (center back line).

Diagram 1. Construction frame and collar band outline.

- Place AB perpendicular to the center back line. AB = 1/2 of neckline measurement - 1 cm.
- On the center back line, place the collar band width AC = 2.5 cm.
- Draw the rectangle ABDC.
- E = 1/4 of AB.
- Place EF parallel to AC.
- BB' = 1/4 of AB.
- Draw EB' with a curve.
- AEB' = 1/2 of neckline measurement.
- Place a notch at E' so that AE' = 1/2 of back neckline measurement.
- B'D' = AC – 0.5 cm and is perpendicular to EB'.
- Draw FD' with a curve.
- Add the overlap amount from B' (according to the garment to be made), by extending EB'.
- Draw the rounded edge from D'.

Diagram 2. Construction frame and collar fall outline.

- On the center back line, place GH = 1/2 of AB'.
- From G, draw a perpendicular to the center back line.
- Resting on this axis, HI = 1/2 of the neckline measurement – its 1/10th.
- J = 1/2 of HI.
- Place JK perpendicular to HI. JK = 1/4 of GH.
- Draw the collar fall neckline HKI maintaining a right angle at H.
- Verify HKI (collar fall neckline) = CFD' (upper edge of collar band). If necessary, shift the center back line.
  - HH' = Collar fall width according to the garment to be made (ex: 6.5 cm).
  - Draw the collar fall edge H'I parallel to the neckline while maintaining a right angle at H'.

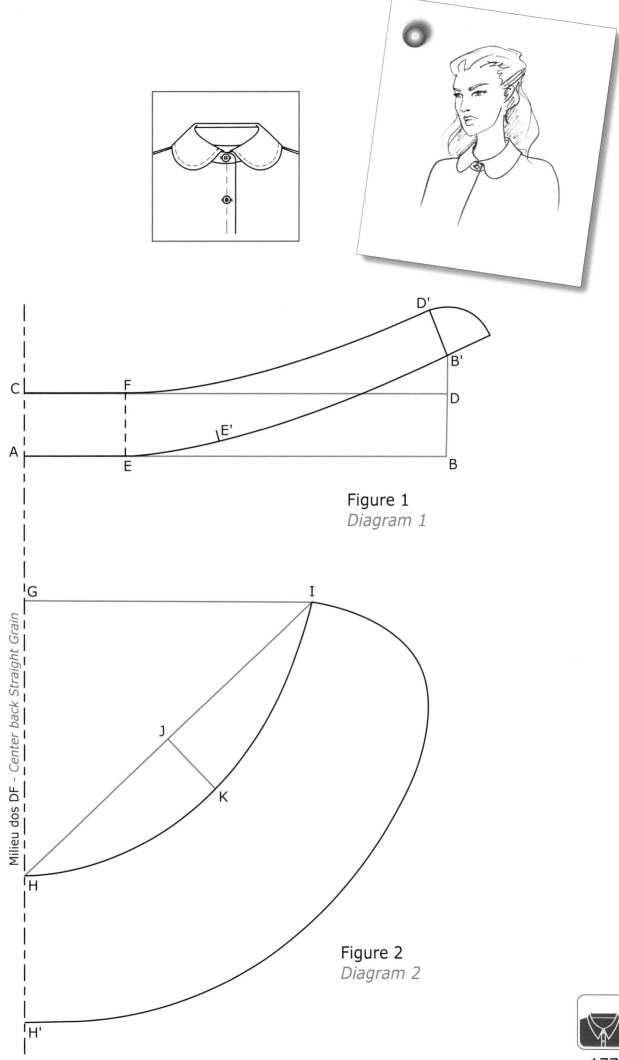

Figure 1
Diagram 1

Milieu dos DF - *Center back Straight Grain*

Figure 2
Diagram 2

COL ETON

Ce col en deux pièces (pied + tombant de col) est très proche du col Claudine.
Sa différence réside surtout dans la forme de son tombant, plus large et plus adaptée aux lignes de col pour manteaux et imperméables.

- Tracer une ligne verticale (milieu dos).

Figure 1. Cadre de construction et tracé du pied de col.
- En perpendiculaire au milieu dos, porter AB = 1/2 encolure - 0,5 cm.
- A partir de B, élever une perpendiculaire à AB et placer le point C tel que BC = 1/5 de AB.
- AD = 1/4 de AB.
- Tracer la ligne d'encolure ADC : AD en ligne droite et DC en légère courbe = 1/2 encolure.
- Sur le milieu dos, donner la hauteur du pied de col AE = 2,5 cm.
- CF = AE – 1 cm en perpendiculaire à DC.
- Dessiner EF en ligne courbe.
- Placer un cran D' tel AD' = 1/2 encolure dos.

Figure 2. Cadre de construction et tracé du tombant de col.
- Sur le milieu dos, porter GH = 1/2 de AB.
- De G, en perpendiculaire au milieu dos, tracer un axe.
- A l'appui de cet axe, porter HI = 1/2 tour d'encolure – son 1/15ème.
- J = 1/2 de HI.
- En perpendiculaire, porter JK = 1/4 de GH.
- Dessiner l'encolure du tombant de col HKI en respectant une platitude à angle droit en H.
- Vérifier HKI (encolure du tombant) = EF (haut du pied de col).
- HL = Hauteur du tombant de col au milieu dos selon le modèle (ici 6,5 cm).
- Projeter JK et porter KM = 7 cm.
- IN = Hauteur du tombant de col au milieu devant selon le modèle (ici 8 cm).
- Dessiner le bord du tombant de col LMN en respectant une platitude à angle droit en L.
- Arrondir l'angle N selon le modèle.

ETON COLLAR

This collar consists of two pieces (collar band and collar fall) and is similar to the Peter Pan collar.
The difference lies in the shape of the collar fall which is wider. The Eton collar is more adapted to coats and raincoats.

- Draw a vertical line (center back line).

Diagram 1. Construction frame and collar band outline.
- Place AB perpendicular to the center back line. AB = ½ neckline measurement – 0.5 cm.
- From B, raise a perpendicular to AB and place the point C so that BC = 1/5 of AB.
- AD = 1/4 of AB.
- Draw the neckline ADC : AD is a straight line and DC is a slight curve.
- ADC = 1/2 neckline measurement.
- On the center back line, place the collar band width AE = 2.5 cm.
- CF = AE – 1 cm and is perpendicular to DC.
- Draw EF with a curve.
- Place a notch at D' so that AD' = 1/2 back neckline measurement.

Diagram 2. Construction frame and collar fall outline.
- On the center back line, place GH = 1/2 of AB.
- From G, draw a perpendicular to the center back line.
- Place HI to this perpendicular line. HI = 1/2 of the neckline measurement – its 1/15th.
- J = 1/2 of HI.
- Place JK perpendicular to HI. JK = 1/4 of GH.
- Draw the collar fall neckline HKI maintaining a right angle at H.
- Verify that HKI (collar fall neckline) = EF (upper edge of collar band).
  - HL = Collar fall width at center back according to the garment to be made (ex: 6.5 cm).
  - Extend JK and place KM = 7 cm.
  - IN = Collar fall width at center front according to the garment to be made (ex: 8 cm).
  - Draw the collar fall edge LMN maintaining a straight line and right angle at L.
  - Round off the angle at N according to the garment to be made.

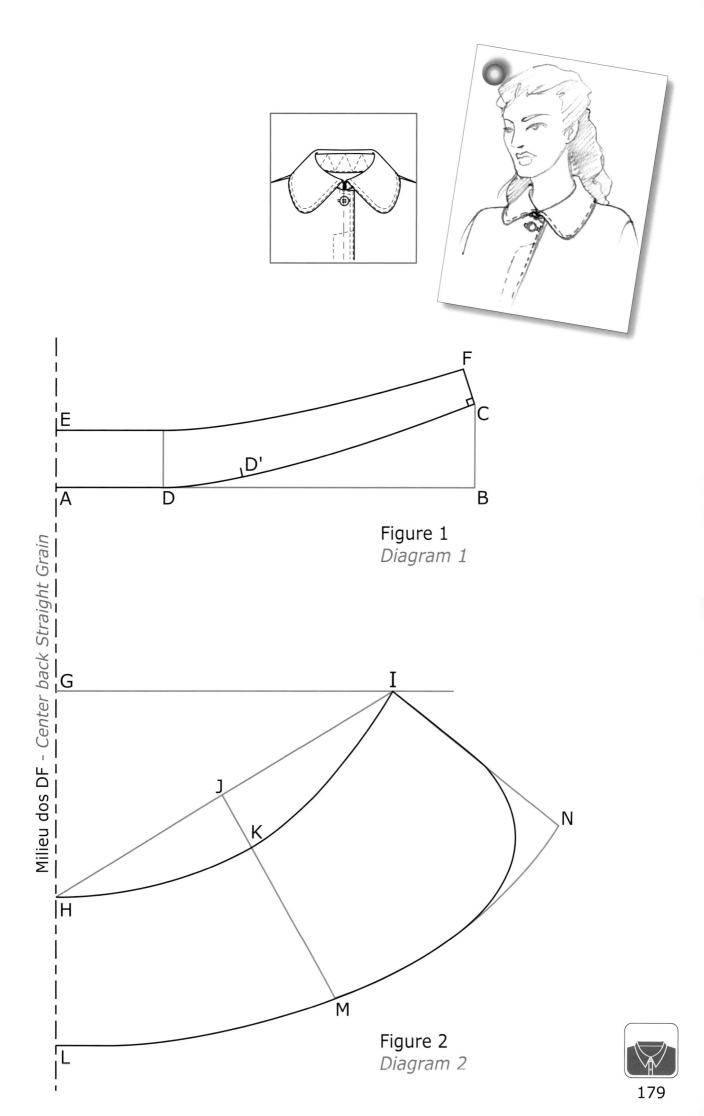

Figure 1
Diagram 1

Milieu dos DF - *Center back Straight Grain*

Figure 2
Diagram 2

Pour tous cols, tailleur ou châle, élargir l'encolure (ne pas trop creuser le dos).
- Relever un corsage devant et un corsage dos correspondant au modèle à réaliser.

Figure 1. Dessin du col.
- Donner les valeurs d'élargissement sur l'encolure.
- Tracer la hauteur de la valeur d'épaulette sur l'épaule (si besoin est), avant de commencer le tracé.
- Dessiner le 1er bouton sur le milieu devant, et placer F = départ de la cassure à 1 cm au dessus du bouton.
- Epingler le devant et le dos par les épaules.
- Sur le milieu devant, ajouter la croisure nécessaire au modèle à réaliser :
    - 1,5 cm – chemisier.
    - 2 cm – robe.
    - 2,5 cm – veste, tailleur.
    - 2,75 ou 3 cm – manteau.
- E : Intersection ligne d'épaule, ligne d'encolure.
- Tracer une parallèle à la ligne de milieu devant passant par E.
- Plier sur cette ligne et tracer la symétrique de la ligne d'épaule.
- AE : 1/2 encolure dos élargie.
- Prolonger la ligne milieu dos.
- AB = Hauteur du pied de col ; exemple : 3 cm.
- EB' = AB.
- Tracer BB', ligne équidistante à AE puis joindre B'F en ligne droite (ligne de cassure).
- BC = Hauteur du tombant ; exemple : 4,5 ou 5 cm.
- A partir de C et en gardant 3 cm de platitude (CC'), dessiner le bord du col (tombant de col), l'anglaise puis le revers jusqu'au point F en restant le plus fidèle possible au modèle.

Le tombant doit être plus grand que le pied de col d'au moins 1 cm pour que le tombant cache l'encolure.

Note : La ligne d'anglaise IH ne doit pas se situer au dessus de la base de l'encolure devant (voir pointillés couleur).
- Bord de col = CD.
- Ligne d'anglaise = HGI.
- Cran de contre-anglaise = DG.
- Plier sur IF et relever le revers DGH en D'G'H', par pointage ou par transparence.
- Relever à la roulette le début du tombant de col au-delà de D'.
- Prolonger la ligne d'anglaise H'I tel que IJ = hauteur du pied de col – 0,5 cm.
- Joindre J à E en légère courbe.
- AEJIH' = encolure élargie.

For all collars, either suit or shawl, enlarge neckline (scoop out back slightly - a maximum of 0.25 cm - for a dress).
- Outline a front and back bodice corresponding to model to be made.

Diagram 1. Drawing the collar.
- Determine amounts for enlarging neckline.
- Trace height of shoulder pad thickness on shoulder (if necessary) before beginning the tracing.
- Pin front and back together at shoulders.
- At center front, add overlap necessary for model to be realized :
    - 1.5 cm – shirt.
    - 2 cm – dress.
    - 2.5 cm – jacket, suit.
    - 2.75 or 3 cm - coat.
- Draw the 1st button at center front and place F = beginning at break 1 cm above button.
- E : intersection of shoulder and neck line.
- Trace a parallel line to center front line that passes through E.
- Fold on this line and symmetrically trace shoulder line.
- AE : ½ back neckline with enlargement.
- Continue center back line.
- AB = Height of collar stand ; example : 3 cm.
- EB' = AB.
- Trace BB', an equidistant line to AE, then join B'F in a straight line (break line).
- BC = Height of fall ; example : 4.5 ou 5 cm.
- From C, draw CC' = 3 cm with a straight angle, then draw edge of collar (collar fall), notch, and then lapel all the way to point F, following the model.

The fall must be bigger than the collar stand by at least 1 cm so it hides the neckline.

Note : Notch line IH must not be located directly above base of front neckline (see colored dots).
- Collar edge = CD.
- Notch line = HGI.
    - Notch of collar = DG.
    - Fold on IF and trace lapel DGH as D'G'H' using perforations or tracing paper.
    - With a tracing wheel, trace beginning of collar fall above D'.
    - Continue notch line H'I as IJ = height of collar stand – 0.5 cm.
    - Join J to E in a slight curve.
    - AEJIH' = garment neckline.

Le col tailleur est un col porté ouvert composé de deux parties :
le tombant de col et le revers de col.

Ces deux parties sont reliées par la couture d'anglaise. Les
angles du tombant de col et du revers forment un cran ou
contre anglaise.

Cette technique de col donne un col plus souple, plus facile à
relever.

Le pivot est variable selon le développement souhaité.

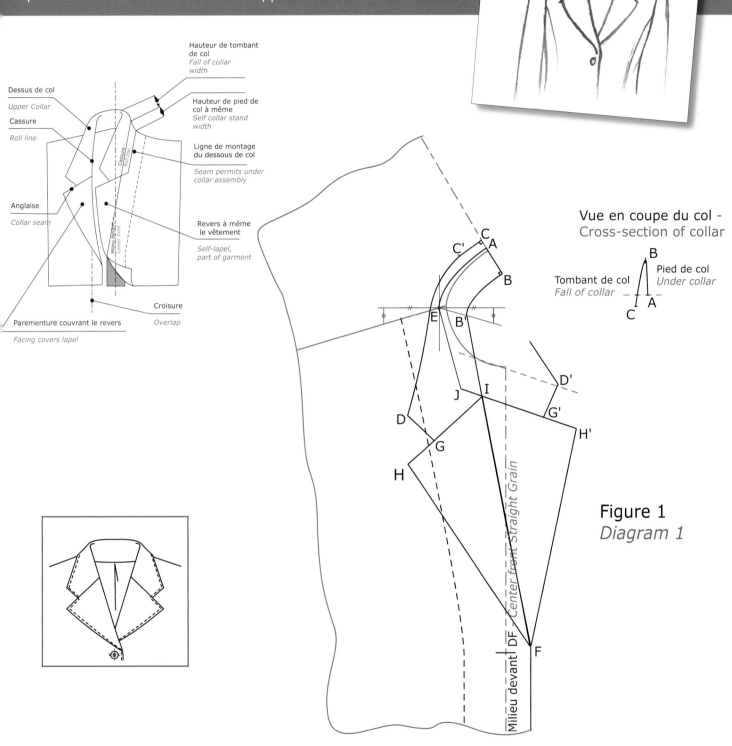

Dessus de col
Upper Collar

Cassure
Roll line

Anglaise
Collar seam

Parementure couvrant le revers
Facing covers lapel

Croisure
Overlap

Hauteur de tombant de col
Fall of collar width

Hauteur de pied de col à même
Self collar stand width

Ligne de montage du dessous de col
Seam permits under collar assembly

Revers à même le vêtement
Self-lapel, part of garment

Milieu devant
Center front

Cassure
Roll line

Vue en coupe du col -
Cross-section of collar

Tombant de col
Fall of collar

Pied de col
Under collar

Figure 1
Diagram 1

Milieu devant DF
Center front Straight Grain

The suit collar is a collar worn open, composed of two parts : the collar fall and
the lapel.

These two parts are joined at a notch. The angles of the collar fall and lapel
form a notch or *contre anglaise* in French.

This collar technique gives a suppler collar with more ease.

The pivot can be varied depending on the desired result.

Figure 2. Développement du col.

- Prolonger la ligne de cassure FB' vers le haut.
- Placer perpendiculairement à la ligne de cassure un segment passant par J = J'.
- J'A' = JE + EA.
- En perpendiculaire à A'B', placer une valeur de pivot A'A'' de 2 cm.

La valeur de pivot permet le développement direct du col. En décalant la ligne de cassure, on obtiendra directement la mesure de bord de col dessinée (CD) en conservant l'encolure de celui-ci (KJ) correspondant à l'encolure du vêtement (JEA).

Cette valeur dépend de la différence entre la valeur de bord de col et la valeur d'encolure. Elle peut se situer entre 1,5 à 4 cm selon le modèle.

Pour un col classique, nous mettrons une valeur de pivot de 2 cm = A'A''.

- Retracer la nouvelle ligne de cassure en A''B'.
- De part et d'autre de A'', porter en perpendiculaire à A''B' :
  - La hauteur de pied de col = A''K.
  - La hauteur du tombant de col = A''L.
- KL = milieu dos du col.

Retracer l'encolure dos du col KE tel que KE = AE + 0,3 cm et le bord du col LD' en conservant un angle droit en L et en rejoignant le tracé de l'anglaise.

A cette étape, on pourra recreuser légèrement la ligne JE pour accompagner KE (ligne d'encolure du col) et en symétrie, décreuser la ligne d'encolure du devant en JE également (voir lignes pointillées).

Vérifier que :
- JEK = JEA + 0,3 cm. (Une correction en parallèle au milieu dos du col est possible).
- DC + 0,5 cm = D'L. En cas de différence entre ces deux lignes, changer la valeur de pivot et retracer le milieu dos du col ainsi que les lignes qui en dépendent.
  JEK > JEA = placer moins de valeur de pivot.
  JEK < JEA = placer plus de valeur de pivot.

Diagram 2. Collar development.

- Continue break line FB' going up.
- Perpendicular to break line, draw a segment passing from J = J'.
- J'A' = JE + EA.
- In a perpendicular line to A'B', place a pivot amount A'A'' = 2 cm.

The amount of pivot facilitates the direct development of the collar. By shifting the break line, we obtain the measurement of the edge of collar to be drawn (CD) while keeping the neckline (KJ) that corresponds to the garment neckline (JEA).

This amount depends on the difference between the length of the collar edge and the amount of the neckline. It can be between 1.5 to 4 cm long depending on the model.

For a classic collar, we will use a pivot amount of 2 cm= A'A''.

- Retrace the new break line as A''B'.
- On both sides of A'', draw a perpendicular line A''B' :
  - Height of collar stand : A''K.
  - Height of collar fall = A''L.

KL : center back of collar.

Retrace back neckline of collar KE so that KE = AE + 0.3 cm and edge of collar LD' by maintaining a right angle at L and rejoining the notch line.

At this stage, we can scoop out the JE line slightly to join with KE (collar neckline) and symmetrically, slightly scoop out the front neckline from JE as well (see dotted lines).

Verify that :
- JEK = JEA + 0.3 cm. (A correction parallel to center back of collar is possible).
- DC + 0.5 cm = D'L. If there is a difference between these two lines, change the amount of pivot and retrace both center back collar and the lines that depend on it.
  JEK > JEA = place less of pivot amount.
  JEK < JEA = place more of pivot amount.

182

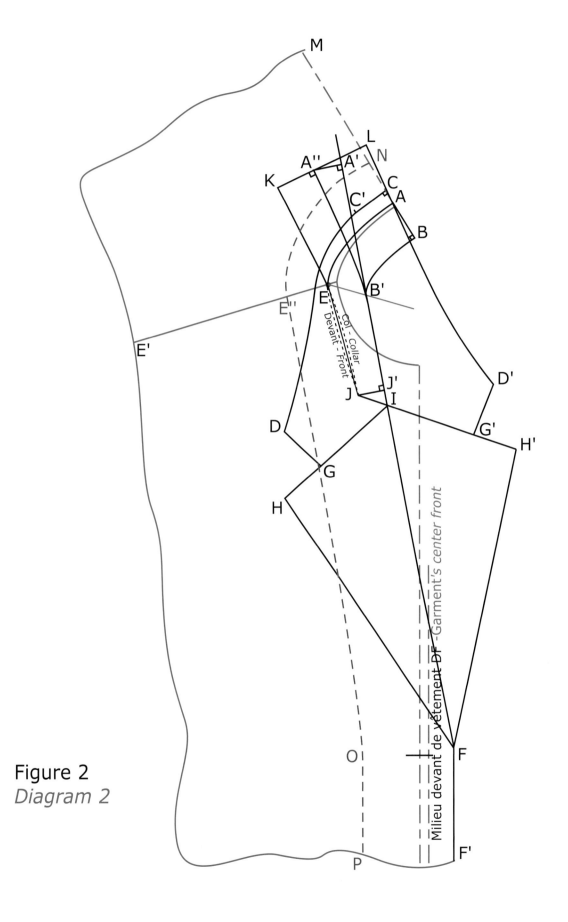

Figure 2
Diagram 2

The following labels appear within the figure:

M, L, N, A'', A', K, C, C', A, B, B', E, E'', E', D', Col - Collar, Devant - Front, J, J', I, D, G', H', G, H, Milieu devant de vêtement DF - Garment's center front, O, F, P, F'

Figure 3. Relever chaque pièce séparément.

Devant : E'EJIH'FF'. Relever le tracé et placer un cran sur le point G' (cran d'anglaise).

Dos : E'EAM. Relever le tracé.

Pour dessiner la parementure et l'enforme dos (facultative) :
- EE'' = AN = 3,5 à 5 cm.
- FO = F'P = au minimum 8 cm.

Enforme dos : AEE''NA.

Parementure : F'FH'IJEE''OP.
- Ajouter 0,2 à 0,6 cm sur le bord de la parementure afin que la couture roule entre les points G' et F en mourant à chaque extrémité.
- Ouvrir la ligne de cassure et redonner 0,3 à 0,5 cm en parallèle.
- Ouvrir en deux ou trois endroits perpendiculairement au milieu devant de 0,3 cm.
- Retracer la parementure en adoucissant les angles formés par les ouvertures.

Ces valeurs dépendent de l'épaisseur du textile choisi et permettent à la parementure de ne pas tirer sur la longueur du vêtement, notamment après la broderie des boutonnières.

Dessus de col : KLD'G'JEK. Placer un point d'accord sur E (ligne d'épaule).
- Ajouter 0,2 à 0,6 cm sur le bord du dessus de col afin que la couture roule entre les points L et G en mourant sur le point G.
- Ouvrir la ligne de cassure et redonner 0,3 à 0,5 cm en parallèle.

Dessous de col : KLD'G'JEK. Cette pièce sera coupée dans le plein biais. Afin d'obtenir un meilleur rendu au montage avec un dessous de col plus tendu, on diminuera le dessous de col de 0,5 cm au milieu dos en repoussant le cran d'épaule de 0,25 cm.

Note. La couture milieu dos du dessous de col est OBLIGATOIRE.

Vérifier l'emplacement des points d'accord et du Df sur chaque pièce.

Diagram 3. Trace each piece separately.

Front : E'EJIH'FF'. Outline tracing and place a notch at point G' (collar notch).

Back : E'EAM. Outline tracing.

To draw facing and back interfacing (optional) :
- EE'' = AN = 3.5 to 5 cm.
- FO = F'P = a minimum of 8 cm.

Back interfacing : AEE''NA.

Facing : F'FH'IJEE''OP.
- Add 0.2 to 0.6 cm on edge of facing so seam rolls between points G' and F in tapering to nothing at each end.
- Open break line and add 0.3 to 0.5 cm in a parallel line.
- Make 0.3 cm slashes in two or three places perpendicular to center front.
- Retrace facing by softening the angles formed by the openings.

These amounts depend on the thickness of the chosen fabric and allow the facing to not pull along length of garment, especially after the buttonholes have been embroidered.

Upper collar : KLD'G'JEK. Place a matching point at E (shoulder line).
- Add 0.2 to 0.6 cm on edge of upper collar so seam rolls between points L and G, tapering to nothing at point G.
- Open break line and add 0.3 to 0.5 cm in parallel.

Under collar : KLD'G'JEK. This piece will be cut on the bias. In order to obtain a better construction result with a tighter under collar, we will reduce under collar by 0.5 cm at center back by moving shoulder notch 0.25 cm towards J.

Note. Having a center back seam on under collar is OBLIGATORY.

Verify the placement of matching points and straight grain on each piece.

184

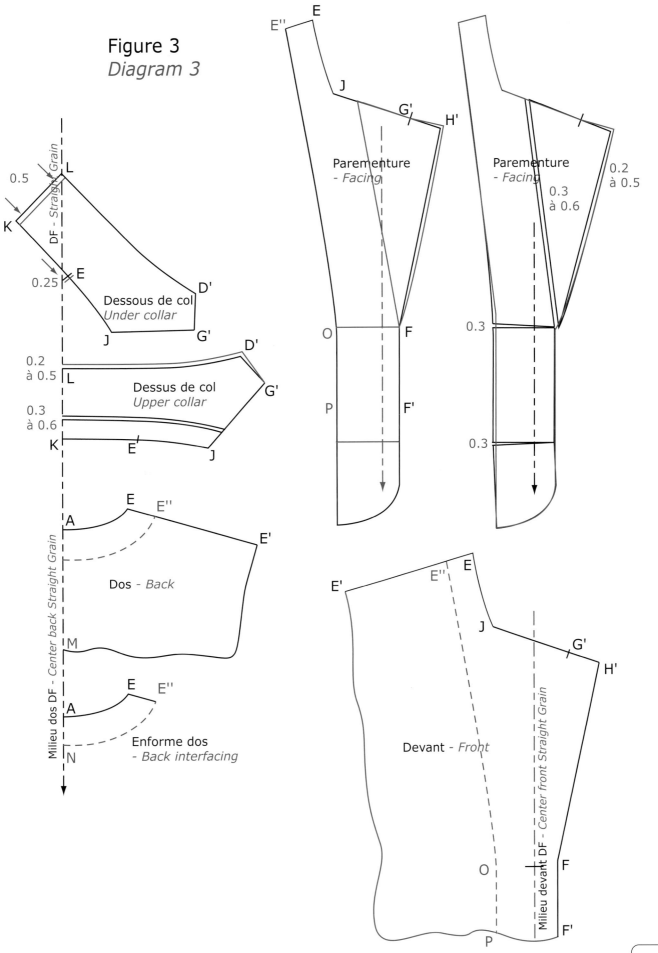

Figure 3
Diagram 3

0.5

K

L

DF - *Straight Grain*

E

0.25

D'

Dessous de col
Under collar

J

G'

0.2
à 0.5

L

D'

Dessus de col
Upper collar

G'

0.3
à 0.6

K

E

J

A

E

E''

E'

Dos - *Back*

M

E

E''

A

Enforme dos
- Back interfacing

N

Milieu dos DF - *Center back Straight Grain*

E''

E

J

G'

H'

Parementure
- *Facing*

O

F

P

F'

Parementure
- *Facing*

0.3
à 0.6

0.2
à 0.5

0.3

0.3

E'

E''

E

J

G'

H'

Devant - *Front*

O

F

P

F'

Milieu devant DF - *Center front Straight Grain*

Les couturages des parementures et dessous de col :

2 possibilités :

1. La **parementure en un seul morceau** : Df milieu devant sur la parementure + Dessous de col : Milieu dos Plein biais.

2. Dans le cas d'un **tissu à rayures ou à carreaux** = Parementure en deux morceaux. Placer une couture perpendiculaire au milieu devant 3 cm sous le premier bouton.

   Couture pour le dessous de col + Haut de parementure, avec Df le plus parallèle possible du bord de l'arrondi (**Figure 4**) + Bas de parementure, Df milieu devant.

Note. Possibilité de tracer un col châle à partir de cette théorie.

Center back seams of facings and under collar :

2 possibilities :

1. **Facing in a single piece** : Straight grain on center front for facing + under collar : center back full bias.

2. **For a striped or plaid fabric** = facing in two pieces. Place a perpendicular seam at center front 3 cm below first button.

Center back seam on straight grain for under collar + top of facing,
Center back seam on straight grain, placed in the most parallel way possible to edge of curve (see Figure 4) + bottom piece of facing on straight grain at center front.

Note. Possibility to draft a shawl collar using this theory.

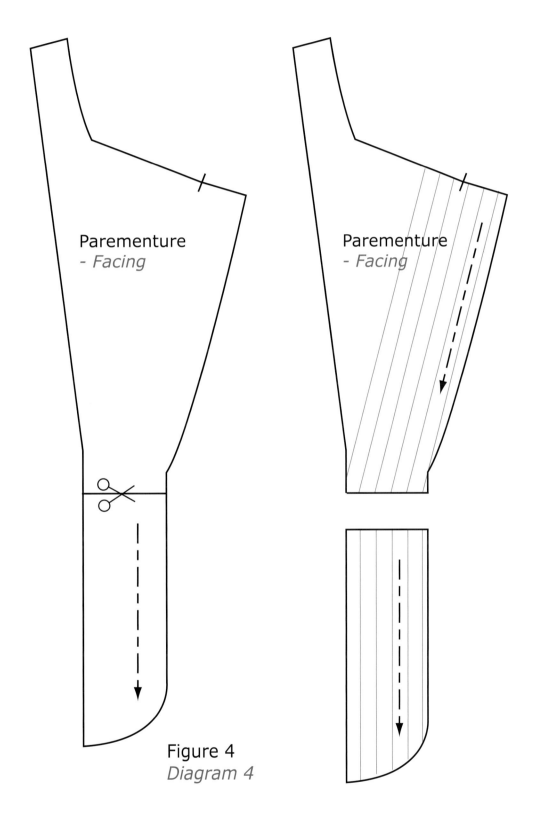

Parementure
- *Facing*

Parementure
- *Facing*

Figure 4
Diagram 4

Cette variante du col tailleur à pivot direct offre l'avantage de dégager la ligne de cassure et d'obtenir un col plus ouvert.

Pour tous cols, tailleur ou châle, élargir l'encolure (ne pas trop creuser le dos).
- Relever un corsage devant et un corsage dos correspondant au modèle à réaliser.

Figure 1. Dessin du col.
- Donner les valeurs d'élargissement sur l'encolure.
- Tracer la hauteur de la valeur d'épaulette sur l'épaule (si besoin est), avant de commencer le tracé.
- Epingler le devant et le dos par les épaules.
- Pour le Tailleur Manteau : Ajouter parallèlement au milieu devant une valeur de 0,75 cm à partir du bas du vêtement. Cette valeur laissera un peu d'aisance pour la ceinture du pantalon ou de la jupe afin que le boutonnage du col ne tire pas.
- Dessiner le 1er bouton sur le milieu devant, et placer F = départ de la cassure à 1 cm au dessus du bouton.
- Sur le milieu devant, ajouter la croisure nécessaire au modèle à réaliser :
  - 1,5 cm – chemisier ; 2 cm – robe.
  - 2,5 cm – veste, tailleur ; 2,75 ou 3 cm – manteau.
- E : Intersection ligne d'épaule, ligne d'encolure.
- Tracer une parallèle à la ligne de milieu devant passant par E.
- Plier sur cette ligne et tracer la symétrique de la ligne d'épaule.
- AE : 1/2 encolure dos élargie.
- Prolonger la ligne milieu dos.
- AB = Hauteur du pied de col ; exemple : 3 cm.
- EB' = AB.
- Tracer BB', ligne équidistante à AE puis joindre B'F en ligne droite (ligne de cassure droite).
- BC = Hauteur du tombant ; exemple : 4,5 cm.

A partir de C et en gardant 3 cm de platitude (CC'), dessiner le bord du col (tombant de col), l'anglaise puis le revers jusqu'au point F en restant le plus fidèle possible au modèle.

Le tombant doit être plus grand que le pied de col d'au moins 1 cm pour que le tombant cache l'encolure.

Note : La ligne d'anglaise JH' ne doit pas se situer au dessus de la base de l'encolure devant (voir pointillés couleur).
- Bord de col = CD.
- Ligne d'anglaise = HGI.
- Cran de contre-anglaise = DG.
- I'I'' = 1 à 1,5 cm. Cette valeur se place perpendiculairement à B'F à l'appui de la ligne d'anglaise HGI.
- Retracer la ligne de cassure en courbe B'I'F.
- Plier sur I'F et relever le revers DGHF en D'G'H'F', par pointage ou par transparence.
- Plier sur B'I' et relever la ligne d'anglaise GI' en I'G''et le début du tombant de col GD + cran d'anglaise en G''D'.
- Prolonger la ligne d'anglaise H'I' tel que I'J = hauteur du pied de col – 0,5 cm = ligne d'anglaise du revers.
- Joindre JG''en ligne droite = ligne d'anglaise du tombant de col. L'assemblage de ces deux lignes installera la courbure de la ligne de cassure.
- Placer sur la ligne d'anglaise du revers le cran d'arrivée du col en G' (voir loupe).
- Joindre J à E en légère courbe.
- AEJI'G' = encolure vêtement.

Figure 2. Développement du col.
- Prolonger la ligne de cassure I'B' vers le haut.
- Placer perpendiculairement à la ligne de cassure un segment passant par J = J'.
- J'A' = JE + EA.
- En perpendiculaire à A', placer une valeur de pivot A'A'' de 2 cm.

La valeur de pivot permet le développement direct du col. En décalant la ligne de cassure, on obtiendra directement la valeur du bord de col en conservant la valeur d'encolure. Cette valeur dépend de la différence entre la valeur de bord de col et la valeur d'encolure. Elle peut se situer entre 1,5 à 4 cm selon le modèle. Pour un col classique, nous mettrons une valeur de pivot de 2 cm.
- Retracer la nouvelle ligne de cassure en A''B'.
- De part et d'autre de A'', porter en perpendiculaire à A''B' :
  - La hauteur de pied de col = A''K.
  - La hauteur du tombant de col = A''L.
- KL = milieu dos du col.
- Retracer l'encolure dos du col KE = AE + 0,3 cm et le bord du col LD' en conservant un angle droit en L et en rejoignant le tracé de l'anglaise. A cette étape, on pourra recreuser légèrement la ligne JE pour accompagner KE (ligne d'encolure du col) et en symétrie, décreuser la ligne d'encolure du devant en JE également (voir lignes pointillées).
- Vérifier que :
  - JEK = JEA+ 0,3 cm. (Une correction en parallèle au milieu dos du col est possible).
  - DC + 0,5 cm = D'L. En cas de différence entre ces deux lignes, changer la valeur de pivot et retracer le milieu dos du col ainsi que les lignes qui en dépendent.
    JEK > JEA = placer moins de valeur de pivot.
    JEK < JEA = placer plus de valeur de pivot.

Figure 3. Relever chaque pièce séparément EN SUIVANT LES EXPLICATIONS DU COL TAILLEUR à pivot direct avec cassure droite (voir page 184).

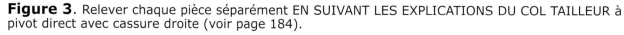

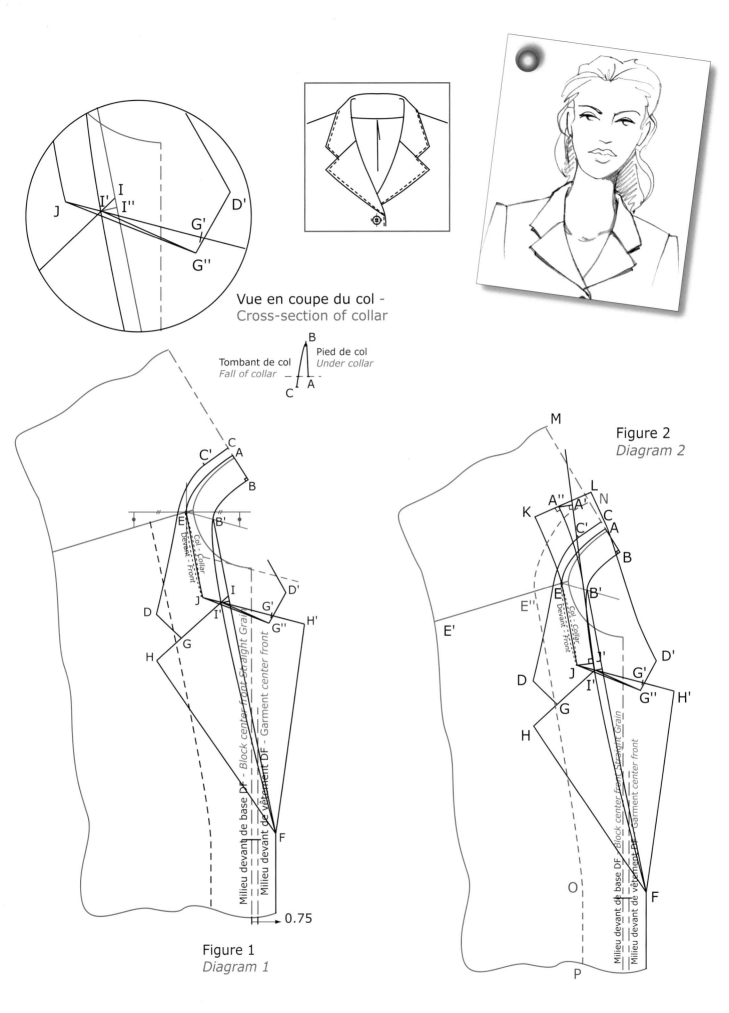

Vue en coupe du col -
Cross-section of collar

B

Tombant de col
Fall of collar

Pied de col
Under collar

C   A

M

Figure 2
Diagram 2

C
C'   A
B

E   B'

Col - Collar
Devant - Front

D'
I   G'
J
I'   G''   H'

D

H   G

Milieu devant de base DF - Block center front - Straight Grain
Milieu devant de vêtement DF - Garment center front

F

0.75

Figure 1
Diagram 1

K   A''   A'   L   N
C'   C   A
B

E''   E   B'

Col - Collar
Devant - Front

E'

D'
J   J'   G'
I'   G''   H'

D

H   G

Milieu devant de base DF - Block center front - Straight Grain
Milieu devant de vêtement DF - Garment center front

O

F

P

189

This suit collar variation with a direct pivot offers the advantage of opening up the break line to obtain a more open collar.

For all collars, either suit or shawl, enlarge neckline (scoop out back slightly - a maximum of 0.25 cm - for a dress).

- Outline a front and back bodice corresponding to model to be made.

Diagram 1. Drawing the collar.
- Determine amounts for enlarging neckline.
- Trace height of shoulder pad thickness on shoulder (if necessary) before beginning the tracing.
- Pin front and back together at shoulders.
- At center front, add overlap necessary for model to be realized :
    - 1.5 cm – shirt.
    - 2 cm – dress.
    - 2.5 cm – jacket, suit.
    - 2.75 or 3 cm - coat.
- Draw the 1st button at center front and place F = beginning at break 1 cm above button.
- E : intersection of shoulder and neck line.
- Trace a parallel line to center front line that passes through E.
- Fold on this line and symmetrically trace shoulder line.
- AE : ½ back neckline with enlargement.
- Continue center back line.
- AB = Height of collar stand ; example : 3 cm.
- EB' = AB.
- Trace BB', an equidistant line to AE, then join B'F in a straight line (break line).
- BC = Height of fall ; example : 4.5 cm.
- From C, draw CC' = 3 cm with a straight angle, then draw edge of collar (collar fall), notch, and then lapel all the way to point F, following the model.

The fall must be bigger than the collar stand by at least 1 cm so it hides the neckline.

Note : Notch line IH must not be located directly above base of front neckline (see colored dots).
- Collar edge = CD.
- Notch line = HGI.
- Notch of *contre-anglaise* = DG.
- I'I'' = 1 to 1,5 cm. This amount is placed perpendicularly on B'F at support point of notch line HGI.
- Retrace roll line in a curve B'I'F.
- Fold on I'F and trace lapel DGHF as D'G'H'F using perforations or tracing paper.
- Fold on B'I' and trace notch collar GI' as I'G'' and beginning of collar drape "GD + notch" as "G''D' + notch".
- Continue notch line H'I' to I'J = height of collar stand – 0,5 cm = notch line of lapel.
- Join JG'' in a straight line = notch line of collar drape. Putting these two lines together will create a curve for the break line.
- Place a marker on lapel's notch line where collar meets this piece (see close-up) when it is sewn = JG''.
- Join J to E' in a slight curve.
- AEJI'G' = garment neckline.

Diagram 2. Collar development.
- Continue break line going up.
- Perpendicular to break line, draw a segment passing from J = J'.
- J'A' = JE + EA.
- In a perpendicular line to A'B', place a pivot amount A'A'' = 2 cm.

The amount of pivot facilitates the direct development of the collar. By shifting the break line, we obtain the measurement of the edge of collar to be drawn (CD) while keeping the neckline (KJ) that corresponds to the garment neckline (JEA).

This amount depends on the difference between the length of the collar edge and the amount of the neckline. It can be between 1.5 to 4 cm long depending on the model.

For a classic collar, we will use a pivot amount of 2 cm.
- Retrace the new break line as A''B'.
- On both sides of A'', draw a perpendicular line A''B' :
    - Height of collar stand : A''K.
    - Height of collar fall = A''L.
- KL : center back of collar.

Retrace back neckline of collar KE = AE + 0.3 cm and edge of collar LD' by maintaining a right angle at L and rejoining the notch line. At this stage, we can scoop out the JE line slightly to join with KE (collar neckline) and symmetrically, slightly scoop out the front neckline from JE as well (see dotted lines).

Verify that :
    - JEK = JEA + 0.3 cm. (A correction parallel to center back of collar is possible).
    - DC + 0.5 cm = D'L. If there is a difference between these two lines, change the amount of pivot and retrace both center back collar and the lines that depend on it.
    JEK > JEA = place less of pivot amount.
    JEK < JEA = place more of pivot amount.

Diagram 3. Trace each piece separately FOLLOWING EXPLANATIONS FOR SUIT COLLAR with direct pivot and straight break (see page 184).

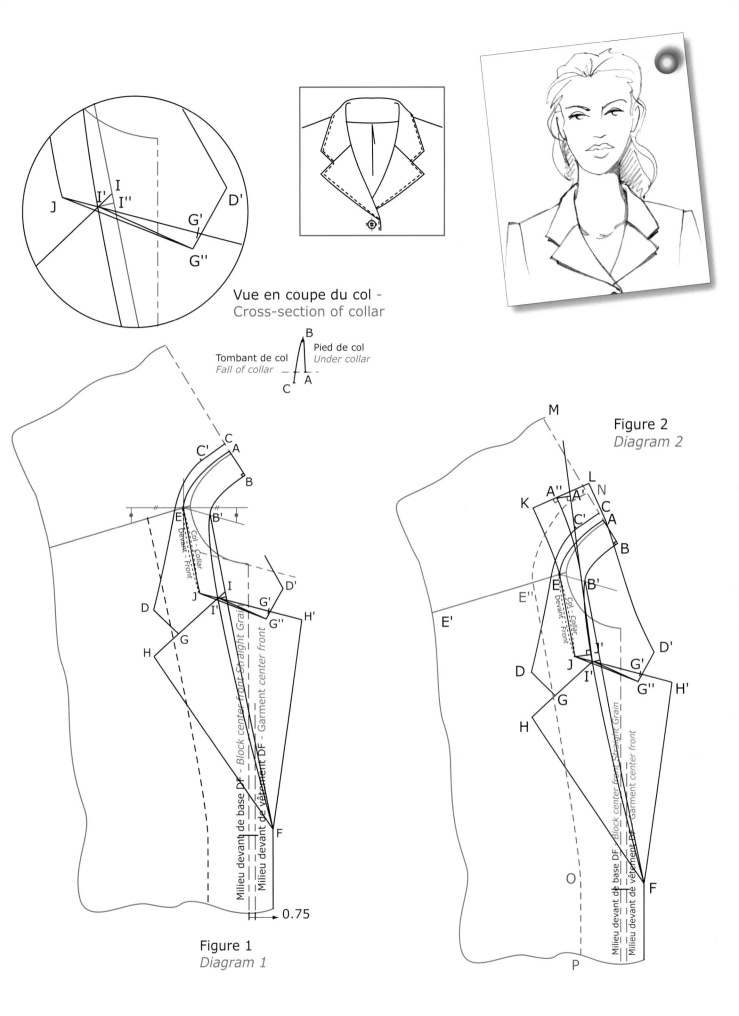

Vue en coupe du col -
Cross-section of collar

B

Pied de col
Under collar

Tombant de col
Fall of collar

C

A

Figure 1
Diagram 1

→ 0.75

Figure 2
Diagram 2

Techniquement, le col châle est très proche du col tailleur. Visuellement, il est formé de deux revers arrondis et d'une seule pièce, du milieu dos au bord de la croisure.

On pourra utiliser la technique du col tailleur avec développement direct ou bien la méthode suivante :

Figure 1. Préparation.
- Assembler le dos et le devant de la construction par les épaules.
- Elargir l'encolure selon le modèle.
- Placer les boutons sur le milieu devant.
- Déterminer la valeur de croisure en fonction du modèle et du diamètre des boutons, sachant qu'une distance de 1 cm minimum est à respecter entre le bord du bouton et le bord de la croisure.
- Tracer la croisure.

A 1 cm au-dessus du premier bouton et au bord de la croisure, placer le point A : départ de la ligne de cassure et du revers.
- Tracer sur quelques centimètres une ligne parallèle au milieu devant passant par le point B (épaule, encolure).
- Replier le papier sur cette ligne.
- Reproduire la ligne d'épaule sur quelques centimètres.

Figure 2. Tracé du col.
- Prolonger le milieu dos : CD = hauteur du pied de col.

Sur la ligne de projection d'épaule : BF = CD = hauteur du pied de col.
- Tracer la ligne de cassure = DFA.

DF = courbe équidistante à CB et perpendiculaire en D au milieu dos.

FA = ligne droite.

Tracé du tombant de col selon le modèle :
Milieu dos : DE = hauteur du tombant de col.
- Dessiner la forme du col selon le modèle en joignant EA et en conservant une perpendiculaire et une platitude de 4 cm en E.

Ligne d'anglaise : GH.

Note : La ligne d'anglaise ne doit pas se situer au dessus de la base de l'encolure devant.
- Exemple : FG = 6,5 cm.
- GG' perpendiculaire à GA.
- G'H = 1,5 cm.
- Joindre G à H (cette ligne formera un angle obtus avec la ligne de cassure pour faciliter le montage).
- Replier le papier sur la ligne de cassure FA.
- Reproduire le revers : GH'A.
- Prolonger la ligne de cassure AF vers le dos.
- Tracer une ligne perpendiculaire à la cassure prolongée passant par B et placer F'.
- F'I = BC + 0,3 cm = 1/2 encolure dos + 0,3 cm.

Tracé du milieu dos :
IJ perpendiculaire à IF.

IJ = CD = hauteur du pied de col.

II' = DE = hauteur du tombant de col au milieu dos.
- Prolonger H'G en K.

GK = hauteur du pied de col - 0,5 cm.

Tracé de l'encolure du dessous de col et du vêtement :
- Joindre JB avec une perpendiculaire et une platitude sur le milieu dos.
- Joindre BK en ligne droite et recreuser en son milieu de 0,5 cm = B' = encolure du dessous de col.
- Recreuser également l'encolure du vêtement en recreusant BK en son milieu de 0,75 cm = B''.

Tracé du bord du dessous de col :
- Joindre I'H' avec une perpendiculaire et une légère platitude en I' au milieu dos.

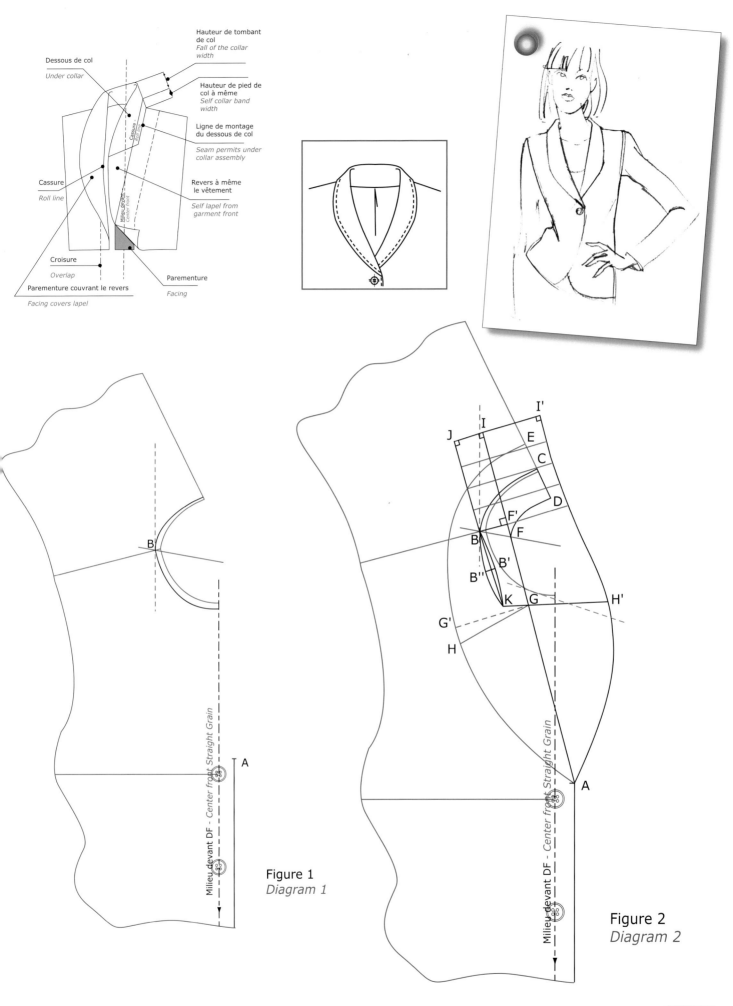

Dessous de col
Under collar

Hauteur de tombant de col
Fall of the collar width

Hauteur de pied de col à même
Self collar band width

Ligne de montage du dessous de col
Seam permits under collar assembly

Cassure
Roll line

Revers à même le vêtement
Self lapel from garment front

Croisure
Overlap

Paramenture
Facing

Paramenture couvrant le revers
Facing covers lapel

Cassure
Roll line

Milieu devant
Center front

Milieu devant DF - *Center front Straight Grain*

A

Figure 1
Diagram 1

Milieu devant DF - *Center front Straight Grain*

A

Figure 2
Diagram 2

193

Technically, the shawl collar is very similar to the suit collar. Visually, it is formed by two rounded lapels in a single piece, from center back to edge of overlap.

We can either develop it directly by using the suit collar technique or use the following method :

Diagram 1. Preparation.
- Put back and front construction pieces together at shoulders.
- Enlarge neckline depending on the model.
- Place the buttons on the center front.
- Determine the overlap amount based on the model and the diameter of buttons, knowing that a minimum distance of 1 cm must be respected between the edge of buttons and edge of overlap.
- Trace the overlap.

At 1 cm above first button and at edge of overlap, place point A : departing from the break and lapel lines.
- For a few centimeters, trace a parallel line to center front, passing by point B (shoulder and neckline intersection).
- Fold pattern paper on this line.
- Copy shoulder line inwards for a few centimeters from this point (red line).

Diagram 2. Tracing collar.
- Continue center back : CD = height of collar stand.

On projected line of shoulder : BF = CD : height of collar stand.
- Trace break line = DFA.

DF = equidistant curve to CB and perpendicular to center back at D.

FA = straight line.

Trace collar drape depending on model :
Center back : DE = height of collar drape.
- Draw collar shape depending on model by joining EA and keeping a perpendicular line and flatness at E.

Collar seam : GH.

Note : Collar seam must not be located over base of front neckline.
- Example : FG = 6.5 cm.
- GG' is perpendicular to GA.
- G'H = 1.5 cm.
- Join G to H (this line will form an obtuse angle with break line to facilitate construction).
- Fold paper on break line FA.
- Copy lapel : GH'A.
- Continue break line AF towards back.
- Trace a perpendicular line to the continued break in passing by B and place F'.
- F'I = BC + 0.3 cm= ½ back neckline + 0.3 cm.

Tracing center back :
IJ is perpendicular to IF.

IJ = CD = collar stand height.

II' = DE = height of collar fall at center back.
- Continue H'G to K.

GK = height of collar stand – 0.5 cm.

Trace neckline of under collar and of garment :
- Join JB in a perpendicular line with a slight flatness at center back.
- Join BK in a straight line and scoop out 0.5 cm at its middle = B' = under collar neckline.
- Scoop out garment neckline by scooping BK out 0.75 cm at its center = B''.

Trace edge of under collar :
- Join I'H' with a perpendicular line and a slight flatness at I' at center back.

194

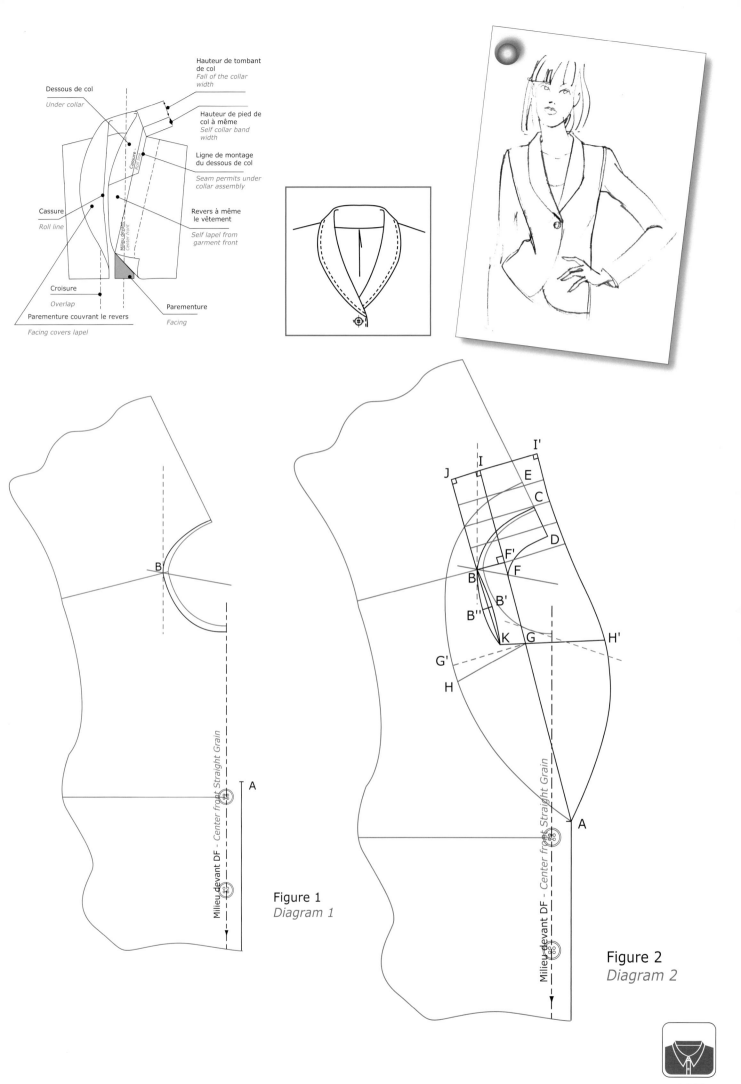

Hauteur de tombant de col
Fall of the collar width

Dessous de col
Under collar

Hauteur de pied de col à même
Self collar band width

Ligne de montage du dessous de col
Seam permits under collar assembly

Cassure
Roll line

Cassure
Roll line

Milieu devant
Center front

Revers à même le vêtement
Self lapel from garment front

Croisure
Overlap

Parementure
Facing

Parementure couvrant le revers
Facing covers lapel

Milieu devant DF - *Center front Straight Grain*

Figure 1
Diagram 1

Milieu devant DF - *Center front Straight Grain*

Figure 2
Diagram 2

195

Figure 3. Développement du dessous de col :
• Relever le dessous de col : JII'H'KB'BJ.
Pour permettre au col de bien se positionner, on aura I'H' = EH + 0,5 cm.
• Calculer la différence.
• Répartir cette différence comme suit :
Autant d'écarts que de centimètres de différence situés entre le milieu dos et le cran d'épaule.
Première ligne de découpe : 2 à 3 cm du milieu dos.

Figure 4.
• Couper ou relever et pivoter pour ajouter les écarts.
• Retracer les lignes d'encolure et de bord du dessous de col déformés par les écarts.
Vérifier : . l'angle droit et la platitude du milieu dos en I' et J.
. la longueur d'encolure du dessous de col et du vêtement.

Figure 5. Développement de la paramenture avec le dessus de col attenant :
• Relever :
  o Devant : épaule BB''KH'A puis bord de la paramenture.
  o Dos : épaule BC milieu dos.
• Réunir par les épaules.
• Positionner le dessous de col, coutures de dessous de col KH' réunies.
• Vérifier si la couture d'encolure du dessous de col empiète sur l'épaule, ce qui entraînerait une tension au niveau de la paramenture à ce niveau.
Dans ce cas, voir **Développement de la paramenture dans la théorie du GRAND COL CHÂLE**.
• Dessiner le bord intérieur de la paramenture.
BL = CM = valeur de paramenture à l'épaule = 3,5 à 5 cm.
AA' = valeur de paramenture sur le 1er bouton = au minimum 8 cm.

Figure 6.
Dos + Devant (voir schémas).
Enforme dos : CBLMC. Df milieu dos.
Dessous de col : I'H'KBJI'. Cette pièce sera coupée dans le plein biais. Afin d'obtenir un meilleur rendu au montage avec un dessous de col plus tendu, on diminuera le dessous de col de 0,5 cm au milieu dos en repoussant le cran d'épaule de 0,25 cm.
Paramenture avec dessus de col attenant : NAH'I'IJBLA'N'N.
Si la paramenture est longue : pour favoriser le placement et l'économie de tissu, effectuer un raccord à 3 cm au dessous du premier bouton et scinder la paramenture en deux parties.
Dans ce cas, placer le Df sur le milieu devant dans la paramenture du bas de vêtement et le Df perpendiculaire au milieu dos pour la partie haute de la paramenture avec le dessus de col attenant.
• Ajouter 0,5 à 0,7 cm sur le milieu dos, puis progressivement 0,3 à 0,6 cm sur le bord de la paramenture afin que la couture roule entre les points I' et A en mourant à son extrémité (**Figures 5 et 6**).
Cette valeur dépend de l'épaisseur du textile choisi.
• Ajouter également 0,3 à 0,6 cm sur le bas de la paramenture qui permet à celle-ci de ne pas tirer sur la longueur du vêtement, notamment après la broderie des boutonnières.
• Placer un cran sur le point H' (Ligne de dessous de col).

Les couturages de milieu dos des paramentures et dessous de col :
3 possibilités :
1. **La paramenture est en un seul morceau** : avec Couture milieu dos, Df milieu devant sur la paramenture + Dessous de col : Milieu dos Plein biais.

2. **La paramenture est en deux morceaux** : Couture milieu dos plein biais pour le dessous de col + Haut de paramenture, Milieu dos Df au pli + Bas de paramenture, Df milieu devant.

3. **Tissu à rayures ou à carreaux** = Paramenture en deux morceaux.
Dans ce cas : Milieu dos Plein biais pour le dessous de col + Haut de paramenture, avec ou sans Couture milieu dos, Df le plus parallèle possible du bord de l'arrondi (voir schéma) + Bas de paramenture, Df milieu devant.

Vérifier l'emplacement des points d'accord et du Df sur chaque pièce.

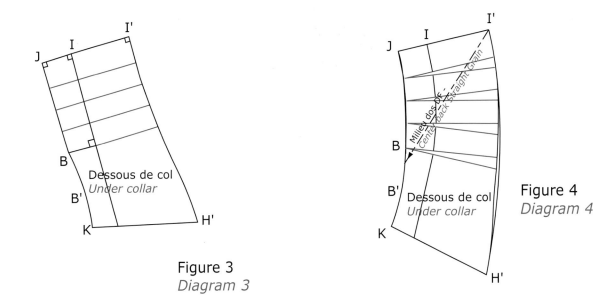

Dessous de col
Under collar

Figure 3
Diagram 3

Dessous de col
Under collar

Milieu dos DF
Center back Straight Grain

Figure 4
Diagram 4

Possibilités - *Possibilities*

1 2 3

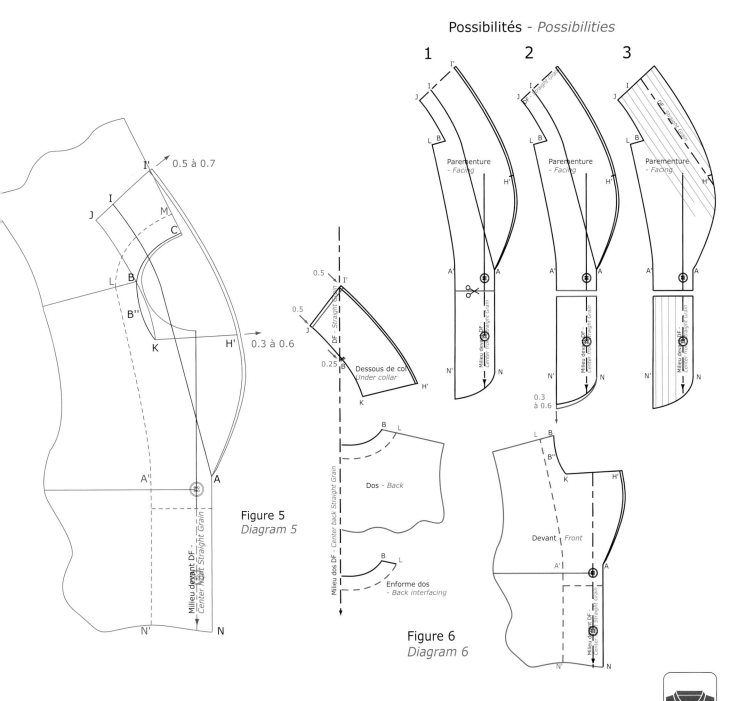

0.5 à 0.7

0.3 à 0.6

Milieu devant DF -
Center front Straight Grain

Figure 5
Diagram 5

0.5

0.5

0.25

DF - *Straight Grain*

Dessous de col
Under collar

Paramenture
- Facing

Paramenture
- Facing

Paramenture
- Facing

DF - *Straight Grain*

Milieu devant DF -
Center front Straight Grain

0.3
à 0.6

Dos - *Back*

Milieu dos DF - *Center back Straight Grain*

Enforme dos
- Back interfacing

Devant *Front*

Milieu devant DF -
Center front Straight Grain

Figure 6
Diagram 6

Diagram 3. Development of under collar :
- Outline under collar : JII'H'KB'BJ.

To allow collar to position itself properly, I'H = EH + 0.5 cm.
- Calculate the difference.
- Distribute this difference as follows :

As many slashes as there are centimeters of difference between center back and shoulder notch.
First line of slash : 2 to 3 cm from center back.

Diagram 4.
- Cut or trace and pivot, then add darts.
- Redraw lines for neckline and under collar edge deformed by flares.

Verify :   . Right angle and flatness at center back in I' and J.
                  . Length of under collar and garment necklines.

Diagram 5. Development of facing with attached upper collar :
- Trace :
  - Front : shoulder BB''KH'A then edge of facing.
  - Back : shoulder BC center back.
- Join by shoulders.
- Position under collar and seams of under collar KH' together.
- Verify if neckline seam of under collar overlaps shoulder line which will cause tension at this area on facing.

In this case, see **Development of facing in theory for BIG SHAWL COLLAR**.
- Draw inside edge of facing.

BL = CM = amount of facing at shoulder = 3.5 to 5 cm.
AA' = amount of facing under first button = at least 8 cm.

Diagram 6.
Back + Front (see sketches).
Back interfacing : CBLMC. Straight grain center back.
Under collar : I'H'KBJI'. This piece will be cut on the bias. In order to obtain a better result in construction with a tighter under collar, we will reduce under collar by 0.5 cm at center back by pushing shoulder notch 0.25 cm further.

Facing with attached upper collar : NAH'I'IJBLA'N'N.
If facing is long : to optimize placement and save fabric, make a 3 cm splice below first button to separate facing into two pieces.
In this case, place straight grain on center front for bottom facing piece of garment and straight grain at center back for upper part of facing with attached upper collar.
- Add 0.5 to 0.7 cm at center back, and then progessively add 0.3 cm to 0.6 cm on bottom of inner edge of facing and retrace facing, tapering to nothing at end of outside curve (**Diagrams 5 and 6**).
This amount depends on thickness of chosen fabric.
- Add 0.3 to 0.6 at the bottom of the facing that allows facing to not pull along length of garment, especially after embroidering the buttonholes.
- Place a notch at point H' (on under collar line).

Center back seams of facings and under collar :
3 possibilities :
1. **Facing is in a single piece** : with Center back seam, straight grain center front on facing + under collar : center back full bias.

2. **Facing is in two pieces** : Center back seam on bias for under collar + top of facing, straight grain center back at fold + bottom of facing, straight grain center front.

3. **Striped or plaid fabric** = Facing in two pieces.

In this case : center back full bias for under collar + top of facing, with or without center back seam with straight grain should be the most parallel as possible to edge of curve (see sketch) + bottom of facing, straight grain center front.

Verify placement of matching points and straight grain on each piece.

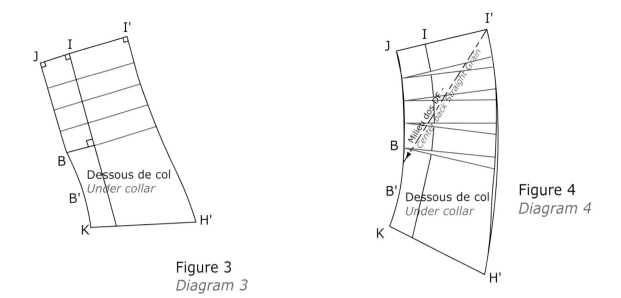

Dessous de col
Under collar

Figure 3
Diagram 3

Dessous de col
Under collar

Figure 4
Diagram 4

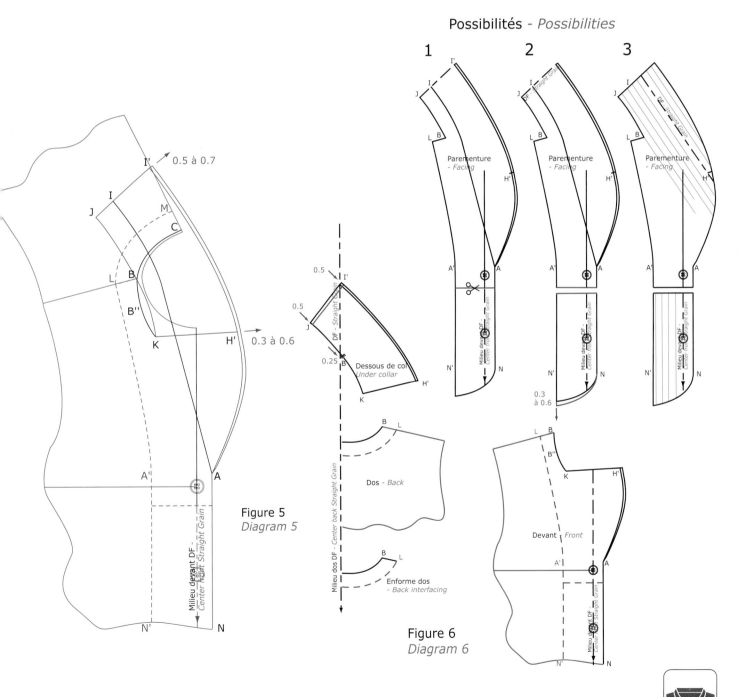

0.5 à 0.7

0.3 à 0.6

Milieu devant DF - *Center front Straight Grain*

Figure 5
Diagram 5

Possibilités - *Possibilities*

1
2
3

Paremenure
- *Facing*

Milieu dos DF -
Center back Straight Grain

0.3
à 0.6

0.5

0.5

0.25

DF - *Straight Grain*

Dessous de col
Under collar

Milieu dos DF - *Center back Straight Grain*

Dos - *Back*

Enforme dos
- *Back interfacing*

Devant *Front*

Milieu devant DF - *Center front Straight Grain*

Figure 6
Diagram 6

GRAND COL CHÂLE

Le grand col châle sera construit comme un col châle classique mais le développement important de celui-ci, c'est-à-dire la grande différence entre l'encolure et le bord du col obligera à développer également la parementure car lors de sa construction, elle empiètera sur le vêtement.

On commencera donc par les premières étapes du col châle classique : Figures 1, 2, 3, 4 et 5.

A cette étape, continuer avec le DÉVELOPPEMENT DE LA PAREMENTURE DU COL CHÂLE.

L'empiètement de la parementure sur le vêtement empêche celle-ci de se placer correctement.

A ce niveau, le bord intérieur de celle-ci étant trop court, nous allons devoir la développer.

- CB + 0,3 cm = JO = 1/2 encolure dos + 0,3 cm.
- Perpendiculairement à JO, tracer OP = LB = valeur parementure à l'épaule.
- Mesurer la valeur X (voir schéma).
- Redonner cette valeur en deux ou trois axes placés comme sur le schéma de la figure 4, en commençant d'abord par l'axe finissant au point de cassure A et qui, selon la valeur X peut s'avérer suffisant.
- Retracer les lignes intérieure et extérieure de la parementure.
- Relever le dessus de col et la parementure attenante du col châle.

Continuer le tracé du grand col châle en suivant le tracé de la figure 6 du col châle classique.

BIG SHAWL COLLAR

The big shawl collar will be constructed like a classic shawl collar but its key change is that, because of the large difference between neckline and collar edge, we are obliged to modify the facing since it will overlap the garment when constructed.

We thus begin with the first steps of the classic shawl collar : Diagrams 1, 2, 3, 4 and 5.

At this step, continue with the DEVELOPMENT OF FACING FOR SHAWL COLLAR.

The overlap of the facing on the garment will prevent the facing from sitting correctly. For this reason, since the facing's inside edge is too short, we must extend it.

- CB + 0.3 cm = JO = 1/2 back neckline + 0.3 cm.
- Perpendicularly to JO, trace OP = LB = facing amount at shoulder.
- Measure the amount of X (see sketch).
- Add this amount in two or three axes placed as on Diagram 4 sketch. Start with the axis that finishes at break point A which, depending on amount of X, may be enough.
- Retrace inside and outside lines of facing.
- Trace upper collar and attached facing of shawl collar.

Continue tracing the big shawl collar by following the line of Diagram 6 for the classic shawl collar.

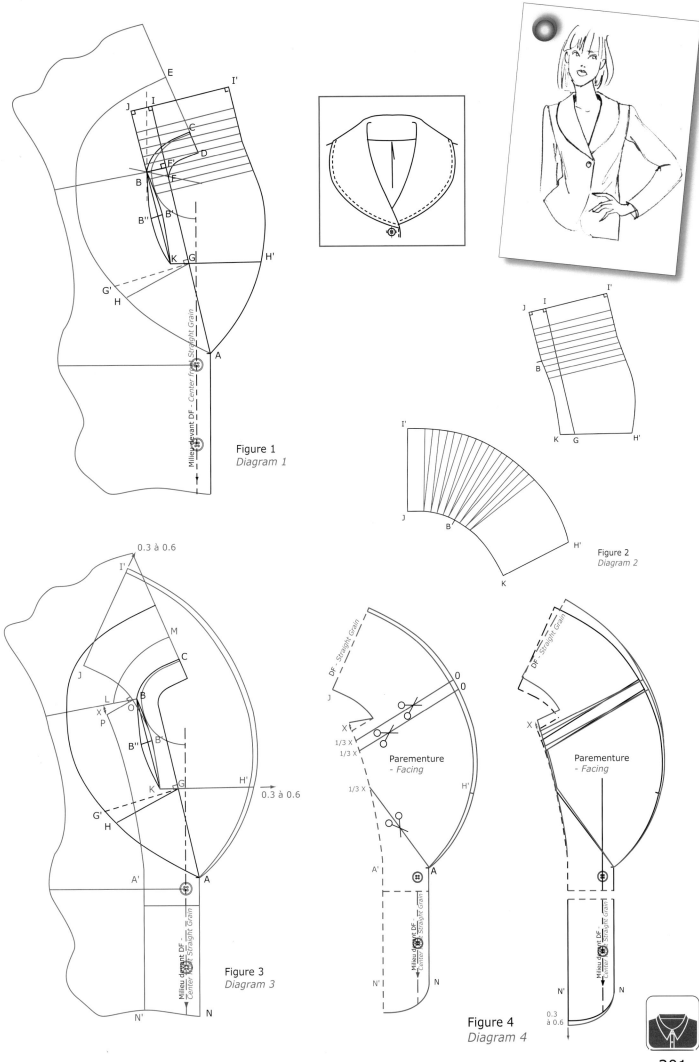

Figure 1
Diagram 1

Milieu devant DF - Center front Straight Grain

Figure 2
Diagram 2

Figure 3
Diagram 3

0.3 à 0.6

0.3 à 0.6

Milieu devant DF - Center front Straight Grain

Figure 4
Diagram 4

DF - Straight Grain

1/3 X
1/3 X
1/3 X

Parementure
- Facing

Milieu devant DF - Center front Straight Grain

DF - Straight Grain

Parementure
- Facing

0.3 à 0.6

Milieu devant DF - Center front Straight Grain

PETIT COL CHÂLE

Figure 1. Tracé du col.
- Assembler le dos ou le devant de la construction par les épaules.
- Elargir l'encolure si nécessaire.
- Placer le premier bouton.
- Déterminer la valeur de croisure. Ici, nous choisirons un double boutonnage, exemple : 5 cm.
- Placer le point A à 0,5 cm minimum au dessus du bord du premier bouton.
- Tracer sur quelques centimètres une ligne parallèle au milieu devant passant par le point B (épaule-encolure).
- Replier le papier sur cette ligne et reproduire la ligne d'épaule sur quelques centimètres.
- Prolonger le milieu dos.
- CD = hauteur de pied de col, exemple 2 cm.
- BD' = CD.
- Joindre DD' avec une perpendiculaire et une platitude au milieu dos.
- Prolonger D' en G en une courbe équidistante à l'encolure du vêtement.

La longueur D'G est déterminée en fonction du dessin du col tout en sachant que cette valeur ne pourra être inférieure à 4 cm (épaisseur du cou).
- Joindre GA en ligne droite. DD'GA = ligne de cassure.

Dessiner le tombant de col :
- DC' = hauteur du tombant de col au milieu dos. C'FA = bord du tombant de col.
- Tracer une ligne perpendiculaire et une platitude en C' puis en arrondi vers F et A en fonction du dessin.
- Tracer la couture du dessous de col : GG' sur le bord de tombant de col.

L'angle en G, formé par D'GG', devra être supérieur à 100° (angle obtus).
- Replier le papier sur la ligne de cassure GA.
- Reproduire le revers GG'A en GIA.
- Sur la ligne milieu dos, prolonger D en E.
- DE = CD = hauteur du pied de col.
- D'E' = DE. Joindre EE' avec une perpendiculaire et un angle droit en E.
- Prolonger IG en H et G'G en H'.
- GH et GH' sont légèrement inférieurs à la hauteur de pied de col.
- EE'H' = encolure du dessous de col (avant son développement). CBH = encolure du vêtement.
- Mesurer et calculer la différence entre ces deux lignes.

La ligne EE'H' va être développée afin d'égaler l'encolure du vêtement CBH.

Figure 2.
- Reproduire le dessous de col C'EE'H'G'FC'.
- Joindre E'H' en ligne droite.
- J = ½ E'H'. JJ' perpendiculaire à E'H'.

HIGH SHAWL COLLAR

Diagram 1. Tracing collar.
- Assemble back and front of construction at shoulders.
- Enlarge neckline if necessary.
- Place the first button.
- Determine amount of overlap. Here, we have chosen a double-breasted closure, example : 5 cm.
- Place point A a minimum of 0.5 cm above edge of top button.
- For a few centimeters, trace a parallel line to center front, passing by point B (shoulder-neckline intersection).
- Refold paper on this line and reproduce shoulder line for a few centimeters.
- Continue center back.
- CD = height of collar stand, example 2 cm.
- BD' = CD.
- Join DD' in a perpendicular line with a flatness at center back.
- Continue D' to G in a curve equidistant to garment neckline. The D'G length is determined from the collar drawing, keeping in mind that the amount cannot be less than 4 cm (width of neck).
- Join GA in a straight line. DD'GA = break line.

Draw collar drape :
- DC' = height of collar drape at center back.
- C'FA : edge of collar drape.
  - Trace a perpendicular line with a flatness at C' then curving to F and A following drawing.
  - Trace under collar seam : GG' on edge of collar drape.
  Angle at G, formed by D'GG', must be greater than 100° (obtuse angle).
  - Refold paper on break line GA.
  - Reproduce lapel GG'A in GIA.

202

- On center back line, continue D to E.
- DE = CD = height of collar stand.
- D'E' = DE. Join EE' with a perpendicular line and a right angle at E.
- Continue IG to H and G'G to H'.
- GH and GH' are slightly less than height of collar stand.
- EE'H' = under collar neckline (before development).
- CBH = garment neckline.
- Measure and calculate the difference between these two lines.
- Line EE'H' will be developed to equal garment neckline CBH.

Diagram 2.
- Reproduce under collar C'EE'H'G'FC'.
- Join E'H' in a straight line.
- J = ½ E'H'. JJ' perpendicular to E'H'.

La particularité de ce col est d'être boutonné très haut sur un vêtement fermé souvent par un double boutonnage. Ceci induit une technique de construction différente du col châle classique.

The particularity of this collar is that it is buttoned very high on a garment which often has a double-breasted closure. This requires a slightly different construction technique from the classic shawl collar.

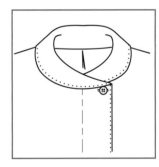

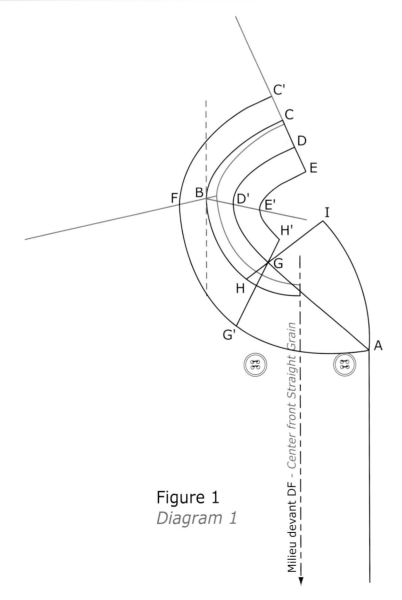

Milieu devant DF - *Center front Straight Grain*

Figure 1
Diagram 1

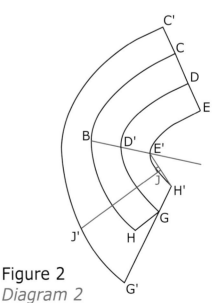

Figure 2
Diagram 2

Figure 3. Développement du dessous de col.
- Créer autant de lignes de découpe que de centimètres de différence.
  - Première ligne JJ'.
  - Deuxième ligne KK' à 2 cm du milieu dos et parallèle à celui-ci.
  - Diviser JK en autant de sections qu'il faut rajouter d'écarts pour la valeur manquante – les deux écarts déjà placés (J et K).
- Tracer les écarts en perpendiculaire à l'encolure EH' en les répartissant de façon la plus équilibrée possible sur la forme du col.
- Numéroter chaque pièce.
- Découper sur chaque ligne de l'encolure vers le bord de tombant de col.

Figure 4.
- Ajouter les écarts prévus.
Les lignes d'encolure et de tombant de col sont quelquefois déformées par les écarts.
- Retracer chacune de ces lignes en veillant à leur régularité.
L'angle droit et la platitude au milieu dos doivent être maintenus, même si vous devez pour cela déplacer la hauteur du tombant au milieu dos.

Figure 5. Patron du dessous de col.
Le milieu dos est coupé dans le biais et comporte une couture.

Figure 6. Relevé du devant.
Epaule + BHGIA + bord de la parementure.

Figure 7. Relevé du dos.
Epaule + BC + milieu dos Df.

Diagram 3. Development of under collar.
- Create as many lines for slashing as there are centimeters of difference.
  - First line is JJ'.
  - Second line KK' is 2 cm from center back and parallel to it.
  - Divide JK in as many sections as is necessary to add flares for missing amount – two flares already placed are J and K.
- Trace flares perpendicularly to neckline EH', distributing them in the most balanced way possible along shape of collar.
- Number each piece.
- Cut on each line from neckline towards edge of collar drape.

Diagram 4.
- Add anticipated flares.
Lines of neckline and collar drape are sometimes deformed by flares.
- Retrace each line, making sure to keep them regular.
Right angle and flatness at center back must be kept, even if, for this, you must shift draping height at center back.

Diagram 5. Under collar pattern.
Center back is cut on bias and has a seam.

Diagram 6. Tracing front.
Shoulder, BHGIA, edge of facing.

Diagram 7. Tracing back.
Shoulder, BC, center back on straight grain.

204

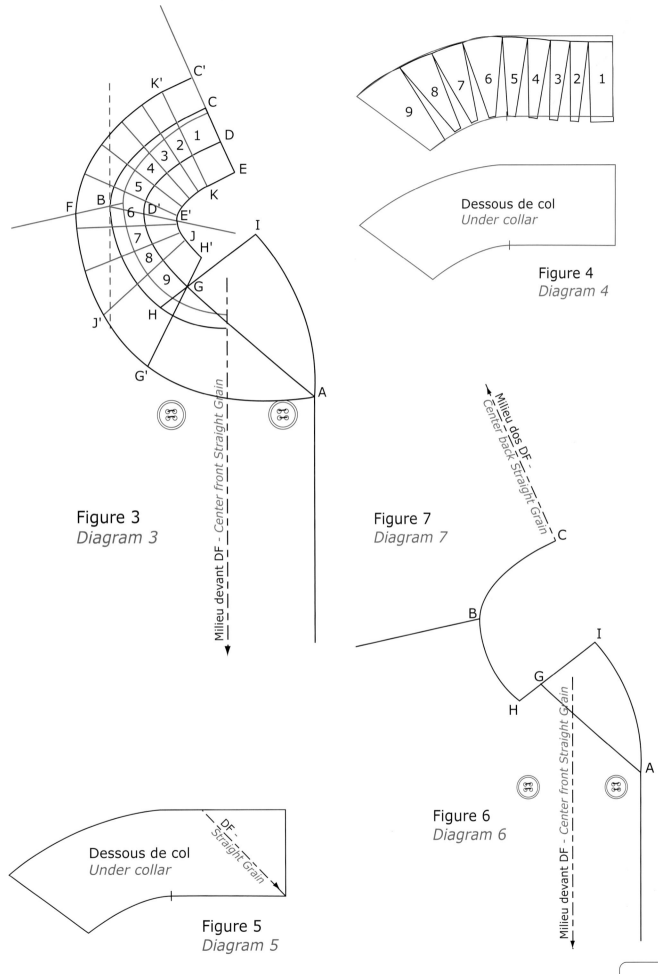

Figure 3
Diagram 3

Milieu devant DF - *Center front Straight Grain*

Dessous de col
Under collar

Figure 4
Diagram 4

Dessous de col
Under collar

DF -
Straight Grain

Figure 5
Diagram 5

Figure 7
Diagram 7

Milieu dos DF -
Center back Straight Grain

Figure 6
Diagram 6

Milieu devant DF - *Center front Straight Grain*

Parementure : Deux possibilités.

1ère version.

Figure 8. Assembler le dessous de col et le devant.
- Superposer HI (vêtement) et H'G' (dessous de col).
- Sur le bord de la parementure, descendre A. AA' = 1,5 cm.
- Joindre HA'.

Figure 9.
C'EHA'IC' = dessus de col, adoucir la ligne en H.

Figure 10. Parementure devant = BHA'.
BF' = valeur de parementure à l'épaule puis bord à l'intérieur de la parementure en pointillés (voir figure 8).

Figure 11. Enforme dos.
Milieu dos CC' puis CBF'C'.

2ème version.

Figure 12. Assembler le dessus de col à la parementure, voir figure 8.
- Prolonger IH en H'' sur le bord interne de la parementure.
- Sur l'encolure du dessus de col, placer E' tel que EE' = BC = ½ encolure dos.

Figure 13. Relever la parementure.
C'IA + bord de la croisure.
C'EE'HH'' = bord intérieur de la parementure.

Figure 14. Relever l'enforme devant : BHH''F'B.
Cette pièce sera incrustée de la manière suivante.
- Coudre BHH'' avec E'HH'' (parementure).
Incrustation en H.

Facing : Two possibilities.

1st version.

Diagram 8. Assemble under collar and front.
- Layer HI (garment) and H'G' (undercollar).
- On edge of facing, drop A. AA' = 1.5 cm.
- Join HA'.

Diagram 9.
C'EHA'IC' = upper collar, soften line at H.

Diagram 10. Front facing = BHA'.
BF' = width of facing at shoulder, then continue inside edge of facing in a dotted line (see diagram 8).

Diagram 11. Back interfacing.
Center back CC' then CBF'C'.

2nd version.

Diagram 12. Assemble upper collar at facing, see Diagram 8.
- Continue IH to H'' on inside edge of facing.
- On neckline of upper collar, place E' so EE' = BC = ½ back neckline.

Diagram 13. Trace facing.
- C'IA + edge of overlap.
- C'EE'HH'' = inside edge of facing.

Diagram 14. Trace front interfacing : BHH''F'B.
This piece will be inset in the following way.
- Sew BHH'' to E'HH'' (facing).
  Inset at H.

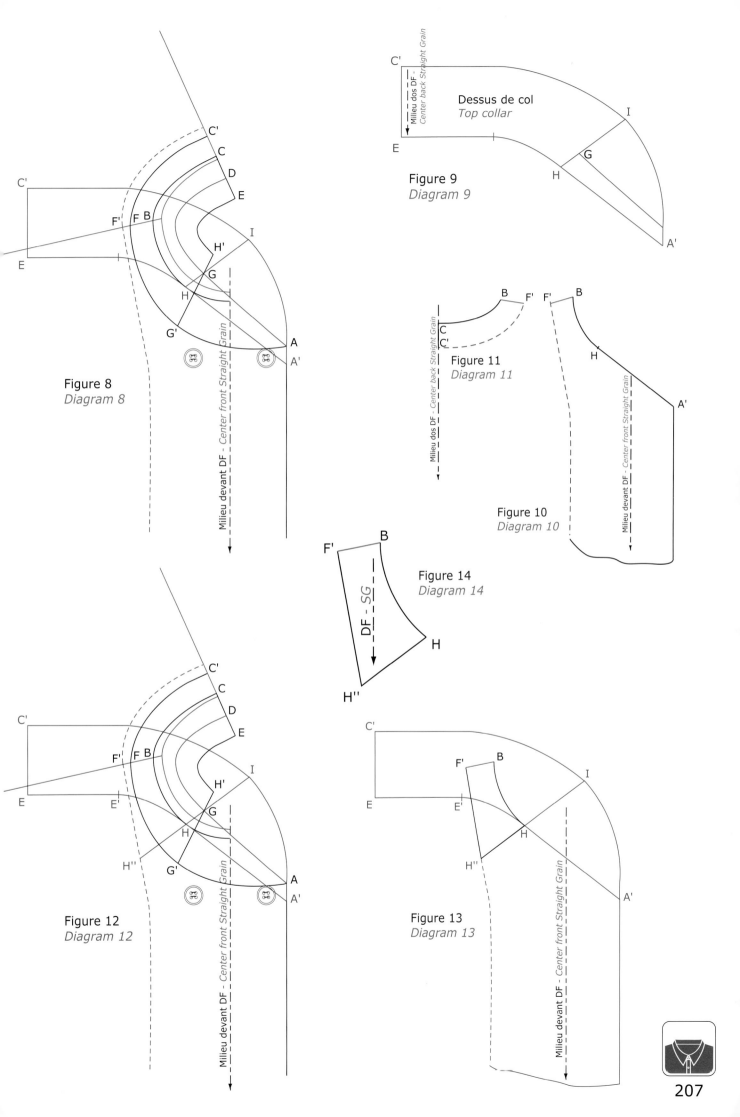

Figure 8
Diagram 8

Milieu devant DF - Center front Straight Grain

Figure 9
Diagram 9

Dessus de col
Top collar

Milieu dos DF - Center back Straight Grain

Figure 11
Diagram 11

Milieu dos DF - Center back Straight Grain

Figure 10
Diagram 10

Milieu devant DF - Center front Straight Grain

Figure 14
Diagram 14

DF - SG

Figure 12
Diagram 12

Milieu devant DF - Center front Straight Grain

Figure 13
Diagram 13

Milieu devant DF - Center front Straight Grain

207

Mesures nécessaires :
- Tour de visage depuis l'encolure élargie.

Cette construction de capuche sera utilisée pour des volumes de type "sweat-shirt, surchemise ou robe".

L'encolure du vêtement doit être suffisamment élargie et principalement sur la ligne de milieu devant.
- Faire un élargissement de type "chemisier".

Sur l'encolure, les élargissements peuvent varier selon le volume du vêtement désiré.

- Assembler par les épaules le devant et le dos en les superposant tel que :
  - XY (point d'épaule) = 3,5 cm (valeur selon décollement ou fronces désirés en bord de capuche).
- Rectifier les courbes de l'encolure.

Tracer la capuche directement sur le vêtement.
- AB = 41 cm (longueur taille dos) sur la ligne milieu dos.
- De B, tracer à partir de AB un segment à 30°.
- Sur cette ligne, porter C tel que BC = 37 cm = 1/2 tour de visage depuis l'encolure élargie.
- A partir de C, tracer une perpendiculaire à CB sur 10 cm et placer D.
- CD = CD'.
- Joindre D' à la ligne du milieu dos en courbe jusqu'à la ligne de carrure dos F.

Encolure.
- Baisser l'encolure de la base non élargie de 5 cm = E.
- Perpendiculairement, porter EE' = 3,5 cm.
- Redessiner l'encolure en légère courbe.
- Joindre D à E' en ligne droite, puis recreuser à la moitié de DE' de 1,25 cm = E''.
- Vérifier   . le 1/2 tour d'encolure AE' avec le ½ tour d'encolure du vêtement.
                  . E'C = 1/2 tour de visage depuis l'encolure élargie + 2 cm d'aisance soit 37 + 2 + 39 cm.
- Placer un cran :
  - dans la courbe du fond de capuche D'A.
  - sur l'encolure au niveau de la ligne d'épaule.
- Relever la capuche AD'CDE''E'A.
- Placer le DF parallèlement à CD.

Attention : Relever les pièces du vêtement sans le chevauchement d'épaule de la construction de capuche.

Necessary measurements :
- Circumference of face beginning at enlarged neckline.

This hood construction can be used for shapes like sweatshirts, overshirts or dresses.

The garment neckline must be sufficiently enlarged, principally at center front line.
- Make a "shirt" style enlargement.

On neckline, enlargements can vary depending on the garment's desired shape.

- Put front and back together at shoulders, layering them so XY (shoulder point) = 3.5 cm (amount depends on detachment or on gathers desired at edge of hood).
- Correct neckline curves.

Trace hood directly on the garment.
- AB = 41 cm (back waist length) on center back line.
- From B, trace a segment at a 30° angle to AB.
- On this line, mark C so BC = 37 cm = ½ circumference of face from enlarged neckline.
- From C, draw a perpendicular line to CB for 10 cm and place point D.
- CD = CD'.
- Join D' to center back line, curving it all the way to back width line F.

Neckline.
- Drop neckline from un-enlarged block by 5 cm = E.
- Draw EE' in a perpendicular line, EE' = 3.5 cm.
  - Redraw neckline in a slight curve.
  - Join D to E' in a straight line, then scoop out halfway along DE' by 1.25 cm = E''.
  - Verify   . ½ the circumference of neckline AE' with ½ the circumference of garment neckline.
                  . E'C = ½ circumference of face from widened neckline + 2 cm of ease
                    or 37 + 2 = 39 cm.

- Place a notch :
  - on the curve at bottom of hood D'A.
  - on neckline at level of shoulder line.
- Outline hood AD'CDE''E'A.
- Place straight grain parallel to CD.

Note : Outline pieces of the garment without using shoulder overlap to construct the hood.

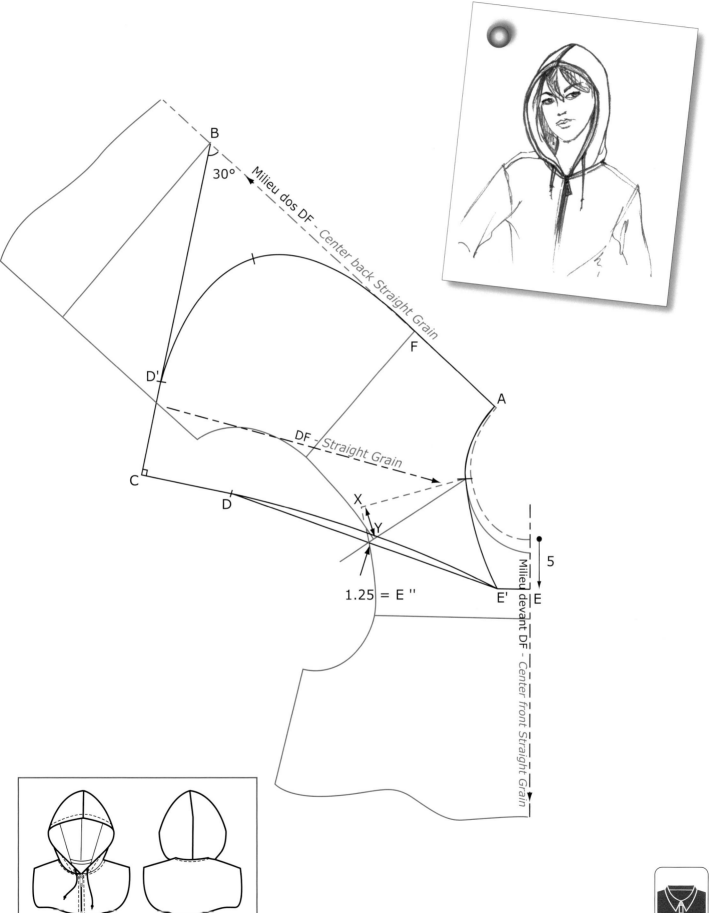

Mesures nécessaires :
Tour de visage depuis l'encolure élargie.

Cette construction de capuche sera utilisée pour des volumes de type "Coupe-vent, anorak ou parka,...".
L'encolure du vêtement doit être suffisamment élargie et principalement sur la ligne de milieu devant.

Figure 1.
• Faire un élargissement de type «manteau» avec bascule sur l'épaule, si besoin est.
Sur l'encolure, les élargissements peuvent varier selon le volume du vêtement désiré.

Figure 2. Construction de la capuche.
Tracer un angle droit en bas à droite de la feuille de papier.
• AB = 1/2 tour de visage depuis l'encolure élargie = 37cm (par exemple).
• AC = 1/10ème de AB.
• BD perpendiculaire à AB = CB – son 1/5.
• DE = BC.
Fermer le rectangle CBDE.
• EE' = 1 cm.
• E'E'' = 1 cm.
• F = 1/2 EC.
• FF' = 1 cm.
• BB' = 1 cm ou plus si l'on veut obtenir un capuchon plus près du visage.
• G = 1/2 DE.
• GG' = 1 cm.
• H = 4,5 cm sur la bissectrice de l'angle D.
• I = 1/2 DB.
• Tracer le contour du capuchon B' IHG'E'', puis un angle droit à partir de B' en rejoignant A en légère courbe.
• Tracer la ligne d'encolure E''F'A au perroquet.
• Mesurer l'encolure du vêtement et faire la différence avec la valeur E''A. Exemple : excédent = 3,4 cm.
• Tracer 2 petites pinces de 1,7 cm sur une hauteur de 7 cm environ. Répartir ces pinces à égale distance entre le milieu dos et le milieu devant.
• Fermer les pinces et retracer la ligne d'encolure.
• Retracer des angles droits au départ du milieu devant et du milieu dos.

L'excédent peut passer en fronces ou en soutenu selon son importance.
Possibilité également d'augmenter la valeur EE'.

Necessary measurements :
Circumference of face from enlarged neckline.

This hood construction will be used for shapes like "windbreakers, anoraks or parkas,...".
Garment neckline must be sufficiently wide and principally placed at center front line.

Diagram 1.
• Make a "coat" style enlargement and shift shoulder if necessary.
• At neckline, enlargements can vary depending on shape of desired garment.

Diagram 2. Construction of hood.
• Trace a right angle on bottom right of paper.
• AB = ½ circumference of face from widened neckline = 37 cm (for example)
• AC = 1/10th of AB.
• BD perpendicular to AB = CB – 1/5 its measurement.
• DE = BC.
  Close rectangle CBDE.
• EE' = 1 cm.
• E'E'' = 1 cm.
• F = 1/2 EC.
• FF' = 1 cm.
    • B'B = 1 cm or more if we wish to have a hood closer to face.
    • G = 1/2 DE.
    • GG' = 1 cm.
    • H = 4.5 cm on bisecting line of angle D.

- I = 1/2 DB.
- Trace hood contour B'IHG'E'', and then create a right angle at B' by joining A in a slight curve.
- Draw neckline E''F'A with a French curve.
- Measure garment neckline and make up the difference in the E''A measurement. Example : excess =3.4 cm.
- Trace 2 tiny, 1.7 cm darts which are approximately 7 cm long. Distribute these darts at equal distance between center back and center front.
- Close darts and redraw neckline. Retrace right angles from base of center front and center back.

Excess can be distributed in gathers or in ease depending on the amount.
There is also a possibility of increasing the length of EE'.

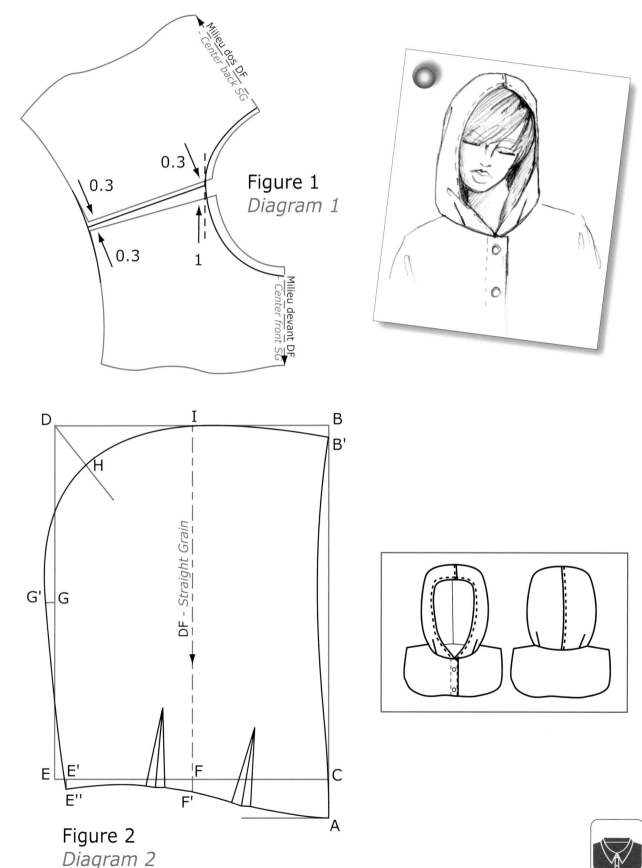

Milieu dos DF - Center back SG

0.3
0.3
0.3
1

Figure 1
Diagram 1

Milieu devant DF - Center front SG

D   I   B
                B'
H
G' G

DF - *Straight Grain*

E E'   F   C
E''   F'
                A

Figure 2
Diagram 2

Mesures nécessaires (variables suivant le modèle).
- ○ Tour d'encolure : 42,5 cm (élargissement manteau).
- ○ Tour de tête : 56 cm.
- ○ Hauteur de tête : 62 cm (mesure prise depuis l'intersection épaule - encolure côté gauche jusqu'à l'intersection épaule - encolure côté droit, passant par le sommet de la tête).
- ○ Largeur de la bande : 7 cm.
- ○ Hauteur de la cagoule sur le milieu devant : 4 cm (boutonnage).

Cadre de construction.
- • AB = 1/2 tour de tête
- • Tracer une perpendiculaire à AB et porter AD = 8 cm.
- • Joindre DB en courbe, angle droit en D.
- • Sur la courbe, placer E tel que E = 1/2 BD.
- • Tracer une perpendiculaire à AB, passant par E et porter : EF= 1/2 hauteur de tête.
- • Tracer une perpendiculaire à EF, passant par F. Fermer le rectangle ABCFGA.

Côté de la cagoule.
- • H = 1/2 EF.
- • Tracer une perpendiculaire à FE, passant par H. Placer les points N et M.
- • MM' = 1/14e du tour de tête.
- • ML = 1/4 MC.
- • LL' = 1,5 cm.
- • Placer l'équerre sur la courbe d'encolure et porter OO', à l'appui de MB = 4 cm.
- • Dessiner la courbe encadrant le visage L'M'0'.
- • Donner la valeur de croisure désirée en B' (exemple : 2 cm) au-delà du milieu devant B en parallèle à OO'.
- • DD' = 1/2 largeur de bande (ex = 5 cm).
- • NN' = DD' = 5 cm.
- • FF' = DD' – 0,5 cm = 4,5 cm.
- • Tracer D'N' en ligne droite puis N'F'L' en courbe. Angle droit en L'.

Tracé de la bande.
- • Prolonger AG en ligne droite jusqu'en P, tel que : NGP = N'F'L'.
- • PP' = NN'.
- • Tracer la bande.
- • Mesurer N'F' et reporter sur la bande en N'N'' (point d'accord).

Placement des pinces.
- • Mesurer DB. Faire la différence avec l'encolure élargie du vêtement. Exemple : Excédent = 8,3 cm.
Nous allons faire passer 2 cm de cet excédent dans la couture soit : D'D'' = 1 cm et D'D3 = 1 cm.
- • Retracer au perroquet sur environ 7 cm.
Il reste : 8,3 cm – 2 cm = 6,3 cm que nous allons répartir en 3 pinces.
$$\frac{6,3\ cm}{3} = 2,1\ cm.$$
- • Mesurer D3OB, diviser en 4.
- • Tracer sur chaque point une pince de 2,1 cm, perpendiculairement à l'encolure, sur 7 à 8 cm.
- • Prolonger la 3e pince jusqu'à la ligne M'O'.
- • Fermer cette pince définitivement, puis rectifier la ligne M'O'.
- • Fermer les deux autres pinces, retracer l'encolure en la rectifiant.
- • Relever séparément la bande (milieu dos DF au pli) et le côté de la capuche, la troisième pince fermée.

Necessary measurements (variable, depending on model).
- ○ Neckline circumference : 42.5 cm (coat enlargement).
- ○ Head circumference : 56 cm.
- ○ Height of head : 62 cm (measurement taken from left shoulder-neckline intersection to right shoulder intersection, passing over top of head).
- ○ Width of band : 7 cm.
- ○ Height of hood at center front : 4 cm (buttons).

Construction block.
- • AB = ½ head circumference.
- • Draw a perpendicular line to AB and continue it to AD = 8 cm.
- • Join DB in a curve, with a right angle at D.
- • On curve, place E so E = ½ BD.
- • Draw a perpendicular line to AB, passing through E and continuing it to :
  - • EF = ½ height of head.
  - • Draw a perpendicular line to EF, passing through F. Close the rectangle ABCFGA.

Side of hood :
- • H = 1/2 EF.
- • Draw a perpendicular line to EF, passing through H. Place points N and M.
- • MM' = 1/14th of head circumference.

- ML = 1/4 MC.
- LL' = 1.5 cm.
- Place an L-square on neckline curve and draw OO' = 4 cm.
- Draw a curve framing the face L'M'O'.
- Choose a desired amount for overlap (for example : 2 cm) and continue it parallel to OO' from center front B to B'.
- DD' : ½ width of band (for example = 5 cm).
- NN' = DD' = 5 cm.
- FF' = DD' – 0.5 cm = 4.5 cm.
- Draw D'N' in a straight line and then N'F'L' in a curve with a right angle at L'.

Tracing band.
- Continue AG in a straight line all the way to P so that NGP = N'F'L'.
- PP' = NN'.
- Trace band.
- Measure N'F and mark it on band as N'N'' (make a notch).

Dart placement.
- Measure DB. Calculate the difference from enlarged neckline of garment. Example : Excess = 8.3 cm.
- We are going to pass 2 cm of this excess into the seam so that : D'D'' = 1 cm and D'D3 = 1 cm.
-     Retrace with a French curve along approximately 7 cm.

There remains 8.3 cm – 2 cm = 6.3 cm which we will distribute in 3 darts.

$$\frac{6.3 \text{ cm}}{3} = 2.1 \text{ cm.}$$

- Measure D3OB, divide in 4.
- Trace at each point a 2.1 cm dart perpendicular to neckline for 7 to 8 cm.
- Continue 3rd dart all the way to line M'O'.
- Close this dart definitively, then correct line M'O'.
- Close two other darts, retrace neckline and correct it.
- Separately trace band (straight grain center back) and side of hood, with third dart closed.

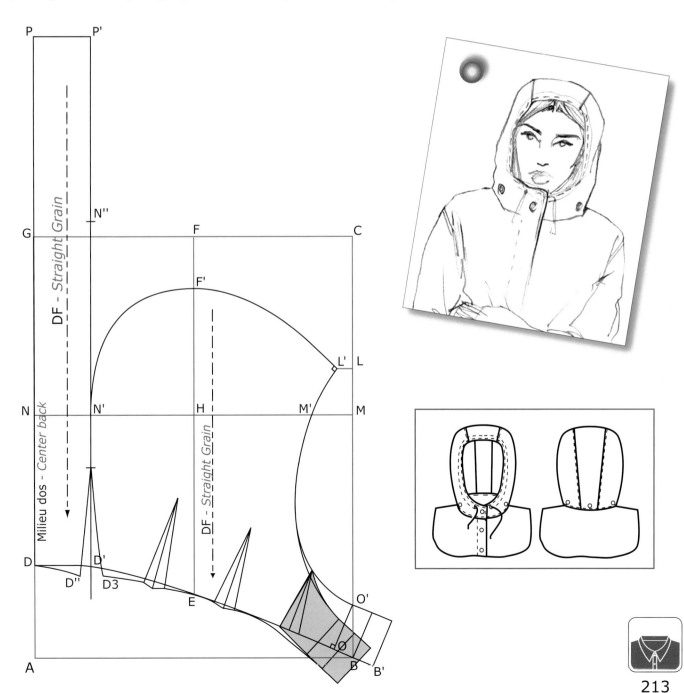

La capuche du duffle-coat a la particularité de se poser à plat sur le dos lorsqu'on ne la porte pas sur la tête. Elle est construite avec 2,5 cm de retrait sur le milieu devant. Plus décorative qu'usuelle, elle pourra cependant gagner en confort grâce à un réglage par coulisse à l'intérieur de la bordure, permettant de resserrer celle-ci.

Elle pourra se construire amovible ou non, soit avec ou sans col.

Construction des cadres.
- AG = ½ tour d'encolure élargie + 7 cm.
- AB = ½ de AG + 0,25 cm.
- AC = AG – 4 cm.
- BD = AC.

Tracer le rectangle ABDC.
Puis constituer le rectangle BEFG, tel que :
- o BE = BD + 11,25 cm.
- o EF = BG = ½ AG - 0,25 cm car AB + BG = AG.

Fermer le rectangle BEFG.

Construction de la capuche.
- C' = ½ de AC.
- C'' = ½ de BD.
- Joindre C' à C'' en ligne droite.
- Joindre C' à D en diagonale.
- AA' = ½ encolure dos.
- Descendre A' en A'' de 1,5 cm.
- Sortir A' en A3 de 0,8 cm.
- Dessiner le dos de la capuche en joignant en arrondi :
  - o AA'' en conservant une perpendiculaire en A.
  - o A''A3 en conservant une perpendiculaire en A''.
  - o A3C'' avec une platitude de 1,5 cm en C''.
  - o C''C en conservant une perpendiculaire en C.

Pour trouver le point d'intersection entre la diagonale et le tracé arrondi de la capuche, mesurer à partir de C', 15 cm. On obtiendra le cran de montage.
- Mesurer le tour de cette capuche dos A''C''C. Cette mesure devra être plus grande que BE de 1,5 cm.
- Dessiner la bande rapportée du devant tel que :
  - o BB' = 1,25 cm. B'B'' = 1,5 cm.
  - o GG' = 2,5 cm (cette capuche est construite à 2,5 cm en retrait du milieu devant).
  - o Descendre G' en G'' de 2,5 cm.
  - o Tracer B''G'' en légère courbe et en perpendiculaire à B''.
  - o DD' = 0,5 cm.
  - o D'' est en continuité de D en perpendiculaire.
  - o D''D3 = 4 cm.
  - o EE' = 3 cm.
  - o FF' = 3 cm.
  - o Joindre E' à F' et prolonger la ligne en F'' tel que : E'F'' = 17,5 cm.
  - o Fermer B''C''D'E' en arrondi tel que : perpendiculaire en B'' et E'.
  - o Fermer G''D3 en ligne droite (recreuser G''D3 de 0,7 cm en sa moitié) et D3F'' en arrondi tel que F'' et G'' soient en perpendiculaire.

Vérifier que :
- Le tour de la capuche dos A''C''C soit égale à B''C''E' (Si vous obtenez un peu d'embu en B''C''E', le répartir au montage).
- Placer un cran de montage entre la bande et la capuche.
- Relever la bande au pli sur E'F''.
- Vérifier le ½ tour d'encolure dos et devant de la capuche avec celui du vêtement (Si vous obtenez un peu d'embu, le répartir au montage).
- Relever le dos de capuche au pli sur AC.

The duffle coat hood has the particularity of lying flat against the back when not worn on the head. It is set-in 2.5 from center front. More decorative than useful, it can be more comfortable when adjusted by a drawstring casing in edge, meaning that it can be tightened.

It can be constructed removable or not and designed with or without a collar.

Block construction.
- AG = ½ circumference of enlarged neckline + 7 cm.
- AB = ½ of AG + 0.25 cm.
  - AC = AG – 4 cm.
  - BD = AC.

Trace rectangle ABDC.
Then create rectangle BEFG so that :
- o BE = BD + 11.25 cm.
- o EF = BG = ½ AG - 0.25 cm since AB + BG = AG.

Close rectangle BEFG.

Construction of hood.

- C' = ½ of AC.
- C'' = ½ of BD.
- Join C' to C'' in a straight line.
- Join C' to D in a diagonal line.
- AA' = ½ of back neckline.
- Drop A' to A'' 1.5 cm.
- Continue A' to A3 by 0.8 cm.
- Draw back of hood by joining in a curved line :
    o AA'', conserving a perpendicular line at A.
    o A''A3, conserving a perpendicular line at A''.
    o A3C'' with 1.5 cm of flatness at C''.
    o C''C, conserving a perpendicular line at C.

To find the intersecting point between the diagonal and rounded lines of hood, measure 15 cm from C'. Place a construction notch here.

- Measure circumference of back hood A''C''C. This measurement must be bigger than BE by 1.5 cm.
- Draw inset band for front as :
    o BB' = 1.25 cm. B'B'' = 1.5 cm.
    o GG' = 2.5 cm (hood's construction is set back 2.5 cm from center front).
    o Drop G' to G'' by 2.5 cm.
    o Draw B''G'' in a slight curve with a perpendicular line at B''.
    o DD' = 0.5 cm.
    o D'' is the continuation of D in a perpendicular line.
    o D''D3 = 4 cm.
    o EE' = 3 cm.
    o FF' = 3 cm.
    o Join E' to F' and continue line to F'' so that E'F'' = 17.5 cm.
    o Close B''C''D'E' in a curve so it is perpendicular at B'' and E'.
    o Close G''D3 in a straight line (scoop out G''D3 0.7 cm at halfway point) and D3F'' in a curved line so F'' and G'' are right angles.

Verify that :

- Circumference of back hood A''C''C is equal to B''C''E' (if you obtain extra on B''C''E', ease it in during construction).
- Place a construction notch between band and hood.
- Trace band on fold along E'F''.
- Verify ½ circumference of hood back and front neckline with the garment (if there is a bit of ease, absorb it in construction).
- Trace back of hood on fold along AC.

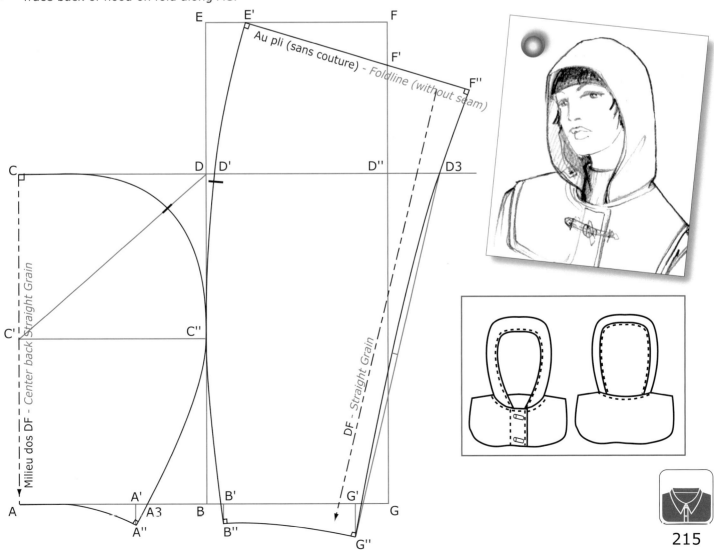

Figure 1. Simple croisure.
C'est une partie ajoutée au-delà du milieu du vêtement, permettant le boutonnage.
- Ainsi, quand le vêtement est fermé, les milieux côtés droit et gauche se superposent.
- Dans le vêtement féminin, le côté droit superpose le côté gauche.
- La largeur de croisure ajoutée au milieu devant, varie **suivant le diamètre du bouton**, soit :
    Largeur de croisure ajoutée = rayon du bouton + 0,5 cm minimum.

Figure 2. Boutons.
- Pour un boutonnage classique, le centre du bouton se place toujours sur la ligne de milieu et sur le côté gauche du vêtement.
- Placer le premier bouton de préférence sur la ligne de poitrine, puis répartir les autres au-dessus et au-dessous suivant le modèle.
- S'il s'agit d'un double boutonnage, placer les boutons symétriquement de part et d'autre du milieu du vêtement.

Figure 3. Boutonnières.
- Les boutonnières se placent sur le côté droit et sont généralement, horizontales, sauf sur les pattes de boutonnage, où elles sont verticales.
- Elles sont toujours brodées au minimum sur deux épaisseurs de tissu.
- La longueur de la boutonnière dépend du diamètre du bouton, mais aussi de son épaisseur :
    Longueur de la boutonnière = diamètre du bouton + son épaisseur.
- Les boutonnières sont décalées par rapport au milieu du vêtement. Ces 0,3 cm sont nécessaires pour loger les épaisseurs de fils qui ont permis de coudre le bouton.
- Sur le patronnage, la boutonnière est représentée par un axe, fini aux extrémités par deux petites perpendiculaires.

Figure 4. Double croisure.
C'est une partie ajoutée au-delà du milieu du vêtement, permettant le boutonnage.
- Ainsi, quand le vêtement est fermé, les milieux côtés droit et gauche se superposent.
- Dans le vêtement féminin, le côté droit superpose le côté gauche.
- La largeur de croisure ajoutée au milieu devant, varie **suivant le modèle**.
- Cette valeur est égale sur les deux devants.

Placement des boutons et des boutonnières :

Devant droit : Croisure qui croise par dessus.
- o Boutonnières en bordure du vêtement.
- o Boutons cousus en garniture symétriquement, SANS boutonnière.
- o Sous le premier bouton de garniture, on place un autre bouton cousu sur la parementure, dit "bouton de garde". Il maintient la croisure en place.

Devant gauche : Croisure qui croise par dessous.
- o Boutons sur le pan du vêtement.
- o Boutonnière de garde qui maintient la croisure en place en bordure sur le haut de la croisure du vêtement.

Diagram 1. Simple overlap.
- This is the amount added beyond center front line of a garment, forming the buttoning tab. Therefore, when the garment is closed, the center front lines of the right and left pattern pieces lay one on top of other.
- For a women's garment, the right pattern piece laps over the left pattern piece.
- The width of the overlap varies **according to the diameter of button used** :
    Overlap width = button radius + 0.5 cm minimum.

Diagram 2. Buttons.
- For a classic button, the center of the button is always placed on the center line and on the left pattern piece of garment.
- Place the 1st button on the bustline, then place the other buttons above and below according to desired model.
- If double-breasted, place buttons symmetrically, on each side of center line.

Diagram 3. Buttonholes.
- Buttonholes are placed on the right pattern piece. Generaly, they are horizontal, except on vertical buttoning tabs.
- They require a minimum of two fabric thicknesses.
- The length of the buttonhole depends on the diameter and thickness of the button :
    Buttonhole length = diameter + thickness of button.
- The buttonholes are shifted from the center line. A minimum of 0.3 cm is necessary to accommodate the thickness of thread used to sew the button to the garment.
- On the pattern, the buttonhole is illustrated by a line with small perpendiculars at each end.

Diagram 4. Double-breasted closure.
A part is added at center of garment for the button closure.
- Thus, when the garment is closed, the right and left center fronts layer over each other.
- In a woman's garment, the right side is layered over the left.
- The width of the added overlap at center front varies **depending on the model**.
- The added amount is equal on both front pieces.

Placing buttons and buttonholes :

Right front : Overlap that crosses over.
- o Buttonholes are created on edge of garment.
- o Buttons are sewn on as a symmetrical decoration, WITHOUT buttonhole.
- o Under the first decorative button, we sew another button on the facing, a "holding button".
- o It maintains the overlap in place and can be located at the top of overlap or at the waist.

Left front : Overlap that crosses under.
- o Buttons on garment panel.
- o "Holding" buttonhole is placed on top edge of garment overlap to hold it in place.

216

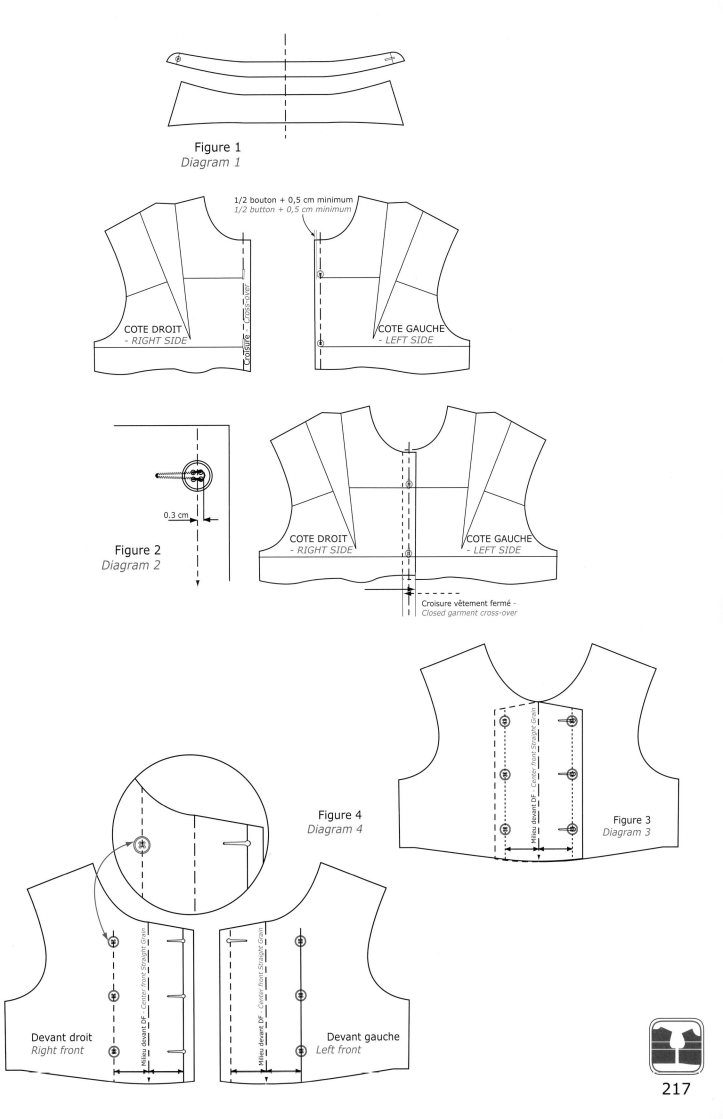

Figure 1
Diagram 1

1/2 bouton + 0,5 cm minimum
1/2 button + 0,5 cm minimum

COTE DROIT
- RIGHT SIDE

Croisure – *Cross-over*

COTE GAUCHE
- LEFT SIDE

Figure 2
Diagram 2

0.3 cm

COTE DROIT
- RIGHT SIDE

COTE GAUCHE
- LEFT SIDE

Croisure vêtement fermé -
Closed garment cross-over

Figure 4
Diagram 4

Milieu devant DF - *Center front Straight Grain*

Figure 3
Diagram 3

Devant droit
Right front

Milieu devant DF - *Center front Straight Grain*

Milieu devant DF - *Center front Straight Grain*

Devant gauche
Left front

217

Poches plaquées (variantes)
Patch pockets (variations)

Poches plaquées à rabat (variantes)
Patch pockets with flap (variations)

Poche plaquée fourreau
Sheathed patch pocket

Les poches plaquées :
Patch pockets :

Poche plaquée kangourou
Kangaroo patch pocket

Poche manchon
Muff pocket

Poche plaquée "Ciré de marin"
Sailor coat patch pocket

     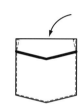

Poche plaquée avec pli creux "Saharienne"
Patch pocket with inverted pleat "Safari"

Poche plaquée avec pli plat "militaire"
Patch pocket with flat pleat "military"

Poche soufflet en bande rapportée
Patch pocket with separate gusset

Poche soufflet à même
Patch pocket with one-piece gusset

Poche bourse
Purse pocket

Poche plaquée avec ganse incrustée, façon "Pyjama"
Patch pocket with inset cord, like "pyjama"

Les poches fendues :
Slit pockets :

Poche simple passepoil
Simple-piped pocket

Poche double passepoil
Double-piped pocket

Poche double passepoil avec rabat
Double piped pocket with flap

Poche gilet
Welt pocket

Poche revolver
Back hip pocket

Poche passepoilée zippée
Zipped piped pocket

Poche fendue zippée
Zipped slit pocket

Poche paysanne
Simple piped pocket

Poche fendue gansée avec fond de poche appliqué
Corded slit pocket with topstitched pocket sack

Poche double passepoil à rabat avec piqûre décorative
Double piped pocket with flap and decorative stitching

Poche raglan
Slanted welt pocket

Poche raglan double passepoil avec rabat
Slanted welt pocket with double piping and flap

Poche raglan double passepoil croisé avec ouverture inversée "anti-tempête"
Double piped slanted welt pocket with opposite opening "anti-storm"

Poche double passepoil à découpe incrusté avec rabat
Double piped pocket with inset yoke and flap

Les poches dans une couture :
In-seam pockets :

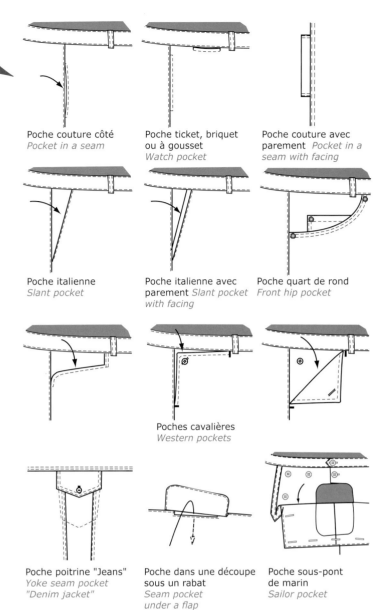

Poche couture côté
Pocket in a seam

Poche ticket, briquet
ou à gousset
Watch pocket

Poche couture avec
parement *Pocket in a
seam with facing*

Poche italienne
Slant pocket

Poche italienne avec
parement *Slant pocket
with facing*

Poche quart de rond
Front hip pocket

Poches cavalières
Western pockets

Poche poitrine "Jeans"
*Yoke seam pocket
"Denim jacket"*

Poche dans une découpe
sous un rabat
*Seam pocket
under a flap*

Poche sous-pont
de marin
Sailor pocket

POCKETS

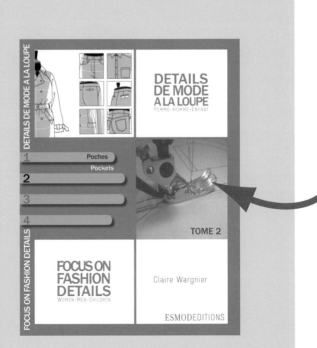

Explications de tous les détails de la mode dans les ouvrages ESMOD Editions sur les pièces d'études : DÉTAILS DE MODE.
Tome 1. Généralités, Coutures, Pattes de boutonnages, Empiècements, Modes opératoires de vêtements.
Tome 2. Poches.
Tome 3. Fermetures à glissière, Braguettes, ceintures, Plis et fentes.
Tome 4. Cols, Manches, Parementures, Entoilages et doublures.

Explanations of all fashion details in the ESMOD Editions books including sample mock-ups : FOCUS ON FASHION DETAILS.
Volume 1. Generalities, Seams, Buttoned tabs, Yokes, Assembly procedures.
Volume 2. Pockets.
Volume 3. Zippers, Fly closures, Waistbands, Pleats and Vents.
Volume 4. Collars, Sleeves, Facings, Interfacings, Canvases and Linings.

1. Observation du modèle.

Cette première étape est très importante avant de se lancer dans la construction du modèle.

*   Observer attentivement le modèle puis en faire une description très détaillée (étude du volume, type de col, plis, manches, détails, surpiqûres, etc.)

2. Construction.

*   Relever la base correspondante.
*   Effectuer les élargissements nécessaires au volume désiré.
*   Placer les boutons.
*   Déterminer la valeur de croisure.
*   Dessiner toutes les lignes apparaissant sur le modèle (découpes, empiècements, poches, plis, etc.)
*   Assembler le devant et le dos, pinces fermées, afin d'avoir sous les yeux l'ensemble du patronnage.
*   Essayer le tracé sur le mannequin ; au besoin, rectifier les lignes et le volume.

N.B. Toujours penser à la future gradation du modèle.

*   Mettre le patronnage à plat puis développer le modèle.
*   Construire le col, la manche, les plis, la doublure, etc.

3. Points d'accord.

Ils facilitent le montage. L'emplacement de ces points d'accord varie suivant le modèle.

Quelques généralités :

*   Manche montée : Voir construction de manche de base.
    Indispensable pour bien répartir la valeur d'embu sur le devant et sur le dos de la manche.
*   Col :   . milieu dos.
                   . ligne d'épaule.
                   . éventuellement milieu devant.
*   Ceinture :   . milieu dos.
                   . côté.
                   . milieu devant.
*   Pli :   . sur les lignes de bord de pli.
*   Départ de pinces.
*   Bord de croisure.
*   Hauteur d'ourlet.
*   Milieu d'une couture si la longueur est importante.
*   Emplacement de poche, application, etc.
*   Lignes d'assemblages de 2 courbes identiques ou pas (1 ou plusieurs points d'accord).
*   Lignes de pliures.

4. Couturage.

*   Relever sur papier, séparément, toutes les pièces composant le modèle.
*   Ajouter les valeurs de couturage parallèlement au bord du patronnage, en suivant le barème ci-dessous:
1 cm partout, sauf :
    *   o   Encolure – cols – poignets : 0,5 cm (éventuellement).
    *   o   Ourlet : ils varient de 3 à 5 cm et sont très importants (voir parementure).
    *   o   Montage fermetures à glissière : 2 à 3 cm.
*   Largeur de parementure :
    *   o   Chemise et robe :   . largeur du bas : 3 à 6 cm.
                                . largeur d'épaule : 2 à 3 cm.
    *   o   Veste et manteau : . largeur du bas : 6 à 9 cm.
                                . largeur à épaule : 3 à 4 cm.

Attention : Suivant la qualité de fabrication, la qualité et l'épaisseur du tissu, toutes les valeurs proposées ci-dessus peuvent varier.

Si on utilise une machine spécialisée, les valeurs de couturage seront encore différentes.

Exemple: montage avec une machine surjeteuse raseuse, prévoir entre 0,3 et 0,5 cm suivant le réglage du point.

5. Indications à porter sur le patronnage prêt à l'emploi.

*   Le nom du modèle.
*   La référence.
*   La taille.
*   Le nom de la pièce numérotée (voir nomenclature ci-dessous).
*   Le nom de fois à couper la pièce pour la réalisation du modèle entier (exemple : x 2).
*   Le DF sur chaque pièce ; le milieu du vêtement ; l'emplacement des boutons et boutonnières ; applications et poches ; lignes d'aplomb nécessaires à la gradation (ex : ligne de hanches).
*   Les points d'accord et toutes les indications utiles au montage.

NOMENCLATURE :

I.	DOS.
II.	EMPIECEMENT DOS.
III.	DEVANT.
IV.	MANCHE.
V.	POIGNET,...

*   Reporter la nomenclature sur le dos du vêtement accompagnée de la liste des fournitures nécessaires au montage. (Exemple: boucle de ceinture, fermeture à glissière,...).

STEPS TO FOLLOW WHEN CONSTRUCTING A PATTERN

1. Observe the garment design.
This is a very important step before beginning the construction of the pattern. Observe the garment design carefully and make a detailed description of : volume, type of collar, pleats, type of sleeve, details, topstitching, etc.

2. Construction.
- Outline the appropriate bodice block.
- Make necessary enlargements according to desired volume.
- Place buttons. Determine cross-over value.
- Draw the lines corresponding to seams, yokes, pockets, pleats, etc.
- Assemble front and back together with darts closed.
- Place pattern on the dummy. This will help to indicate if the volume is correct. Make changes if necessary.

Note : It is important to remember that upon completion, the pattern will be graded into different sizes.
- Lay pattern out flat and construct collar, sleeve, pleats, lining, etc.

3. Notches.
Notches are necessary for garment assembly. Their positions vary according to the garment.

General notes :
- Set-in sleeve : see construction of set-in sleeve block.
  Notches are indispensable to divide ease equally between the front and the back of the sleeve cap.
- Collar :
  - . center back.
  - . center front.
  - . shoulder line.
- Waistband :
  - . center back.
  - . side seam.
  - . center front.
- Pleats :
  - . on the edge of pleats lines.

- Beginning of darts.
- Cross-over edge.
- Hem width.
- The middle of a seam if the seam is very long.
- Pocket position.
- Along assembly lines of two identical or different curves (one or several notches).
- Folding lines.

4. Seam allowance.
- Outline all pattern pieces separately on a clean sheet of paper.
- Add seam allowance values parallel to pattern edge : 1 cm all around, except :
  - Necklines, collars, and cuffs : 0.5 cm.
  - Hems : vary from 3 cm to 5 cm (see facings).
  - Along zipper openings : 2 cm or 3 cm.
- Facing widths :
  - Shirts and dresses : . width at bottom : 3 cm to 6 cm.
    . width at shoulder : 2 cm to 3 cm.
  - Jackets and coats : . width at bottom : 6 cm to 9 cm.
    . width at shoulder : 3 cm to 4 cm.

Note : According to the quality of the manufacturing, the quality and the thickness of the fabric, the measurements indicated above may vary.
If a special machine is used, the seam allowance values will be different.
Example : When using an overedging machine, allow between 0.3 cm and 0.5 cm of seam allowance depending on stitch length.

5. Indications to be made on a finished pattern piece.
- The name of garment.
- The reference number.
- The size.
- The name of the numbered pattern piece (see nomenclature below).
- The number of times each pattern piece is to be cut out (Example : 2 x).
- The straight grain line on each pattern piece ; the center of garment ; the positions of buttons and buttonholes ; the pocket markings ; certain construction lines necessary for grading (example : hipline).
- The notches and other indications which make garment assembly easier.

NOMENCLATURE :

      I. BACK.
      II. BACK YOKE.
      III. FRONT.
      IV. SLEEVE.
      V. CUFF,...

- List the nomenclature on the back pattern piece of garment along with a list of supplies necessary for assembly (example : belt buckle, zipper,...).

Cette étude sur les attitudes et sur les particularités du corps vous sera utile si vous désirez adapter un patron sur une cliente ou sur un autre mannequin que le mannequin ESMOD.

Après avoir entouré la taille du mannequin par un bolduc qui soulignera la direction de la taille, placez le mannequin de profil devant vous.

Observez et comparez avec l'une des silhouettes 1, 2, 3 ou 4.

Notez les particularités du corps :

- La direction de la ligne de taille. Si celle-ci n'est pas horizontale, notez de combien elle remonte (**Figure 3 ou 4**) par rapport au côté, ou de combien elle descend (**Figure 2**), toujours par rapport au côté.
- Le déplacement des hanches par rapport au buste (ligne OH – valeur X). Si votre œil est suffisamment exercé, vous pourrez évaluer rapidement ce déplacement mais vous pouvez aussi vous aider d'un fil à plomb.
- Vérifiez le "tombé" du bras (**Figure 2 ou 3**).

Les différentes attitudes :

- **Figure 1.** Attitude moyenne. Elle nous servira de repère quand nous étudierons les autres.
- **Figure 2.** Attitude renversée.
- **Figure 3.** Attitude voûtée.
- **Figure 4.** Faux voûtage.

Trois personnes peuvent être à peu près de même taille si l'on considère les mesures de longueurs et grosseurs principales et cependant être tout à fait différentes précisément à cause de leur attitude.
Or, c'est l'attitude du corps, comme on le verra par la suite dans cette étude, qui prend une grande importance dans la coupe, puisque c'est d'elle dont dépend l'aplomb du vêtement.
Si nous examinons attentivement les figurines 1, 2, 3 et 4, nous voyons qu'elles représentent des sujets de mêmes proportions et, cependant, nous constatons immédiatement que leur "silhouette" est tout à fait différente.

Supposons chacun de ses trois corps coupés à la hauteur des hanches par un plan horizontal et parallèle au sol ; nous constatons que l'attitude du corps se fait sentir sur le buste et seulement depuis le cou jusqu'au bas des hanches. La hauteur comprise entre les hanches et le sol reste la même tout autour, la ligne de hanches est donc toujours parallèle au sol.
Cette observation est très importante pour comprendre l'aplomb du vêtement.

Figure 1. Caractéristiques de l'attitude "moyenne" :

Si nous examinons le sujet représenté par la figure 1, nous observons :
a) Que les hanches sont égales ou presque égales à la poitrine.
b) Que les hanches en arrière (H) sont sur le même plan vertical que l'omoplate (O) et que le ventre (V) est aussi sur le même plan vertical que la poitrine (P).
c) La ligne du milieu du dessous de bras (axe du corps) qui correspond à la couture de côté est verticale elle aussi.
d) Le bras tombe droit, verticalement.

De ces quatre particularités, il ressort que cette attitude est celle qui offre le moins de difficultés à bien habiller, puisque le corps s'inscrit dans les lignes verticales, lignes qui correspondent au droit fil du tissu.
e) Généralement, la ligne de taille marquée par le bolduc et observée de profil est horizontale ou presque.
f) Les longueurs de jupe de la taille à terre sont souvent égales.
g) La largeur de carrure du devant est à peu près égale à celle du dos.

Figure 2. Caractéristiques de l'attitude "renversée" : hanches et poitrines saillantes :

Ici, sur la figurine, on observe que l'aplomb du corps est tout à fait contraire au précédent.
a) Les hanches, tout en étant égales à la poitrine ou presque, ne sont pas sur le même plan vertical.
b) En effet, au dos les hanches H dépassent l'omoplate O, tandis qu'au devant, c'est la poitrine P qui dépasse le ventre V.
c) L'axe du dessous de bras s'incline vers l'arrière.
d) Le bras ne tombe pas droit, il va en arrière.
De toutes ces observations, il découle que, dans ce cas comme dans le précédent, le corps ne s'inscrit plus dans un rectangle ; son déplacement fait que son aplomb ne correspond plus au droit fil du tissu.
Cet aplomb sera donc différent de celui de la Figure 1, et tout à fait contraire à celui de la Figure 3.
c) La ligne de taille descend devant.
d) C'est le devant qui s'allonge et s'élargit au détriment du dos.
e) Ici, la longueur de jupe du devant est plus courte que celle du dos.
f) La largeur de carrure du devant est souvent plus large que celle du dos.
g) La poitrine s'arrondit. Le cou est plus droit et la ligne d'encolure vue de profil se rapproche de l'horizontal.

Figure 3. Caractéristiques de l'attitude "voûtée" ou omoplates saillantes :

Ici, nous observons :

a) Que les hanches tout en étant égales à la poitrine ou presque ne sont plus sur le même plan.
b) En effet, au dos si nous descendons de l'omoplate O, une ligne verticale, nous constatons que la hanche H est en "retrait". X marque la valeur du déplacement qui peut être plus ou moins grand selon les sujets.
Sur le devant, c'est exactement le contraire qui se produit : c'est la poitrine P qui est en retrait par rapport au ventre V ; X1 marque le déplacement.

a) Le milieu du dessous de bras (axe du corps) n'est plus vertical.
b) Le bras ne tombe pas droit fil, il vient en avant.
De ces observations, il découle que le corps ne s'inscrit plus dans le rectangle et que son "déplacement" fait qu'il ne correspond plus naturellement au droit fil du tissu.
L'aplomb de la robe ou du vêtement sera donc très différent de celui de la Figure 4.
c) Ici, la ligne de taille remonte devant, elle remonte déjà sur le côté.
d) Le dos s'arrondit et la longueur de taille dos s'allonge au détriment de celle du devant.
e) Les longueurs de jupe ne sont plus égales, celle du devant est souvent plus longue que celle du dos.
f) Le dos s'étant incliné en avant et s'étant arrondi, la largeur de carrure dos est plus grande que dans la normale et s'arrondit au détriment de celle du devant.
Sur le patron, la courbe d'emmanchure n'est plus régulière ; elle est plus plate sur le dos et plus creuse devant.
g) La poitrine s'efface. Le cou s'infléchit en avant et la ligne d'encolure descend vers le devant.

Figure 4. Faux voûtage : Attitude abandonnée :

Nous disons qu'il y a "faux voûtage" quand le sujet donne l'impression d'être de tenue droite et offre cependant certaines particularités de mesures qui laisseraient croire à une attitude voûtée.

Dans ces cas de "faux voûtage", on fait les observations suivantes :
a) La ligne de taille remonte souvent devant, elle n'est plus tout à fait horizontale comme dans la tenue normale.
Cela vient généralement de ce que le ventre est plus ou moins marqué, ce qui raccourcit la taille au milieu du devant.
b) La longueur de jupe devant est presque toujours un peu plus longue que celle du dos, les hanches étant plates en arrière.
c) Le haut du dos ne s'allonge pas et ne s'arrondit pas autant que dans la tenue "voûtée", mais il est presque toujours un peu moins droit cependant que dans la normale.
d) La largeur de demi-carrure du dos s'élargit aussi un peu au détriment de celle du devant.

Remarque importante :

Dans le faux voûtage, le bras tombe "droit" comme dans la tenue moyenne ou régulière.
Cette dernière observation est concluante pour déterminer dans quelle catégorie classer la cliente, car le bras ne peut pas tomber "droit" quand le corps est penché en avant, le bras étant le balancier du corps.
En résumé, quand il y a hésitation pour classer le "sujet" et faire le patron en conséquence, c'est le "tombé" du bras qui est souvent déterminant.
Une fois toutes ces observations faites, prendre les mesures de la personne ou du mannequin.

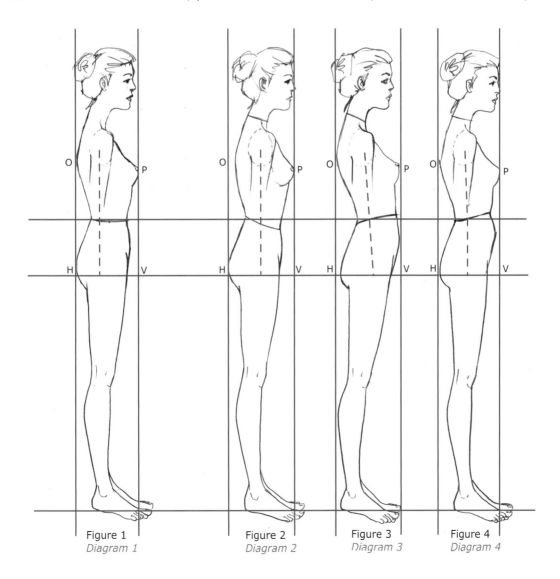

Figure 1
Diagram 1

Figure 2
Diagram 2

Figure 3
Diagram 3

Figure 4
Diagram 4

223

Puis, pour construire la base, se référer aux corrections suivantes :

Figurine 1 :. Attitude normale. Voir base du mannequin.
Figurine 2 :. Poitrine saillante.
. Fesses ressorties.
La taille remonte au dos et descend devant.
Figurine 3 :. Omoplates saillantes.
. Ventre saillant ou rond.
. Taille plongeante au dos.
La taille remonte devant.
Figurine 4 :. Omoplates légèrement saillantes.
. Ventre légèrement rond.
La taille remonte devant.

Figure 1. Poitrine saillante.

Ici, par exemple, nous avons une poitrine saillante de 1,5 cm par rapport à l'axe du fil à plomb.
Pour construire la base du corps, diminuer le 1/2 tour de poitrine de cet excédent. Tracer toute la base comme pour la base du mannequin, puis découper sur les lignes des pinces de poitrine et de taille devant. Puis en E1, (point correspondant à la construction de la base de mannequin), écarter de 1,5 cm et retracer la pince de poitrine en E2 ainsi que la pince de taille ; les droit-fils des deux parties du patronnage devront rester parallèles.

Hanches saillantes.

Les hanches saillantes se calculeront de deux façons :

a / Figure 2. Ventre rond.

Ici, par exemple, nous avons un ventre rond de 2 cm par rapport à l'axe du fil à plomb, les hanches devant dépassant par rapport à la poitrine.
Pour construire la base du corps, diminuer le 1/2 tour de hanches de cet excédent.
- Faire ensuite tout le tracé de base du corps comme pour la base du mannequin, puis découper le long des lignes de pinces poitrine et taille devant, redonner la valeur d'excédent, ici 2 cm, sur la ligne de hanches.
- Retracer la pince de taille et replacer les deux parties du patronnage telles que leurs Df restent parallèles.

b / Figure 3. Fesses rebondies.

Ici, les hanches dos dépassent de 2 cm par rapport à l'omoplate.
Pour construire la base du corps, diminuer le 1/2 tour de grandes hanches de cet excédent. Faire ensuite tout le tracé de la base du corps comme pour la base du mannequin, puis découper la pince d'omoplate et la pince de taille. Ecarter de 2 cm et replacer les deux parties du patronnage telles que leurs Df restent parallèles.

Figure 4. Omoplates saillantes.

Ici, par exemple, nous avons une omoplate saillante de 1,5 cm (par rapport à l'axe du fil à plomb).
Pour tracer la base du corps, on va augmenter le 1/2 tour de hanches de l'excédent.
Ex. : 47 + 1,5 = 48,5 cm.
- Puis, tracer la base du corps comme pour la base du mannequin.
- Retirer la valeur d'excédent uniquement sur les hanches dos, puis retracer le bas de la pince dos.

Figure 5. Buste plus long.

Lorsque la longueur milieu devant et la longueur milieu dos sont plus grandes que celle du tableau de mesures :
- Tracer une perpendiculaire au milieu devant située à mi-distance entre la ligne de poitrine et la ligne de taille et ajouter une bande en parallèle à la mesure manquante.
- Procéder de la même façon pour la base du dos.

Figure 6. Buste plus court.

Lorsque la longueur milieu devant et la longueur milieu dos sont plus petites que celles du tableau de mesures, tracer une perpendiculaire au milieu devant située à mi-distance entre la ligne de poitrine et la ligne de taille.
- Plier suivant ce tracé et former un pli de la valeur d'excédent.
- Procéder de la même façon pour la base dos.

Ligne de taille non parallèle à la ligne des grandes hanches :

a) La taille est plongeante au dos : **Figure 7.**
- Au milieu dos, descendre la ligne de taille de 1 cm (par exemple).
- Retracer la ligne de taille jusqu'au côté à partir de ce point.
- Et, de ce point, reporter la longueur taille dos pour la construction de la base du corps.
b) La taille remonte au dos : **Figure 8.**
- Au milieu dos, remonter la ligne de taille de 1 cm (par exemple).
- A partir de ce point, retracer la nouvelle ligne de taille jusqu'au côté pour la construction de la base du corps.
c) La taille est plongeante devant :
- Procéder de la même façon que pour le dos, mais au milieu devant.
d) La taille remonte au devant :
- Procéder de la même façon que pour le dos, mais au milieu devant.

Ligne d'épaule :

Si celle-ci est plus haute ou plus basse, sur la construction, remonter ou descendre le point d'épaule de la valeur nécessaire.

224

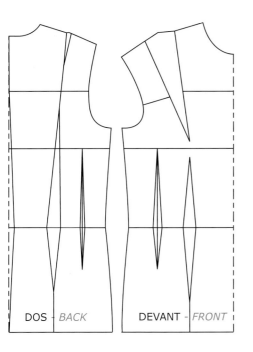

DOS - *BACK*   DEVANT - *FRONT*

Figure 1
Diagram 1

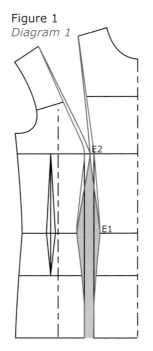

E2

E1

Figure 2
Diagram 2

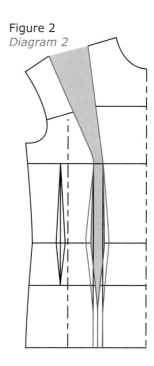

Figure 3
Diagram 3

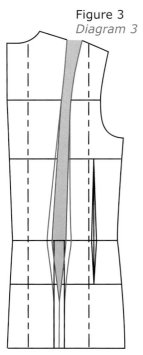

Figure 4
Diagram 4

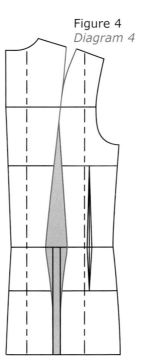

Figure 5
Diagram 5

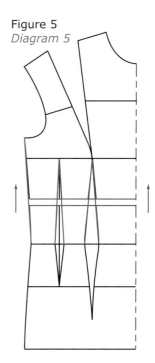

Figure 6
Diagram 6

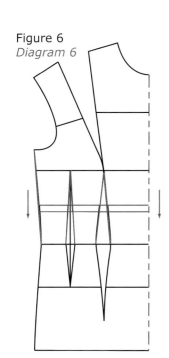

Figure 7
Diagram 7

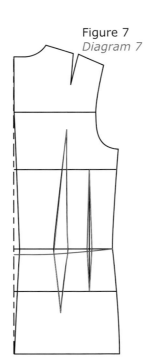

Figure 8
Diagram 8

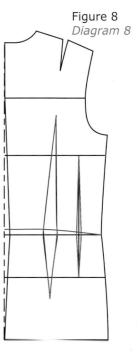

The following study of different body types will be useful for adapting a pattern to a private client, or to a dummy other than the ESMOD dummy.

After placing a ribbon around the client's waistline, place the client in profile in front of you. Compare with body types 1, 2, 3 or 4.

Observe the following characteristics :

- The waistline direction. If the waistline is not horizontal in regard to the side seam, note the difference in length :
    - raised waistline **(see n°3 or n°4)**.
    - lowered waistline **(see n°2)**.
- The shift of the hips in comparison to the bust. (line OH – value x). With an experienced eye, this difference may be quickly determined. If not, use a weighted thread.
- Verify the fall of the arm **(see n°2 or n°3)**.

The different body types:

- The straight position **(see n°1)**. We will refer to the straight position when studying the different body types.
- The inverted position **(see n°2)**.
- The round-shouldered position **(see n°3)**.
- The arched back position **(see n°4)**.

Without comparing their measurements too closely, three different people may represent the same size, and be totally different, due to their different body types.

The different body types are very important when working in flat cutting and pattern making, as they determine the natural fall of a garment.

By carefully examining the body types n°1, 2, 3 and 4, one may observe that they have the same proportions but different positions.

Imagine briefly that if each body was cut off horizontally at the hip line and parallel to the ground (like a dummy) one would conclude the following: different body positions are formed along the bust, between the hips and the neck; whereas the length between the hips and the ground remains the same. The hip line always remains parallel to the ground.

This observation is very important in order to understand the natural fall of a garment.

N°1. Straight Position.

Observe and note :

a) The hips are equal or nearly equal to the bust.

b) Back hips (H) are along the same vertical line as the shoulder blades (O) and the abdomen (V) is along the same vertical line as the bust (P).

c) The middle of the underarm line (body axis) which corresponds to the side seam, is a vertical line.

d) The arm falls vertically.

From the above observations, this body type appears to be the easiest to clothe as the body is made up of vertical lines which correspond to the straight grain of the fabric.

e) A ribbon marks the waistline, which is nearly always horizontal.

f) The skirt length from the waist to the ground is equal all around.

g) The cross-front length is almost equal to the cross-back.

N°2. Inverted Position – Characteristics : Prominent bust and hips.

Observe that the body balance is completely opposite to the previous example.

a) The hips are equal in measurement to the bust but are not along the same vertical line.

b) At the back, the hips (H) project beyond the shoulder blades (O), whereas at the front the bust (P) projects beyond the abdomen (V).

c) The underarm axis slants towards the back.

d) The arm falls slightly towards the back.

This body position is not made up of vertical lines, and therefore does not correspond to the straight grain of the fabric.

The body balance is different than that of N°1, and completely opposite to N°3.

e) The front waist line is slightly lowered.

f) The front is larger and wider, contrary to the back.

g) The front skirt length is shorter than the back skirt length.

h) The cross-front line is often longer than the cross-back line.

i) The bust becomes rounded. The neck is straight and the neck line profile is almost a horizontal line.

N°3. Round – shouldered position –
Characteristics : Prominent shoulder blades.

Observe and note :

a) The hips are equal in measurement to the bust, but are not along the same vertical line.

b) At the back, along the vertical line falling from shoulder blades (O), the hips (H) are drawn in, x represents the value drawn which is variable.

At the front, along the vertical line extending upward from abdomen (V), the bust (P) draws in.
X_1 represents this value.
c) The underarm line (body axis) is no longer vertical.
d) The arm falls slightly towards the front.
This body position is not made up of vertical lines and therefore does not correspond to the straight grain of fabric.

The natural fall of this garment will be very different to **n°4**.
e) The waistline rises in the front, as well as at the side.
f) The back becomes rounded and the back waist length longer, contrary to the front.
g) The front skirt length is longer than the back skirt length.
h) As the back is rounded and slanted towards the front, the cross-back length is longer than
   the average measurement, contrary to the front.
   On the pattern, the armhole curve becomes much straighter in the back and much deeper in the front.
i) The bust is obliterated. The neck bends forward and the neckline slants towards the front.

N°4. Arched back position – Characteristics :
Due to an arched back, a person who is standing straight appears to have slightly rounded shoulders.

Observe and note :
a) Often the waistline rises in the front, therefore it is not quite as horizontal in the straight position.
Generally the abdomen is slightly protruding. This shortens the front waist length.
b) The front skirt length is almost always longer than the back skirt length, the hips being flat in back.
c) The upper back is neither as round nor as long as the round shoulder position **(n°3)**, but nearly always more rounded than the straight position **(n°1)**.
d) The cross-back length widens, contrary to the cross-front length.

Important notes :
In the arched back position the arm falls straight down, as in the straight position.
This last observation helps determine into which category the client shall be placed. The arm cannot fall straight down when the body bends forward, the arm being a body balancing line.
Consequently, the way the arm falls determines the client's category.
Take the person's measurements.

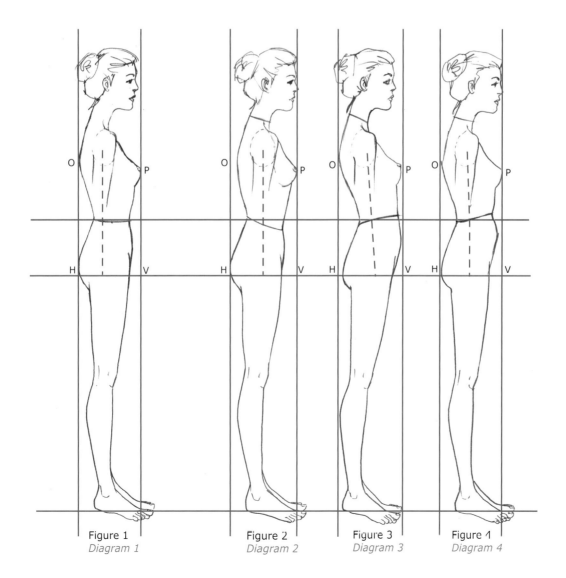

Figure 1   Figure 2   Figure 3   Figure 4
Diagram 1   *Diagram 2*   *Diagram 3*   *Diagram 4*

To construct the pattern blocks, refer to the following corrections:

N° 1... Straight position : See basic construction block.

N° 2... Prominent bust.
. Prominent buttocks.

Waistline rises in front and falls in back.

N° 3... Prominent shoulder blades.
. Rounded abdomen.
. Dropped back waistline.

Waistline rises in front.

N° 4... Slightly prominent shoulder blades.
. Slightly rounded abdomen.

Waistline rises in front.

N°1. Prominent bust :

Example : the bust measurement project outward 1.5 cm in relation to the front axis.

In order to construct the pattern block, shorten ½ bust measurement by 1.5 cm.

Outline the front base. Cut along bust and vertical waist dart lines.

At E1 (this point corresponds to the construction of basic pattern block) open pattern out 1.5 cm and retrace bust dart to E2. The straight grain remains the same for both pattern parts.

Prominent hips :

There are two ways of calculating the alteration for prominent hips:

a / N°2. Rounded abdomen :

Example : the abdomen measurement projects outward 2 cm in relation to the axis.

On a vertical line, the hips project beyond the bust.

In order to construct the pattern block, shorten 1/2 hip measurement by 2 cm.

- Outline the front base. Cut along vertical waist and bust dart lines. At hipline, open pattern out 2 cm.
- Retrace vertical waist dart, and place two pattern parts so that their straight grain lines are parallel.

b / N°3. Well-rounded buttocks :

On a vertical line, in comparison with the shoulder blade, the hips project outward 2 cm.

- In order to construct the pattern block, shorten 1/2 the hip measurement by 2 cm.
- Outline the back base.
- Cut along shoulder blade dart and vertical waist dart.
- Separate the pattern pieces by 2 cm and verify that the straight grain lines remain parallel.

N°4. Prominent shoulder blades :

With regard to the axis, the shoulder blade projects outward 1.5 cm.

- To construct the pattern block, enlarge 1/2 hip measurement by 1.5 cm.
  Ex: 46 + 1.5 = 47.5 cm.
- Outline the back base.
- Subtract the value of 1.5 cm from back hips, shaded part of sketch, then retrace back dart.

N°5. To lengthen bust :

When the center front length and center back length are longer than measurements indicated by size chart:

- Draw a line perpendicular to center front, located 1/2 way between bust line and waist line.
- Add a band parallel to this line. The width of this band corresponds to the excess body length.

N°6. To shorten bust :

When the center front length and center back length are shorter than measurements indicated by size chart:

- Draw a line perpendicular to center front, located 1/2 way between bust line and waist line.
- Fold along this line, forming a pleat. Pleat value corresponds to desired distance to be shortened.
- Follow the same procedure for the back.

When the waist line is not parallel to the hip line :

a) The back waistline is slightly lowered : (**N°7**).

- At center back, lower waist line 1 cm. From this point, retrace back waistline to side seam.
- Place the center back length from this point, in order to construct the pattern block.

b) The back waist line rises : (**N°8**).

- At center back, raise waistline 1 cm. From this point, retrace back waistline to side seam.

c) The front waist line is slightly lowered :

- Follow the same procedure as for a, but starting from center front.

d) The front waist line rises :

- Follow the same procedure as for b, but starting from center front.

Shoulder line :

If the shoulder line is too high or too low, when constructing the basic pattern block, raise or lower the end point of shoulder line the necessary value.

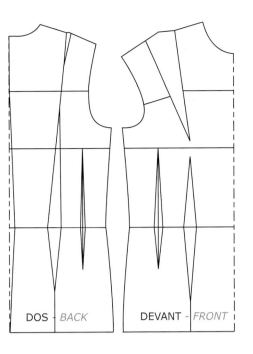

DOS - *BACK*   DEVANT - *FRONT*

Figure 1
Diagram 1

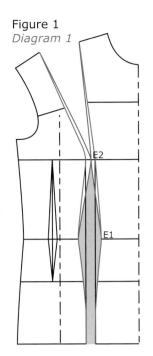

E2

E1

Figure 2
Diagram 2

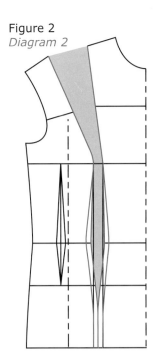

Figure 3
Diagram 3

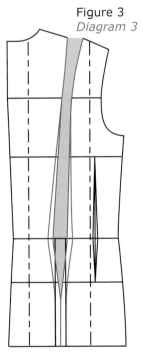

Figure 4
Diagram 4

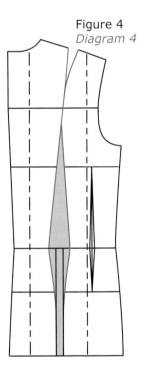

Figure 5
Diagram 5

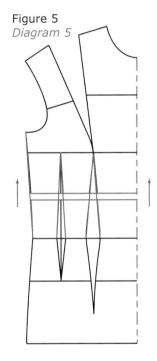

Figure 6
Diagram 6

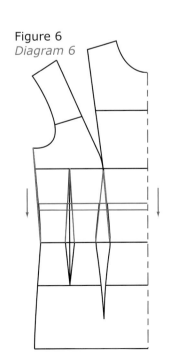

Figure 7
Diagram 7

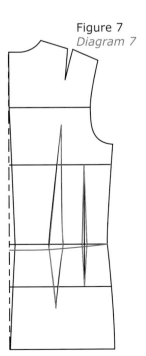

Figure 8
Diagram 8

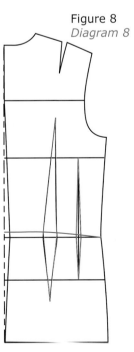

Figure 1. Mauvais aplomb de la ceinture.
Défauts constatés :
Le pantalon butte sur les fesses. Ceci provoque des cassures sur le devant de la cuisse.
Le montant du dos est trop court.
Rectifications :
Cette correction a pour but d'enlever du montant du devant et de remonter le montant du dos.
- Epingler un pli sous la ceinture devant de manière à faire disparaître le flottement sur le devant.
- Descendre la ligne de ceinture devant de la valeur trouvée.
- Ajouter la même valeur au dos.
- Vérifier l'emplacement du montant et cumuler éventuellement avec la correction "ajouter ou enlever du montant".
- Vérifier également la longueur de la jambe du pantalon.

Figure 2. Trop de montant dans le dos.
Dans le pantalon classique, le fond du pantalon touche l'entrejambe de la femme.
La hauteur du montant et le positionnement de la ceinture sont très importants pour l'allure du pantalon.
Important : Ce défaut peut se rencontrer aussi bien sur un pantalon taille basse que sur un pantalon taille haute ou à sa place.
Ne pas assimiler la hauteur de la taille à un défaut. Respecter le style du pantalon.
Placer la taille à la place prévue dans le modèle, puis rectifier la hauteur du montant.
Défauts constatés :
- Des plis se forment sous le fessier.
- Le fond du pantalon flotte.
- Le montant du dos est trop long.

Rectifications :
Cette correction a pour but d'enlever du montant dos et de creuser la couture de fond (boite d'enfourchure), afin que le pantalon épouse mieux la courbe du fessier.
- Epingler un pli sous la ceinture dos de manière à faire disparaître le flottement.
- Descendre la ligne de ceinture dos de la valeur trouvée.

Figure 3. Manque de valeur sur le fessier.
Défauts constatés :
Des tensions se forment au niveau des grandes hanches sur le dos = valeur de cambrure importante.
Le pantalon est trop étroit sur la partie dos.

Rectifications :
- Vérifier l'aplomb de la ligne de côté. Si la couture de côté part vers l'arrière au niveau des hanches, mesurer la valeur manquante et plaçant une ligne d'aplomb passant par la ligne de côté sur la ceinture et sur le bas du pantalon.
- Rajouter cette valeur de part et d'autre du Df en ouvrant également la ligne de hanches.
- Retracer le dos en descendant la ligne de taille sur le côté pour l'ajuster sur celle du devant.

TROUSER ADJUSTMENTS

Diagram 1. Bad waistband balance.
Defects observed :
Trousers bump out on hips. This creates breaks in front of thigh. Back length is too short.
Corrections :
The goal of this adjustment is to remove length in front and add length in back.
- Pin a pleat below front waistband so as to make front sway disappear.
- Drop front waistband line this amount.
- Add equivalent amount to back waistband.
- Verify placement of length and eventually cumulate it with an "add or remove length" adjustment.
- Also verify trouser leg length.

Diagram 2. Too much length in back.
In a classic trouser, the trouser bottom touches the woman's inner leg.
The trouser height and waistband positioning are very important for the trouser's look.
Important : This defect can happen on low-waisted trousers as well as on trousers with a high or in-place waist.
Do not assimilate the waist length as a defect. Respect the trouser style.
Place the waist at the anticipated place for model, then adjust waist length.
Defects observed :
- Pleats form under buttocks.
- Bottom of trousers sway.
- Height of back is too long.

Corrections :
The goal of this adjustment is to remove length on back and scoop out bottom seam (crotch box) so trousers hug the buttocks' curve better.
- Pin a fold under the back waistband to make the swaying disappear.
- Drop back waistband line the necessary amount.

Diagram 3. Not enough fabric on bottucks.
Defects observed :
Tension is formed at widest part of hips in back = curve amount is significant. Trousers are too narrow in back.
Corrections :
- Verify side line balance. If side seam pitches towards back at hip level, measure missing amount by placing a balance line from side line at waistband to bottom of trousers.
- Add this amount on both sides of straight grain by also opening hip line.
- Retrace back by dropping waistline at side to correspond with line in front.

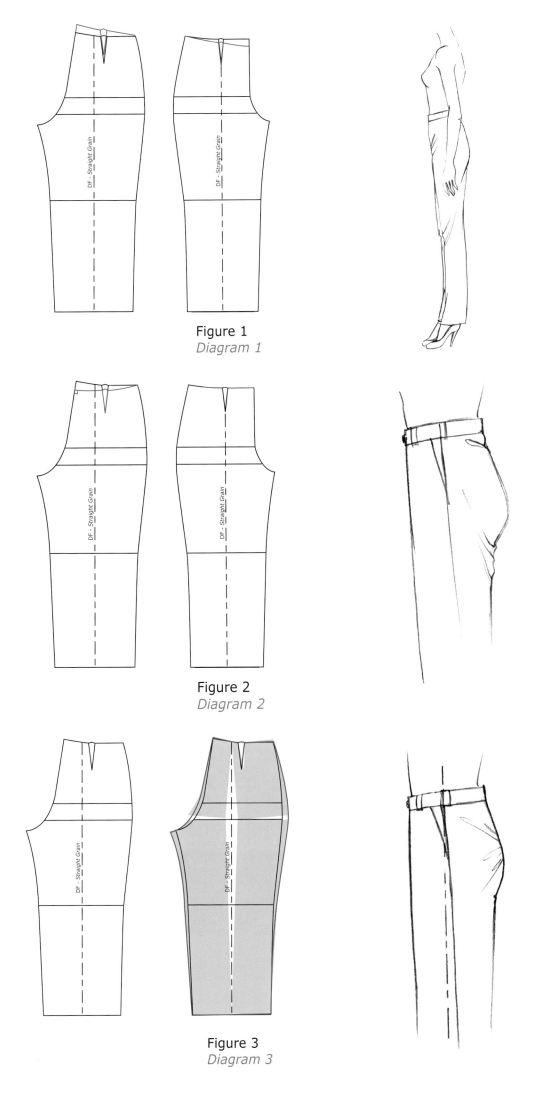

Figure 1
Diagram 1

Figure 2
Diagram 2

Figure 3
Diagram 3

Figure 4. Enlever du montant.

Dans le pantalon classique, le fond du pantalon touche l'entrejambe de la femme.
La hauteur du montant et le positionnement de la ceinture sont très importants pour l'allure du pantalon.
Important : Ce défaut peut se rencontrer aussi bien sur un pantalon taille basse que sur un pantalon taille haute ou à sa place.
Ne pas assimiler la hauteur de la taille à un défaut.
Respecter le style du pantalon.
Placer la taille à la place prévue dans le modèle, puis rectifier la hauteur du montant.

Rectifications :
Si le mannequin semble perdre son pantalon, vérifier d'abord le tour de ceinture.
*   Mesurer au niveau de l'enfourchure devant et dos, le pli formé par l'excédent et remonter cette valeur sur le tracé de l'enfourchure.
La valeur en excédent peut être évaluée en faisant lever légèrement une jambe (montée d'une marche d'escalier).

Figure 5. Ajouter du montant.

Défauts constatés :
Dans le pantalon classique, le fond du pantalon touche l'entrejambe de la femme.
Le pantalon a tendance à rentrer dans le fessier du mannequin.

Rectifications :
Pour connaître la valeur manquante, poser un repère sur le haut au niveau de la ceinture du pantalon, ouvrir la braguette et descendre le pantalon pour évaluer la valeur manquante.
*   Mesurer grâce au repère pris précédemment.
*   Descendre l'enfourchure devant et dos sur le tracé du pantalon.

Figure 6. Manque d'enfourchure au devant.

Défauts constatés :
Des plis se forment à l'entrejambe sur le devant (moustaches).
Le pantalon est trop étroit au niveau des cuisses ou du sexe.

Rectifications :
Cette correction a pour but d'ajouter de la valeur d'enfourchure (boite d'enfourchure) au devant ainsi que de la valeur sur la ligne d'entrejambe devant.
S'il manque également au niveau du sexe, redonner de la pente sur le milieu devant avant la courbe (0,5 à 1 cm) sans toucher au milieu devant sur la ceinture pour ne pas changer le tour de taille.
*   Découdre la ligne d'entrejambe devant et dos des deux côtés du début de la tension sur la jambe droite au début de la tension de la jambe gauche.
*   Evaluer l'écart libéré et rajouter cette valeur sur le tracé d'enfourchure et la ligne d'entrejambe du devant

Figure 7. Manque de pointe d'enfourchure au dos.

Défauts constatés :
Le pantalon épouse trop la courbe du fessier et a tendance à rentrer dans celui-ci.
La pointe de l'entrejambe est trop courte et étroite.
Pas assez de boîte d'enfourchure.

Rectifications :
Cette correction a pour but de rajouter de la valeur sur la largeur de l'enfourchure dos.
La valeur est assez difficile à évaluer sans découdre la ligne d'entrejambe du pantalon.
*   Découdre la ligne d'entrejambe devant et dos des deux côtés du début de la tension sur la jambe droite au début de la tension de la jambe gauche.
*   Evaluer l'écart libéré et rajouter cette valeur sur le tracé d'enfourchure et la ligne d'entrejambe dos.

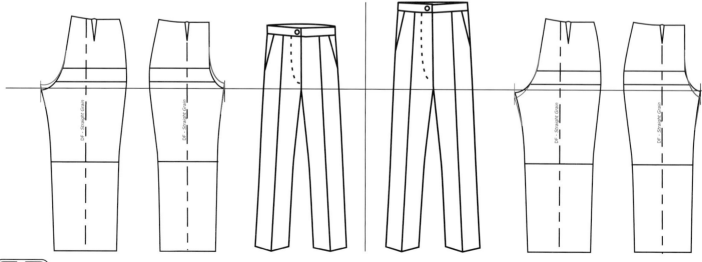

Figure 4
Diagram 4

Figure 5
Diagram 5

Diagram 4. Remove riser length.
In a classic pant, the trouser crotch arrives at the woman's inside leg.
The crotch depth and waistband positioning are important for the trouser's look.
Important : This defect can also be found on low-waisted trousers as well as on trousers with a high or in-place waist.
Do not consider waist length as a defect.
Respect the trouser style.
Place the waist at the anticipated place for the model, then adjust waist length.
Corrections :
If the model seems to be losing her trousers, first verify the waist measurement.
• Measure crotch level at front and back and the pleat formed by the excess and add this amount to crotch line.
The excess value can be measured by slightly raising one leg (go up a step on a stairway).

Diagram 5. Adding riser length.
Defects observed :
In classic trousers, the trouser crotch arrives at the woman's inside leg.
The trousers tend to enter the crack in the buttocks.

Corrections :
To calculate the amount that is lacking, make a mark on top at trouser waistband, open fly front and drop trousers to evaluate the missing amount.
• Measure using the mark made.
• Drop front and back crotch on trouser outline.

Diagram 6. Crotch is lacking in front.
Defects observed :
Folds form at front inner leg (whiskers).
Trousers are too narrow at thighs and crotch.

Corrections :
The goal of this alteration is to add ease to both front crotch (crotch box) and front inner leg line.
If fabric is also missing at the crotch, give more slope at center front before curve (0.5 to 1 cm) without touching center front at waistband so as not to change waist measurement.
• Rip open stitches on front and back inner leg seams on both sides from beginning of right leg tension to beginning of left leg tension.
• Evaluate the flare resulting from this and add this amount to crotch line and front inner leg line.

Diagram 7. Lack of crotch point in back.
Defects observed :
Trousers hug buttock curves too much and tend to catch between buttocks.
Crotch point is too short and narrow.
Not enough crotch box.

Corrections :
The goal of this alteration is to add width to back crotch.
The amount is difficult to evaluate without unstitching inner leg line of trousers.
• Open inner leg line seams in front and back on both sides from beginning of tension on right leg to beginning of tension on left leg.
• Evaluate the space freed up and add this amount to outline of crotch and back inner leg line.

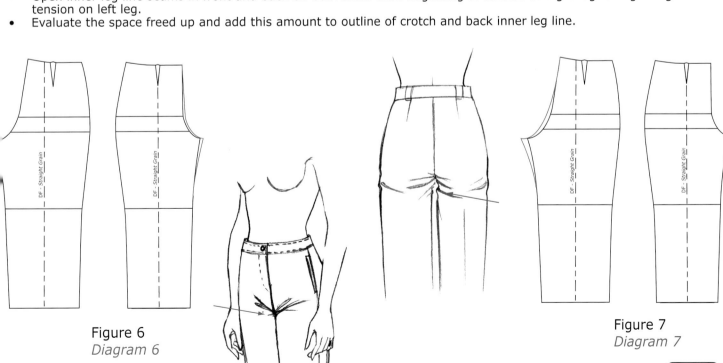

Figure 6
Diagram 6

Figure 7
Diagram 7

Figure 1. Trop d'ouverture d'encolure.
Défauts constatés : L'ouverture d'encolure est trop loin du cou.
Rectifications :
• Fermer l'ouverture de l'encolure et rectifier le col car le tour d'encolure a changé.
Attention : Cette rectification a une réaction sur la demie-carrure dos.

Figure 2. Longueur d'épaule.
Diminuer.
Défauts constatés : Le bout de l'épaule se présente trop loin sur l'épaisseur du bras.
Dans le vêtement porté, la manche semble vide.
Rectifications :
• Diminuer la longueur de la ligne d'épaule sur le devant et sur le dos.
• Retoucher les tracés de carrure devant et dos.
Augmenter.
Défauts constatés : La veste est trop étroite au niveau de l'épaule. Le bras a du mal à passer.
Rectifications :
• Augmenter la longueur de l'épaule sur le devant et sur le dos.
• Retoucher les tracés de carrure devant et dos.

Figure 3. Cordage sur une épaule trop en avant.
Défauts constatés : Un cordage (pli en tension) apparaît de l'encolure en direction de l'épaule.
Rectifications :
• Séparer l'épaule devant de l'épaule dos en décousant le col si nécessaire.
• Décaler l'épaule du devant vers l'extérieur pour la replacer face à celle du dos sans tension.
• Revoir l'encolure, l'emmanchure et la valeur de carrure devant.

Figure 4. Pente d'épaule trop haute.
Défauts constatés : Attention, ce défaut est très courant sur un seul côté lorsque l'on essaie sur mannequin vivant.
Dans ce cas, ce défaut devient du sur-mesure.
Pour le Prêt-à-porter :
La construction du vêtement propose une pente d'épaule trop haute.
Des plis obliques se forment dans le dos, au niveau de l'emmanchure.
Devant, la veste casse sous l'emmanchure, au niveau de la taille.
Rectifications :
1/ Sans enlever les épaulettes, épingler l'excédent sur l'épaule et ôter la valeur en excédent sur le tracé du vêtement.
2/ Si le défaut ne se présente que sur le dos : Epingler dans le dos le pli partant du milieu jusqu'à l'emmanchure.

SUIT-COAT CORRECTIONS

Diagram 1. Neckline is too open.
Observed defects : Neckline opening is set too far from neck.
Corrections :
• Close neckline opening and correct collar since neckline circumference has changed.
Attention : This correction has an effect on the half-back width.

Diagram 2. Shoulder width.
Decrease.
Observed defects : Edge of shoulder is too far from arm thickness.
When garment is worn, the sleeve appears empty.
Corrections :
• Decrease length of shoulder line on front and back.
• Alter shoulder width lines on front and back.
Increase.
Observed defects : Jacket is too narrow at shoulder. It is difficult to slip arm into sleeve.
Corrections :
• Increase length of shoulder on front and back.
• Alter shoulder width lines on front and back.

Diagram 3. Shoulder pitch is too far forward.
Observed defects : A twist (tense pleat) appears at neckline in direction of shoulder.
Corrections :
• Separate shoulder front from shoulder back by ripping open collar seam at that point if necessary.
• Shift front shoulder seam towards edge of jacket and compensate for it on corresponding back seam to reduce tension.
• Redraw neckline, armhole and amount of front shoulder width.

Diagram 4. Shoulder slope too high.
Observed defects : Attention, this defect is common on one side only when fitted on a live model.
In this case, correcting this defect means the garment is made-to-order.
For Ready-to-wear :
Construction of garment indicates a shoulder slope that is too high.
Diagonal pleats are formed on back, at armhole.
In front, jacket breaks under armhole at waist.
Corrections :
1/ Without removing shoulder pads, pin excess on shoulder and remove this excess in garment tracing.
2/ If defect is present only on back : On back, pin pleats starting from center all the way to armhole.

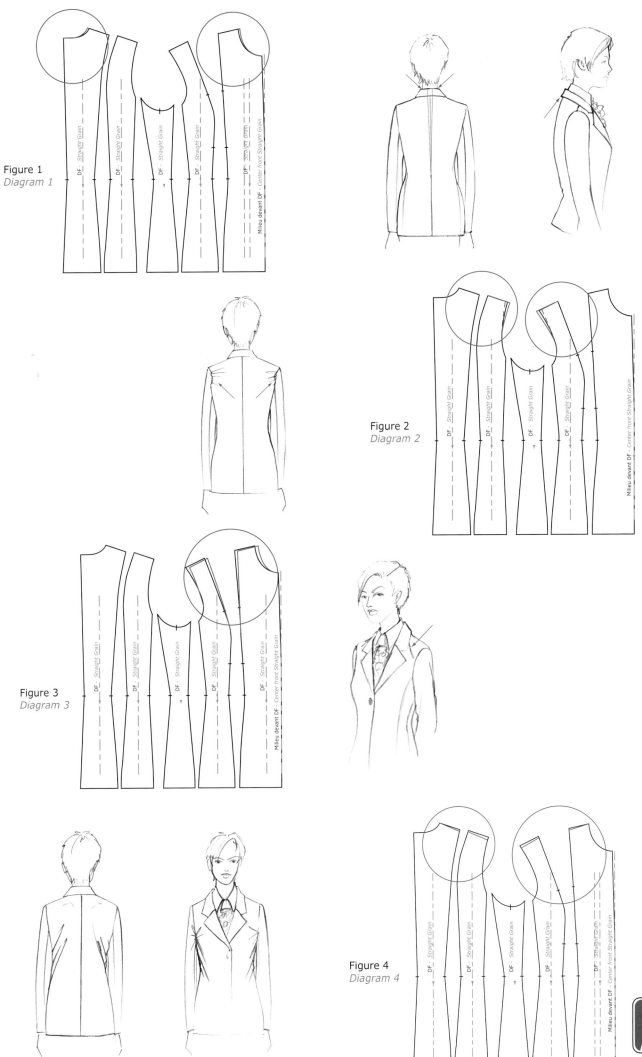

Figure 1
Diagram 1

DF - Straight Grain

DF - Straight Grain

DF - Straight Grain

DF - Straight Grain

DF - Straight Grain

Milieu devant DF - Center front Straight Grain

Figure 2
Diagram 2

DF - Straight Grain

DF - Straight Grain

DF - Straight Grain

DF - Straight Grain

Milieu devant DF - Center front Straight Grain

Figure 3
Diagram 3

DF - Straight Grain

DF - Straight Grain

DF - Straight Grain

DF - Straight Grain

DF - Straight Grain

Milieu devant DF - Center front Straight Grain

Figure 4
Diagram 4

DF - Straight Grain

DF - Straight Grain

DF - Straight Grain

DF - Straight Grain

DF - Straight Grain

Milieu devant DF - Center front Straight Grain

235

Figure 5. Pente d'épaule trop basse.

Défauts constatés : La construction du vêtement propose une pente d'épaule trop basse.
Un pli se forme dans le dos, sous le col à la hauteur de l'épaule.
Lorsque le vêtement est ouvert, les devants s'ouvrent légèrement.
Lorsque le vêtement est boutonné, un flottement apparaît au niveau de la couture d'épaule, à proximité de l'encolure.

Rectifications :
1/ Oter le flottement constaté à l'encolure, en partant de la couture d'épaule et ajouter la valeur en excédent au bout de l'épaule sur le tracé du vêtement.
2/ Descendre l'encolure dos.
OU
3/ Mesurer le flottement à l'épaule et le rajouter en bout d'épaule pour que l'encolure se pose.
Attention : Dans la correction 3, l'emmanchure se trouve descendue.

Figure 6.
Manque de carrure dos.

Défauts constatés : Le vêtement ne présente aucune tension ni torsion ; cependant lorsque que la personne qui le porte avance son bras, elle ressent un inconfort lié au manque de largeur dans le dos, notamment au niveau du coude.

Rectifications :
* Mesurer la demie-carrure en partant du milieu dos jusqu'à l'emmanchure au niveau de la découpe de coude de la manche.
* Rajouter sur la carrure entre 0,3 à 0,6 cm pour ne pas déformer l'emmanchure.
* Retracer l'emmanchure dos.
* Redonner légèrement sur la largeur au coude de la manche.

Trop de carrure dos.

Défauts constatés :
La veste ne présente aucune tension ni torsion ; cependant le pli d'aisance de la carrure dos est trop grand et détruit la ligne du dos de la veste.

Rectifications :
* Mesurer la demie-carrure en partant du milieu dos jusqu'à l'emmanchure au niveau de la découpe de coude de la manche.
* Enlever sur la carrure entre 0,3 à 0,6 cm pour ne pas déformer l'emmanchure.
* Retracer l'emmanchure dos.

Figure 7. Devant trop étroit.

Défauts constatés : Une ouverture se crée au niveau de la poitrine.
Dans un col tailleur ou châle, la ligne de cassure du col est béante.

Rectifications :
1/ La valeur de carrure devant est peut-être trop nettoyée.
2/ L'élargissement sur la carrure et le dessous de bras est trop petit.
On pourra également, selon le modèle, redonner sur les découpes princesse ou bretelle.

Diagram 5. Shoulder slope too low.

Observed defects : Garment construction indicates a shoulder whose slope is too low.
A pleat forms on back, under collar at shoulder level.
When garment is open, fronts spread apart slightly.
When garment is buttoned, flapping appears at shoulder seam, close to neckline.

Corrections :
1/ Remove flapping observed at neckline, beginning with shoulder seam and add excess at tip of shoulder on garment outline.
2/ Drop back neckline.
Or
3/ Measure flapping at shoulder and add it to tip of shoulder so neckline lies flat.
Attention : In correction 3, armhole is dropped.

Diagram 6. Not enough shoulder width.

Observed defects : Garment has no tension or twisting ; however when the wearer moves his arm forward, it is uncomfortable because of lack of width in back, especially at elbow.

Corrections :
* Measure half-shoulder width starting from center back all the way to armhole at sleeve elbow seam.
* Add from 0.3 to 0.6 cm on shoulder width so as not to deform armhole.
* Retrace back armhole.
* Slightly add width to sleeve at elbow.

Too much shoulder width.

Observed defects :
Jacket has no tension or twisting ; however the ease pleat on back width is too big and destroys the back line of jacket.

Corrections :
* Measure half-shoulder width starting from center back all the way to armhole at sleeve elbow seam.
* Remove between 0.3 and 0.6 cm on width to not deform armhole.
* Retrace back armhole.

Diagram 7. Front too narrow.

Observed defects : An opening is created on chest.
In a suit collar or shawl collar, collar break line gapes open.
Corrections :
1/ The amount of front width may be too precise.
2/ Enlargement of shoulder width and underarm is too small.
Depending on model, we can add width on princess or strap cuts.

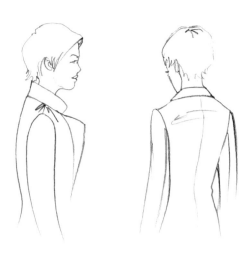

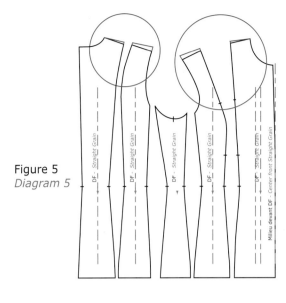

Figure 5
Diagram 5

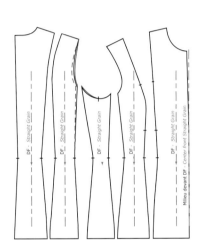

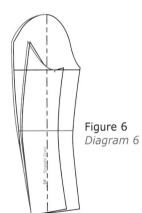

Figure 6
Diagram 6

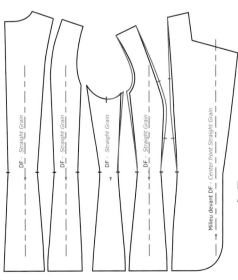

Figure 7
Diagram 7

Figure 8. Trop de longueur dos.
Défauts constatés : En plaçant correctement le dos du vêtement (sans tension), un pli se forme sous le col.
Le dos a trop de longueur dans sa partie supérieure entre la carrure et l'encolure.
Attention : Assurez-vous que le défaut n'est pas provoqué par une pente d'épaule trop basse (pli plus long jusqu'aux épaules).
Rectifications : Descendre l'encolure dos et le point d'épaule pour permettre au col de cravater correctement.

Figure 9. Manque de longueur dos.
Défauts constatés : En plaçant correctement le dos du vêtement sans tension, le dos manque de longueur dans sa partie supérieure entre la carrure et l'encolure et forme un tension.
Rectifications : Remonter l'encolure dos et le point d'épaule pour permettre au col de cravater correctement.

Figure 10. Combler l'emmanchure.
Défauts constatés : Le confort de la manche est assurée. Toutefois, les mouvements du bras sont entravés par une emmanchure trop basse.
Rectifications : Remonter l'emmanchure de la manche et du vêtement sous le bras de 0,5 à 1,5 cm selon l'amplitude de mouvement désirée, sans modifier ni la largeur de la manche, ni la pente d'épaule.

Figure 11. Orientation de la manche.
Plis sur l'avant de la manche.
Défauts constatés : La manche casse en avant lorsque le vêtement est porté (assez fréquent en cas de manque de longueur dos).
Rectifications : Evaluer l'importance de la rotation et réadapter l'emmanchure de la manche sur celle du vêtement en la décalant vers l'arrière.
• Réadapter les crans de montage.
Plis sur l'arrière de la manche.
Défauts constatés : La manche casse en arrière lorsque le vêtement est porté.
Rectifications : Evaluer l'importance de la rotation et réadapter l'emmanchure de la manche sur celle du vêtement en la décalant vers l'avant.
• Réadapter les crans de montage.

Figure 12. Manque de largeur de manche.
Défauts constatés : Les manches du vêtement sont étroites au niveau du biceps. Le bras est comprimé.
Rectifications : L'emmanchure manque d'écart et le cadre de manche manque de largeur. Le tour de manche sera élargi au niveau du biceps ; le bas de manche pourra progresser également légèrement pour ne pas modifier la proportion.

SUIT-COAT CORRECTIONS (Part 3)

Diagram 8. Too much back length.
Observed defects : In correctly placing back of garment (without tension), a pleat forms under collar.
Back is too long in upper part between shoulder width and neckline.
Attention : Check that defect is not caused by a shoulder slope which is too low (longer pleat all the way to shoulders).
Corrections :
• Drop back neckline and shoulder point to allow collar to sit correctly.

Diagram 9. Not enough back length.
Observed defects : In correctly placing the back of garment without tension, upper back lacks length between shoulder width line and neckline, creating tension.
Corrections :
• Raise back neckline and shoulder point to allow collar to sit correctly.

Diagram 10. Fill in armhole.
Observed defects : Sleeve is comfortable. However, arm movements are restricted by an armhole that is too low.
Corrections : Raise sleeve and garment armhole under arm from 0.5 to 1.5 cm depending on fullness of movement desired, without modifying either sleeve width or shoulder slope.

Diagram 11. Sleeve orientation.
Pleats on front of sleeve.
Observed defects : Sleeve breaks in front when garment is worn (often because of not enough length in back).
Corrections : Evaluate amount of rotation and adapt sleeve armhole to garment armhole by shifting it towards back.
• Modify construction notches.
Pleats on back of sleeve.
Observed defects : Sleeve breaks in back when garment is worn.
Corrections : Evaluate amount of rotation and adapt sleeve armhole to garment armhole by shifting it towards front.
• Modify construction notches.

Diagram 12. Lack of width in sleeve.
Observed defects : Garment sleeves are too narrow at biceps. The arm is restricted.
Corrections : Armhole lacks freedom of movement and sleeve frame lacks width.
Sleeve measurement will be enlarged at biceps ; bottom of sleeve can be slightly modified as well in order to not change proportion.

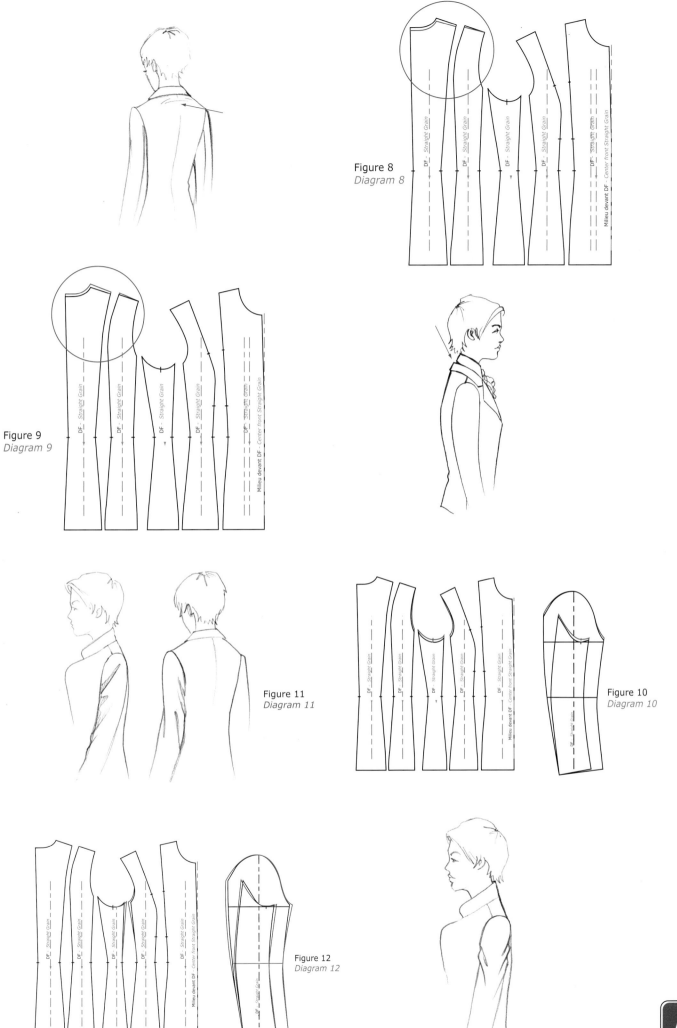

Figure 8
Diagram 8

Figure 9
Diagram 9

Figure 11
Diagram 11

Figure 10
Diagram 10

Figure 12
Diagram 12

ESMODEDITIONS

◇ Devenir modéliste
   - Le vêtement féminin Tome 2 (Pantalons, tailleurs, manteaux).
   - Le vêtement féminin - Méthode de gradation (Prêt-à-porter).
   - Le vêtement Enfant - Méthode de coupe de la layette à l'adolescence.
   - Le vêtement Enfant - Méthode de gradation de la layette à l'adolescence.
   - Le vêtement masculin - Méthode de coupe (Les bases du vêtement de ville et de sport).
   - Le vêtement masculin - Methode gradation (Prêt-à-porter).
◇ Méthodes sur les parcours de création, le dessin de mode, l'illustration et l'environnement du produit de mode.
◇ Guide des textiles.
◇ L'Art des drapés, l'Art du tailleur.

◇ *Become a pattern drafter*
   - Women's Garments Tome 2 - For trousers, suits and coats.
   - Women's Garments - Pattern grading manual (Ready-to-wear).
   - Children's Garments - Pattern grading manual from layette to teens.
   - Children's Garments - Pattern making manual from layette to teens.
   - Men's Garments - Pattern making manual : Bases for city and sport garments.
   - Men's Garments - Pattern grading manual (Ready-to-wear).
◇ Methods for creative paths, fashion drawings, illustrations and the world of Fashion products.
◇ Textile guide.
◇ The Art of draping, the Art of tailoring.

ou *or*

edition@esmod.com

12 rue de Cléry 75002 Paris FRANCE

Tél : / Ph : 0033 (0)1.42.33.31.56

A propos de l'école :

Créée en 1841 par Alexis Lavigne, tailleur-amazonier de l'impératrice Eugénie, l'école ESMOD a perpétré depuis, son savoir-faire à travers son réseau international. Une méthode unique, revisitée, actualisée et adaptée à chaque culture dans un réseau de 14 pays. Esmod International bénéficie d'une vision planétaire unique des métiers de la mode.

About the school :

ESMOD is the oldest and most renowned fashion design school in the world, with schools established around the globe. Founded in 1841 by Alexis Lavigne, master tailor for Empress Eugénie, ESMOD's International network has been transmitting "French Expertise" that foresees current events and has evolved to meet the market's needs for over 170 years.

Directrice de collection : Claire Wargnier.

Crédit photographique : © Claire Wargnier-ESMOD

Equipe pédagogique ESMOD PARIS / *ESMOD Paris teaching staff* : *Caroline Antal, Nathalie Coppin, Christian Costemalle, You Wen Delattre, Philippe Huet, Franck Kubaki, Patrick Laffray, Michèle Montsarrat, Noémie Rebibo, Claire Wargnier.*

Traduction des tableaux de mesures / *Translation of measurement charts* : *Cristina Labat, Carine Zeppellini, Nils Christian Hansen, Equipe Esmod Tokyo et Esmod Osaka, Equipe Esmod Beijing, Equipe Esmod Seoul, Equipe Esmod Munich et Berlin.*

Fournitures / *Supplies* : HAMON 54, rue de Cléry 75002 Paris Tél : 01 42 33 27 59

Le code de la propriété intellectuelle du 1er Juillet 1992 interdit expressément la photocopie à usage collectif sans autorisation des ayants droits. Or, cette pratique s'est généralisée notamment dans les établissements d'enseignement, provoquant une baisse brutale des achats de livres, au point que la possibilité même pour les auteurs de créer des oeuvres nouvelles et de les faire éditer correctement est aujourd'hui menacée.
En application de la loi du 11 mars 1957, il est interdit de reproduire intégralement ou partiellement le présent ouvrage, sur quelque support que ce soit, sans l'autorisation de l'Editeur ou du Centre Français d'exploitation du droit de copie, 20 rue des grands Augustins, 75006 Paris - France.

DANGER LE PHOTOCOPILLAGE TUE LE LIVRE

© Copyright 2009 Esmod Editions
ISBN 978-2-909617-23-7
14e édition - Dépôt légal : Septembre 2009
Impression : Stella Arti Grafiche - Trieste/Italie
Agence de Paris : tél : 01.40.59.83.27